Henry Charles Lea

A formulary of the Papal Penitentiary in the Thirteenth Century

Henry Charles Lea

A formulary of the Papal Penitentiary in the Thirteenth Century

ISBN/EAN: 9783743338937

Manufactured in Europe, USA, Canada, Australia, Japa

Cover: Foto ©ninafisch / pixelio.de

Manufactured and distributed by brebook publishing software (www.brebook.com)

Henry Charles Lea

A formulary of the Papal Penitentiary in the Thirteenth Century

A FORMULARY

OF THE

PAPAL PENITENTIARY

IN THE THIRTEENTH CENTURY.

EDITED BY

HENRY CHARLES LEA, LL.D.

PHILADELPHIA:
LEA BROTHERS & CO.,
1892.

INTRODUCTION.

In the confusion which attended the disruption of the empire of Charlemagne Rome boasted that it was a haven of refuge for sinners —a mother who welcomed to her bosom her erring children from all lands; in her all these found pardon and protection.[1] This was not a solitary utterance for in the middle of the eleventh century the boast was reëchoed more than once.[2] These invitations to wrong-doers, these assurances of forgiveness held out to criminals brought them thither in a constantly augmenting stream, and the fulfilment of the promises rendered difficult the enforcement of discipline and was the efficient cause of relaxation of morals everywhere. It seems to have commenced in the anarchy attending the downfall of the Merovingian monarchy, when even the deep-seated reverence of St. Boniface for the Holy See could not restrain him from complaining to Pope Zachary of the obstruction to which his reformatory efforts were thus subjected, since prelates convicted of the grossest offences came back from Rome armed with papal letters restoring them to their functions.[3] Under the stern rule of Charlemagne the abuse was checked, to flourish with redoubled vigor when his strong hand was withdrawn. In 878 Charles le Chauve addressed an earnest remonstrance to John VIII.; he described the deplorable effect on the morals and discipline of the

---

[1] In 862 Nicholas I. declares "Et quoniam ad hanc sanctam Romanam, cui Deo auctore deservimus ecclesiam, quæ ob sui privilegii principatum, quo cæteras Dei ecclesias orbe universo diffusas excellit divinitus, de diversis mundi partibus quotidie multi sceleris mole oppressi confugiunt, remissionem scilicet et venialem sibi gratiam tribui supplici et ingenti cordis mœrore poscentes."—Nicolai PP. I. Epist. XXII.

[2] About 1065 Alexander II. says "Cum enim in hac petra in qua Christi ecclesia ædificata est singulare sit refugium tribulantibus constitutum ut qui ad eam confugiunt semper soleant invenire solatium."—Alexandri PP. II. Epist. XXXIX. And his successor Gregory VII. declares "Prospicere tenemur et volumus ne quis ex fortuitis casibus per Romanæ ecclesiæ visitationes laboris sui, quem ad eam veniendo sustinuit, debito frustraretur effectu."—Comp. II. Lib. I. Tit. ii. c. 7 (Friedberg, Quinque Compilationes Antiquæ, Leipzig, 1882, p. 66).

[3] S. Bonifacii Epist. XLIX.

cisalpine churches when priests who had been regularly tried and sentenced at home hastened to Rome, whither it was impossible to follow them with witnesses and testimony, and on their own unsupported statements obtained letters setting aside the judgments.[1] In Germany in 895 the great national council of Tribur denounced this supreme jurisdiction of Rome as a burden scarce to be endured, and it endeavored to diminish the evil by recommending bishops, when their priests gave them trouble with such letters, to imprison them until the genuineness of the documents should be proved.[2] In 1022 the council of Seligenstadt shows that Rome was exercising its spiritual jurisdiction over the laity with the same results; complaint is made that sinners guilty of capital offences refuse to submit to the penance imposed on them by their confessors, preferring to go to Rome in the full confidence that all sins are pardoned there; this is forbidden for the future, the penance enjoined is first to be performed, after which the journey to Rome may be undertaken with letters and license from the bishop.[3] That this evil did not decrease with time is seen by the preservation of this canon by St. Ivo of Chartres nearly a century later.[4]

We are not without individual examples at this period of the exercise of this papal power and of the resistance which it excited. The holy St. Fulbert Bishop of Chartres writes to Pope John XIX. (1024–1033) about the misdeeds of Count Raoul who had assailed the church of Chartres, slain one of its ecclesiastics with his own hand and forced others to take oaths to him: summoned to answer in both the episcopal and royal courts he had failed to appear and had been excommunicated, when he quietly departed to Rome to obtain absolution. Fulbert begs the pope to inflict due punishment on the offender and with scant courtesy adjures him not to commit the offence of receiving him to communion.[5] It is quite possible that this vigorous remonstrance may have been effective, for the supreme jurisdiction of the Holy See was not as yet so firmly established as to be beyond appeal. About the same time Stephen Bishop of Clermont excommunicated Pons Count of Auvergne for abandoning his wife and taking another, whereupon the offender betook himself to Rome and obtained absolution from John XIX. Bishop Stephen complained of

---

[1] Hincmari Epist XXXII. cap. 29. That this remonstrance was reasonable is seen in the cases recited in papal letters 44 and 53 of Löwenfeld's *Epistt. Pontiff. inedd*, pp. 23, 30.

[2] Concil. Tribur. ann. 895 c. 30.   [3] Concil. Salegunstad. ann. 1022 c. 18.

[4] Decreti P. xv. c. 184.   [5] S. Fulberti Carnotens. Epist. LXXXIV. (*olim* XXII.).

this invasion of his episcopal rights and the pope humbly apologized, withdrawing the absolution which he said had been given in ignorance of the excommunication, and remitting the culprit to the mercy of the bishop.[1] This rebuff led to no amendment in the practice of the papal court, for a few years later we find John XIX. granting a free pardon, without conditions or penance, to Hugues Bishop of Auxerre who as bishop had continued to prosecute a war which he had commenced as Count of Chalons before entering the Church.[2] Bitter were the complaints at the council of Limoges in 1032 of the confusion caused in Aquitaine by the unjust absolutions granted by Pope John to those whom their bishops had righteously excommunicated, and the example was held up for imitation of the Bishop of Angoulême, who on such a papal letter being presented to him had refused to receive it on the ground that it must be fraudulent.[3] The council moreover decreed that no one should receive absolution from the pope without consultation with his bishop, but it approved of the reference by bishops to the Holy See of cases of peculiar difficulty.[4] Leo IX. was a pope of a higher type than John XIX. but he exercised his authority with equal recklessness when he restored to his functions, on a simple promise of satisfaction, Gregory Bishop of Vercelli, who had been excommunicated by a Roman synod for perjury and incestuous adultery.[5]

In the end remonstrance and resistance were alike in vain. The Holy See pursued its aims with undeviating persistence; the local churches were unorganized for defence against its encroachments, their independence was undermined and Rome established its supreme jurisdiction as a matter of undoubted law and fact. This jurisdiction was not simply appellate, but was also original; it was a court both of first instance and of last resort, and it embraced moreover everything that could by any construction come within the constantly widening limits of ecclesiastical supervision. It did not disdain to listen to the most trivial

---

[1] Profiteor quippe omnibus consacerdotibus meis ubique terrarum adjutorem me et consolatorem potius esse quam contradictorem. Absit enim schisma a me et a coepiscopis meis. Itaque illam pœnitentiam et absolutionem quam tuo excommunicato ignoranter dederam et ille fraudulenter accepit irritam facio et cassam, ut de illa nihil aliud speret quam maledictionem quoad satisfactum tu juste absolvas.—Concil. Lemovicens. ann. 1032 Sess. ii. (Harduin. VI. I. 890).

[2] Johann. PP. XIX. Epist. xvii.

[3] Concil. Lemovicens. ann. 1032 Sess. ii. (Harduin. VI. I. 890)—"dum quos isti juste ligant ille injuste absolvit."

[4] Ibidem.—"Nam inconsulto episcopo suo ab Apostolico pœnitentiam et absolutionem nemini accipere liceat."

[5] Hermanni Contracti Chron. ann. 1051.

scruples of conscience; it did not hesitate to grapple with the largest questions that shook the equilibrium of the European commonwealth. Although occasionally it unquestionably remedied some injustice or prevented an oppression, in general it was undoubtedly an evil, for it assumed to do what was beyond human power to accomplish—to decide upon all cases of morals and discipline in virtual ignorance of the facts, and it thus introduced everywhere confusion of morals and relaxation of discipline. The proceedings of episcopal courts were perpetually crippled by appeals to Rome at all stages of a trial; episcopal sentences were liable to be set aside or to be forestalled; the most wholesome regulations were habitually annulled by dispensations, and the labor of the journey was openly advanced as a reason justifying the relaxation of the established canons of the Church in favor of the applicant.[1] As expressed in case 1 of rubric CXIX. of our Formulary, addressed to the Bishop of Assisi who had suspended a priest for perjury, "ex quo virgam patris sensit in pena, sed ad ubera matris aspirat pro venia, ut post vini rigorem olei sentiat lenimentum."

Evidences of all this will be constantly found in the following pages, and their demoralizing influence is not simply a matter of inference. As regards the effect of appeals, Robert Grosseteste, Bishop of Lincoln, in his hardy address to Innocent IV. in 1250, describes how they nullified the efforts on the part of bishops to punish the crimes and sins of their subjects, and how they granted virtual immunity to offenders.[2]

---

[1] Die römischen Päpste sahen mit Recht den Bussweg nach Rom als einen zuverlässigen Beweis der Bekehrung und als einen hohen Grad der innern Zerknirschung an.—Binterim, Denkwürdigkeiten, Bd. V. Th. III S. 188.

[2] Cum etiam episcopus vel alius pastor nititur dæmonia fornicationis, adulterii et cæterorum criminalium a suis subditis expellere et vitiorum languores curare, quidam eorum per legistarum argutias statim prærumpunt in vocem Appellationis ad hanc sedem et tuitionem ad sedem archiepiscopalem, per cujus sedis tuitiones ipsi libere ut jumenta computrescunt in stercore voluptatum vitiorum suorum ad minus per annum et hac occasione ut frequenter contingit in perpetuum.—Rob. Grosseteste Serm. (Fasciculus Rerum Expetend. et Fugiend. Ed. 1690 II. 255-6). See also the complaints of the Germans at the council of Constance in 1418 (Von der Hardt I. XXII. 1002).

An epistle of Alexander III. shows how appeals to Rome were also utilized by the prelates to emancipate themselves and their territories from all subjection to law.—Compilat. I. Lib. II. Tit. xx. c. 25 (Ed. Friedberg, p. 25). Cap. 33 indicates other evils arising from the same source. In 1187 Gregory VIII. complained that the enormous rush of this business to Rome rendered attention to weightier matters impossible, wherefore he ordered that all cases of less than twenty marks in value should be settled at home (Ibid. c. 47) which shows that at that period the curia was not systematically organized for the work as it became subsequently. This does not appear to be have been effective for his successor Clement III.,

As for pardons and dispensations, when Paul III., in 1538, appointed a commission of the leading cardinals of the Sacred College—Sadoleto, Caraffa (afterwards Paul IV.), Contarini and Reginald Pole—to draw up a scheme of reformation for the curia, they referred in the most forcible terms to the indescribable scandals and evils arising from the sale of pardons by the Penitentiary, as pervading the whole of Christendom and preventing all wholesome enforcement of discipline everywhere; such monstrous abuses, they assert, are sufficient to destroy any human society tolerating them, and they adjure him earnestly, by the blood of Christ, to put an end to them.[1]

That the Penitentiary had been venal from the beginning can well be believed. The concurrent testimony of Europe throughout the Middle Ages as to the rapacity of the curia is too emphatic to be called in question. In the middle of the twelfth century St. Bernard addressing Eugenius III. assumes that the whole discipline of the Church is directed to the extortion of money, which Italy grasps with insatiable greed.[2] As a means of accomplishing this object the Penitentiary was especially adapted, for it had the granting of absolutions and dispensations practically without supervision. How eagerly every

after reciting other evils arising from appeals authorizes the bishops to refuse them in cases under 40 sols. in value.—Comp. II. Lib. II. Tit xix. c. 12 (Ibid. p. 78). Soon afterwards, to check mere dilatory appeals, which were exceedingly common, Cœlestin III. empowered bishops to excommunicate those who did not within twenty days set out for Rome (Ibid. c. 19). After this the policy of the curia changed. It was probably reorganized on a footing which enabled it to dispose of the business and reap the harvest thence arising. None of these restrictive decrees are retained in the Decretals of Gregory IX., and in their place we have the earlier ones of Alexander III. granting one, two, and even more years in which to prosecute an appeal, and ordering them to be entertained in the most trivial cases (c. 5, 8, 11, Extra Lib. II. Tit. xxviii.).

[1] Alius abusus magnus et minime tolerandus, quo universus populus Christianus scandalizatur est ex impedimentis quæ inferuntur episcopis in gubernatione suarum ovium, maxime in puniendis scelestis et corrigendis. Nam primo multis viis eximunt se mali homines, præsertim clerici, a jurisdictione sui ordinarii: deinde, si non sunt exempti, confugiunt statim ad Pœnitentiariam vel ad Datariam, ubi confestim inveniunt viam impunitati et quod pejus est ob pecuniam præstitam: hoc scandalum, beatissime pater, tantopere conturbat Christianum populum ut non queat verbis explicari. Tollantur, obtestamur sanctitatem tuam per sanguinem Christi quo redemit sibi ecclesiam eamque lavit eodem sanguine, tollantur hæ maculæ, quibus si daretur quispiam aditus in quacunque hominum republica aut regno confestim, aut paulo post, in præceps rueret, nulloque pacto diutius constare posset; et tamen putamus nobis licere ut per nos in Christianam rempublicam inducantur hæc monstra.—Le Plat, Monument. Concil. Trident. II. 601.

[2] An non quæstibus ejus tota legum canonumque disciplina insudat? An non spoliis ejus omnis Italica inhiat inexplebili aviditate rapacitas?—S. Bernardi de Considerat. Lib. III. c. 1 § 5.

opportunity of effecting this was seized is aptly illustrated by a faculty of Innocent IV. in 1243 to the Abbot of Nidarholm in Iceland. Few penitents from so distant a spot could be expected to visit Rome and it was more profitable to establish a local Penitentiary there. The abbot is therefore authorized to grant absolution in certain cases on the payment by the offenders of what the journey to Rome and back would cost them—the Holy Land as usual being designated as the recipient of the proceeds.[1] Whether the notorious Taxes of the Penitentiary be authentic or not is a question only of detail and not of principle, for the pecuniary redemption of penance was a practice established for centuries—in fact, until the Reformation opened men's eyes to the enormity of such transactions, there was no hesitation in carrying on the traffic openly. When its propriety began to be questioned, a consultation submitted to Pius III. in 1536 argues that it is perfectly legitimate to receive money for the pardon of sins and the granting of dispensations.[2] It is therefore no wonder that men had no hesitation in believing and asserting that the system was devised wholly for the benefit of the papal treasury and without regard to its deplorable effect on morals. In 1359 when Innocent VI. made a demand on the German clergy and Charles IV. gathered his magnates at Mainz to listen to the papal legate, Conrad von Alzey, chancellor of Rupert Count Palatine, in enumerating the methods by which Rome impoverished Germany included the money paid for absolutions,[3] and Charles himself, whose devotion to the Holy See earned for him the title of "the priests' emperor," reproached the legate with the unchecked license and vileness of the clergy, for Rome was solely occupied with seizing the fleeces of the flock and cared nothing about the salvation of the sheep or the enforcement of discipline.[4] It is true that in 1327 John XXII. from Avignon made a

[1] Berger, Registres d'Innocent IV. No. 124 (T. I. p. 25).

[2] Item, in alio genere gratiarum spiritualium quibus adjuncta est absolutio a peccato quopiam, credimus, si ratio personæ et peccati id poscere videatur, quod non pro concessione gratiæ neque pro absolutione sed pro peccati satisfactione possit imponi muleta pecuniaria expendenda in pias impensas quas plurimas facit Sanctitas tua in operibus piis innumeris.—Döllinger, Beiträge zur politischen, kirchlichen und Cultur-Geschichte, III. 210.

So as to dispensations—"Quod vero dispensationes pecunia redimantur justa caret reprehensione quandoquidem soluta pecunia vel loco pœnæ succedit, cum scilicet jam sacris canonibus contraventum est."—Ibid. p. 232.

[3] Pro . . . . gratiis ac variis privilegiis absolutionibusque.—Trithem. Annal. Hirsaug. ann. 1359.

[4] Sine ordine vivunt ubique, sine honestate, sine timore Dei in omni libertate peccantes, et nemo est qui corrigat, nemo qui prohibeat, nemo qui emendet, Vos autem Romani pastores et pontifices lanam rapientes nihil de salute ovium estis solliciti.—Ibid.

show of virtuous indignation in accusing his penitentiaries in Rome of selling pardons *a culpa et a pœna* to usurers and concubinarians, of boasting that they held the keys of heaven and hell, and of delegating their powers to others through whom their unhallowed gains might be augmented, but the real cause of John's wrath was not this simony, in which he was himself steeped to the lips, but the absolutions granted by the culprits to Louis of Bavaria and his adherents in his Italian expedition which culminated in the election of the antipope Piero di Corbaria.[1] If John effected any reform by this outburst it could not have been permanent, for among the good deeds recorded of Cardinal Annibaldo, whom Clement VI. sent to Rome to conduct the Jubilee of 1350, it is recorded that he dismissed, fined and imprisoned the penitentiaries.[2] This was equally ineffective, for early in the next century John Gerson is careful to include the Penitentiary among the instrumentalities by which all the wholesome discipline of the Church was destroyed and the curia, more depraved in morals and in deeds than any secular court, was rendered a market-place for the sale of its spiritual wares to the highest bidder.[3]

Of course in the Formulary here printed there is no direct evidence of all this, for the very nature of the letters addressed to the prelates of the culprits precludes any allusions to such traffic, but the internal evidence is strong. In rubrics VI.-XI. the difference in the orders of restoration to benefices resigned on account of simony is strongly sug-

---

[1] Necnon usurarios et concubinarios manifestos, forma ecclesiæ prætermissa, et quosdam alios a pœna et a culpa, ut suis fatuis verbis et præsumptuosis utamur, absolverunt hactenus et absolvere in suarum animarum dispendium, se claves habere paradisi et inferni temerariis jactantes ausibus, moliuntur; nihilominus ad quæstus execrandos et illicitos tam per se quam per alios quos sibi substituisse in Pœnitentiariæ officio propria temeritate dicuntur, extendendo damnabiliter et impudice, respersi cæcitate avaritiæ sicut asseritur, manus suas.—Bullarium Vaticanum, I. 273.

[2] Pœnitentiarios mulctavit, deposuit et in vincula conjecit.—Vit. Nicolai Laurentii Lib. III. c 2 (Muratori, Antiq. T. VII. p. 880).

[3] He complains of the papal power in dispensing with the canons, whose "statuta, crescente avaritia pontificum, cardinalium et prælatorum, tam per papæ reservationes quam per iniquas cameræ apostolicæ constitutiones, et cancellariæ regulas, et formulas audientiæ causarum rotæ, et ambitiosas dispensationes, absolutiones, indulgentias, confessionalia, officium pœnitentiariæ, sint fere immutata, annihilata et quasi in derisum et oblivionem posita . . . Ita ut jam non videatur Romana curia esse nisi quoddam forum publicum ad quod quo quis plura portaverit plura mercimonia habebit . . . Ita ut quæ solebat esse curia spiritualis jam facta sit nundialis, diabolica, tyrannica et pejor in moribus, etiam in factis civilibus quam alia curia sæcularis.—Jo. Gersoni de Reformat. Ecclesiæ c. xvii. (Von der Hardt, T. I. P. v. pp. 107, 110, 111).

gestive of difference in the liberality of the several penitents. Equally suggestive is the almost uniformly favorable character of the decisions which, except in cases involving heresy or opposition to papal authority, lean to the side of mercy, reckless of the damage to morals and discipline. In many cases indeed bribery is the readiest explanation of the uncalled-for lenity shown. There were few graver offences in the eyes of the curia than the forgery or falsification of papal letters and yet in the rubrics XLVIII. and XLIX. we have instances of deacons guilty of this who are allowed to continue in the exercise of their functions, although the canon law, in the contemporary Decretals of Gregory IX., provided that clerks committing this crime should be perpetually deprived of office and benefice, be degraded and handed over to the secular arm for condign punishment.[1] So in rubric CLXII. there is a case of an apostate subdeacon who for twenty years or more had served as a soldier, and who is readmitted to his functions with eligibility for promotion on his simple declaration that he had not been concerned in any death or mutilation. Case 3 of rubric LXXVII. presents us with a priest who had knowingly received goods stolen from his own church and had continued celebrating mass in spite of the excommunication of all concerned in the sacrilegious robbery: his bishop apparently had declined to absolve him, but had given him letters to the Penitentiary, which not only granted absolution but dispensation for the "irregularity" incurred in exercising his functions while thus under excommunication. Sometimes indeed the Penitentiary seems to have had the grace to feel ashamed of the part which it was playing, and its letters, like that in rubric CXXXIX., are models of a skilful avoidance of responsibility, while recommending mercy under a cloud of vague and ambiguous phrases—the case in question being the atrocious one of a mock marriage celebrated by a priest to deceive a woman.

The effect of all this on the discipline of the Church could not fail to be deplorable, and it may be regarded as one of the leading causes

---

[1] Cap. 7 Extra Lib. v. Tit. xx. The evil customs introduced by the venality of the Middle Ages left an indelible impression on the Church. Somewhat similar to the above cases is one provided for in a formula of the modern Penitentiary. A friar obtains fraudulent papal letters permitting him to leave his order; he ministers as a secular priest till he is over seventy years of age and then, assuming that he is too old to endure the rigors of conventual life, he applies to the Penitentiary for absolution and a dispensation to continue his priestly functions, which are duly granted. Marc. Paul. Leonis Praxis ad Litteras Maioris Pœnitentiarii, Mediolani. 1665, p. 333. There is another formula of absolution for falsifying a papal absolution (p. 374).

of the laxity prevalent during the Middle Ages. Every culprit condemned at home was sure of a hearing by the Penitentiary on *ex parte* statements, and of a sympathizing letter addressed to his prelate which, coming from such a source, was equivalent to a command. The Formulary is crowded with such cases, which must necessarily have produced a most disheartening effect on those who were endeavoring to repress the perpetual disorders of the clergy. Thus rubric LXXXIX. concerns a priest accused of homicide and put on his purgation, in which he failed, this being, under the law of the period, equivalent to conviction. His bishop necessarily deprived him of function and benefice, whereupon he hastened to Rome, complaining that the bishop had not been impartial in the selection of the compurgators, and he returns with a letter ordering his restoration. Case 2 of rubric XXVIII. is a curious story in which an ecclesiastic relates that when travelling with a canon regular he killed his companion with blows with the flat of a sword because the latter had insisted on bringing a woman to bed with him: for this his bishop suspended him, but is now ordered not only to restore him but to account to him for the fruits of his benefice during his suspension. In case 6 of the same rubric we have a homicide monk forced back upon his abbot who had ejected him. In case 1 of rubric LXVII. we find the Penitentiary impartially issuing letters in favor of both sides to a controversy, to the no small confusion of the matter.[1] Case 2 of rubric CXIX. shows us a priest guilty of perjury, whom his bishop refused to relieve from suspension on the strength of letters from one of the penitentiaries, and who now obtains another from the whole body, in which the labor and expense of his double visit to Rome are given as a reason for restoring him. Similarly in rubric CXXXVIII. a bishop is instructed to moderate the rigor of a decree of the Lateran Council in view of the labor entailed on the offender by coming to Rome. Case 2 of rubric CLXI. concerns a monk in priestly orders who had quitted his convent and led a vagabond life, subsisting on the administration of the sacraments, and who is now sent back with orders for his readmission.[2] It is true that usually the pre-

---

[1] The unutterable perplexities, expenses and delays caused by the habit of the curia of selling its letters to all applicants are well exhibited in a case under Alexander III. when a priest and a burgher of Reims had a suit over a house. Each party made two journeys to Rome and each came back with letters in his favor. Finally both suitors appeared together before the pope when he coolly referred the matter for settlement to the Archbishop of Reims.—Compilat. II. Lib. II. Tit. XV. c. 3 (Friedberg, p. 74).

[2] There is a formula for a somewhat similar case in Leone's *Praxis*, p. 317. In another (p. 331) a friar steals a sum of money, flies and enters another order at a

late is instructed to administer "competent" penance, but by this time the penitential system was breaking down and the moderate fasts and distance: he obtains absolution and a dispensation to remain in his new home and exercise his priestly functions.

A fifteenth century formula for such cases kills the fatted calf for the prodigal son in a manner which goes far to explain the deplorable monastic discipline of the pre-Reformation period. Despite its length it is too characteristic of the time to be omitted—

"Venerabilibus et religiosis viris dominis abbati et conventui monasterii N. ordinis N. diocesis N. omnibusque aliis et singulis etc. Idcirco auctoritate apostolica nobis commissa et qua fungimur in hac parte vos dominos abbatem et conventum omnesque alios etc. quatenus infra sex dierum spatium post presentationem et notificationem predictarum litterarum apostolicarum et presentis nostri processus ac requisitionem vobis per prefatum N. factum immediate sequentium quorum sex dierum etc. assignamus prefatum N. Deo et ordine suo reconciliari volentes, qui habitu regulari dimisso diutius incessit per seculum, vestes deferens laicales, non tamen animo apostatandi, recipiatis vestrumque quilibet recipiat in monachum atque fratrem et sincera in domino caritate ibidem tractetis et quilibet vestrum tractet. Vosque domine abbas ipsum fratrem N. monachum vestrum quamprimo in monasterio vestro receptus fuerit immediate per vos vel alium ab excommunicationis sententia si quam incurrit habitum suum regularem ut premittitur dimittendo in foro conscientie absolvatis et super excessibus et reatibus quibuscunque per quos ipse ante vel post habitus sui dimissionem in ordine suo vel extra et perjurio etiam vel alia causa irregularitatem incurrit dispensetis cum eodem, imposita tamen sibi pro modo culpe penitentia salutari. Verum quia nimius rigor vel penalis asperitas ob fragilitatem carnis humane interdum non edificat sed corrumpit penam vel penitentiam ex dicti ordinis statutis vel predicti monasterii consuetudine sibi in hac parte imponendum circa eundem fratrem N. qui sponte ad suam religionem revertitur auctoritate apostolica prefata vobis sub penis infrascriptis precipimus et mandamus quatenus taliter etiam misericorditer moderetis quod ipse frater N. aut alii consimiles ejus exemplo a suorum resumptione religionis et habitus minime retrahantur. Inhibens etiam ut postquam ipse N. in dicto monasterio sic receptus fuerit et pena seu penitentia religionis hujusmodi circa ipsum fuerit temperata, penam ipsam vel penitentiam eidem aggravare qualitercunque minime presumatis seu per alium vel alios permittatis aggravari. Decernentes si secus feceritis eundem N. ad earum observationem aliqualiter non teneri sed cum in pacis tranquillitate et spiritu benignitatis modis omnibus quibus poteritis foveatis et supradictis nostris ymo verius apostolicis mandatis et monitionibus efficaciter pareatis ita et taliter quod non possitis de inobedientia vel negligentia in aliquo reprehendi. Quod si forte premissa omnia et singula non adimpleveritis aut aliquid in contrarium feceritis seu eundem fratrem N. monachum vestrum in dicto monasterio vestro recipere denegaveritis aut eum suspendendo interdicendo vel excommunicando, seu interdictum, suspensum vel excommunicatum denunciando seu reputando, prohibendo, carcerali custodie cum mancipando, habitum regularem seu alimenta eidem subtrahendo, ipsum claustro vel habitatione claustrali exponendo, verba opprobriosa de facto etiam inferendo seu alias contra ipsum quoquomodo attemptaveritis propter quod ipse vel psalmody customarily prescribed had few terrors for any one, especially as the pecuniary redemption of penance was a long-established custom.[1]

If the influence of the Penitentiary on discipline was thus disastrous, on morals it was equally so, and in the Formulary we find ample confirmation of the general complaints to this effect. Many of the cases already cited illustrate this, but a few more examples may be instanced. In rubric LXXXII. we find a priest who out of malice sets fire to the house of one of his parishioners, resulting in its destruction and in that of a neighbor; for this the Penitentiary absolves him and sends him back to his bishop with orders to reinstate him on the payment of the damages. Rubric LIX. tells us of a priest who steals a book from his own church and pawns it, and then to satisfy his flock publicly excommunicates the unknown thief and continues to celebrate while thus

alii consimiles a suorum resumptione habitus et religionis quoquomodo retrahi valeant aut quicquid in contrarium feceretis, seu si monitione, inhibitione et mandatis nostris hujusmodi ymo verius apostolicis non parueritis cum effectu Nos in vos dominum abbatem et singulos monachos et conversos vestros et personas et quoscunque alios in premissis et contra premissa ad impedientes monitionem inhibitionem et mandata predicta aut ipsum N. ad status et habitus sui resumptionem et restitutionem ac religionis gradum pristinum dantes auxilium, consilium vel favorem seu quominus idem N. in predicto monasterio recipiatur et caritative tractetur penaque seu · penitentia ordinis vel monasterii seu religionis predicte juxta mandatum apostolicum et nostrum presentem processum circa ipsum valeat misericorditer temperari et temperata sine aggravatione aliqua observari, ex nunc prout ex tunc et e converso dicta canonica monitione premissa singulariter in singulos excommunicationis, In conventu vero dicti monasterii suspensionis et in ipsum monasterium ac ecclesiam ejusdam interdicti ecclesiastici sententias ferimus in his scriptis et etiam promulgamus. Ceterum etc. usque procurent ac dictum fratrem N. in dicto monasterio recipi et ibidem sincera in domino caritate tractari penamque vel penitentiam ordinis vel religionis ac monasterii predicti circa ipsum fratrem N. misericorditer temperari et temperatam sine aggravatione aliqua observari facient et procurent. Et generaliter etc."—Formularium Instrumentorum ad usum Curie Romane fol. 81 (*sine nota*, sed Memmingæ: v. Hain, 7276).

This seems not to be a letter emanating directly from the Penitentiary, but in execution of its decision and under its authority. See *op. cit.* fol. 90.

[1] The Gloss on the canon law, authoritative at this period, says "Consulo quod ad vitandam inobedientiam et transgressionem talibus nulla aut pauca satisfactio injungatur sub præcepto, et quod concedatur eis quod liceat eis jejunium sibi injunctum aut orationes aut eleemosynas et quæcunque alia sibi injuncta redimere cum voluerint."—Joh. Friburgensis Summæ Confessorum Lib. III. Tit. xxxiv. Q. 135.

The penitential canons were still nominally in force for public offences (c. 2, Extra v. xxxviii.; c. 8 Extra v. i.; c. 2 Extra v. 2. Cf. Joann. de Honestis Pœnitentialis Lib. I. c. 3), but for private sins the penance was left to the discretion of the confessor, as defined by Innocent III. (c. 8 Extra v. xxxviii. Cf. S. Bonaventuræ Confessionale cap. iii. partic. 1).

under his own excommunication; when the fraud becomes known his archdeacon interdicts him and he applies to the Penitentiary which orders the interdict removed on the ground that no one can excommunicate or absolve himself. The group of cases under rubrics LXXXIII.-LXXXVI. shows how readily pardon could be obtained for public and persistent concubinage and explains why the enforcement of the rule of chastity on the priesthood was so complete a failure in spite of the spasmodic efforts of reforming councils and prelates.[1] The curious code of artificial morality thus created is illustrated in case 2 of rubric LII., where a monk who has committed incest with a nun finds the gravamen of his offence not in the pollution of a bride of Christ, but in the fact that he had infringed the inviolability of ecclesiastical persons by once beating his paramour.[2] Similarly in case 1 of rubric CXXVI., if a woman with whom a deacon is living is merely his concubine, he is to be absolved; if he has married her he is to be prosecuted with the full rigor of episcopal jurisdiction.[3] The cases under rubric

---

[1] This papal condonation of immorality continued till the end of the Middle Ages. About 1450 Nicholas V. prohibited the members and officials of the curia from keeping concubines under pain of forfeiture of office and incapacity for preferment "nisi inhabilitatem suam antea per dictæ sedis litteras obtinuerint absolvi."—Septimi Decretal. Lib. III. Tit. i. cap. 3. Among the formulas given by Leone *Praxis*, p. 324, is one by which a priest who has committed an abortion on a woman whom he seduced is allowed to retain his parish and continue his functions.

There is a quaint admission of the impossibility of priestly continence in a fifteenth century formulary of practice before the curia. In a case where a priest brings an action against a person who had stigmatized him as a public fornicator and concubinarian the plaintiff is made to describe himself as "sobrius et castus et ab omni actu fornicario abstinens *quantum humana fragilitas sinit*."—Formularium Advocatorum et Procuratorum Romane Curie, Basilee, 1493, fol. lxxi.

[2] In a modern case, where a priest seduces a nun in the parlor of her convent and continues to celebrate mass in spite of the excommunication incurred, he is restored to his functions except the hearing of confessions, is prohibited from entering any nunnery and is declared incapable of obtaining benefices.—Leonis *Praxis*, p. 336. Disabilities of this kind however seem to be only temporary. Thus another formula recites that some nuns introduced a man into their convent; for this they obtained absolution coupled with incapacity to fill offices of dignity in the house. After enduring this for awhile they apply for a dispensation removing it, which is granted and they are declared capable of holding any office.—Ib. p. 383.

[3] Notwithstanding this exhibition of determination to enforce clerical celibacy the constant interference of the curia rendered that rule almost as difficult to execute as the prohibition of concubinarianism. About 1195 the Bishop of Constance applied to Coelestin III. for aid in ousting a deacon who while in holy orders had kept a concubine for six years and on her death had married a wife,

CXIX. show us how much more leniently the crime of perjury was regarded in Rome than by the local bishops. When Rome was thus looked upon as a fountain of pardon for all infractions of the decalogue, it need not surprise us to see (rubric CXXXIV.) an adulteress who, on becoming a widow, had married her lover, applying to the Penitentiary for aid and counsel to protect her from evil-speaking tongues, and who was sent back to her bishop with a letter instructing him to leave her in peace, while nothing is said about the five years' penance provided for such cases.[1] It would be superfluous to adduce more examples, for there are few among these cases which do not illustrate all this to a greater or less degree. We can readily accept the assertion of Bishop Grosseteste, in 1250, that the curia through its dispensations and provisions and granting of benefices to the unfit was the primary cause of the unspeakable moral degradation of the priesthood.[2] It was not an unnatural development from all this that in the popular belief the papal power was equal to granting absolution in advance for sins to be committed, as is seen in Dante's recital of the interview between Guido da Montefeltro and Boniface VIII. where the pope absolves him on the spot for the sin which he urges him to commit:

> Fin' or t' assolvo, e tu m' insegni fare
> Si come Penestrino in terra getti.
> Lo Ciel poss' io serrare e disserrare
> Come tu sai: però son due le chiavi.—INFERNO, XXVII.

In considering the records of the Formulary it must be borne in mind that they are not to be regarded as mere isolated cases. The

retaining his benefice all the while in spite of all efforts to deprive him. To the bishop's appeal the answer was to leave the offender in peace.—Compilat. II. Lib. I. Tit. xi. c 1 (Friedberg, p. 70). Nearly as disheartening was the experience of the Bishop of Terouane who, about 1220, reported to Honorius III. that in his diocese clerks in holy orders did not hesitate to marry, alleging in defence the custom of the land. On this the pope ordered him to deprive them of their benefices, but when he proceeded to do so they had no difficulty in procuring papal letters confirming them in possession and enabling them to persecute him. It is true that on the matter being explained to Honorius he had no scruple in cancelling his letters, but he treats the transaction as a matter of course.—Compilat. V. Lib. II Tit. xx. c. 4; Lib. III. Tit. ii. c. 2 (Ibid. pp. 168-9).

[1] Gratian, c. 7 Caus. XXXI. Q. I., preserved even in the *Canones Pœnitentiales* of Astesanus, c. 9.

[2] After describing in the most vigorous terms the appalling vices of the priesthood Grosseteste, addressing Innocent IV. adds "Causa fons et origo hujus est hæc curia, non solum eo quod hæc mala non dissipat et has abominationes non purgat, cum ea sola hoc maxime possit et ad huc summe teneatur, sed eo amplius quod ipsa quoque per suas dispensationes et provisiones et collationes curæ pasto-

collection is evidently a careful selection by a cardinal of formulas to serve as guides and precedents for practical use, and they are therefore to be considered as authoritative sentences on the principal subjects which habitually came before the Penitentiary for action and decision. That by far the greater portion of them are concerned with cases of ecclesiastics can scarce, I think, be taken as an evidence that clerical cases formed so preponderating a portion of the business of the Penitentiary, but rather that these were regarded by the collector as the most interesting and useful to him, inasmuch as they involved so many questions relating to irregularities, impediments and dispensations.

It may be not without interest to note the influence of the system in one or two matters in which changes in the practice of the Church may be traced with more or less clearness to the influence of the dispensing and pardoning power. The cases under rubric XII., respecting payments made to secure entrance into monasteries show how delicate were the scruples of conscience afflicting the souls of those guilty of such offences and the manner in which the Penitentiary smoothed their path back to grace. These scruples were simply in accordance with ecclesiastical doctrine. In 1163 Alexander III. at the council of Tours forbade as simony the acceptance of any consideration for receiving an applicant in a monastery,[1] and the same pope enforced the rule in punishing an abbot and the officials of his convent for exacting such a payment, by suspending them from their functions and compelling

---

rales tales quales praetacti sunt pastores, immo mundi proditores, in oculis solum constituit hoc ut provideat vitae alicujus temporali, multa millia animarum pro quarum qualibet sempiterne vivificanda Filius Dei morte turpissima voluit condemnari, devorationi summi bestiarum agri tradit et sempiternae morti.—Rob. Grosseteste Serm. (Fascic. Rer. Expetend. etc. Ed. 1690, II 252).

A very significant instance of latitudinarianism occurs in the conditions imposed by the Penitentiary in the seventeenth century for releasing a man from a vow to enter a religious order, "dummodo vitam coelibem ducat," which is explained by the commentator to mean that while he must not marry it does not debar him from other carnal indulgence —" si enim voluisset imponere voventi continentiam ab omni copula carnali et venerea delectatione, usurpasset nomen *castitatis* non autem *coelibatus*," which is not improved by the distinction drawn between human law and divine law "quia quoad alias delectationes carnales et libidinosas a lege divina omnibus hoc est prohibitum"—Leonis Praxis ad Litt. Maior. Poenitent. pp. 64, 83. Leone was employed in the Papal Penitentiary for fourteen years (Ibid. p. 216), his work bears the approbation of the Master of the Sacred Palace and of the Provost General of the Society of Jesus, of which he was a member, and it may therefore be regarded as semi-official.

[1] Concil. Turon. ann. 1163 c. 6.—C. 8 Extra Lib. v. Tit. iii.

them to make restitution, while the monk who had made the payment escaped with simple transfer to another house.[1] The trouble was ineradicable and Innocent III. at the Lateran council of 1215 tried sharper measures to repress it, for entrance payments, he states, were habitually exacted everywhere in nunneries. For past offences he contents himself with prescribing the transfer to other houses of both payer and receiver, while for future infractions of the rule the extreme penalty is provided of shutting up all parties concerned in houses of the most rigid observance, to undergo perpetual penance, and all bishops were ordered yearly to publish this rule throughout their dioceses.[2] The embodiment of these canons by S. Ramon de Peñafort in the Decretals of Gregory IX. shows that they were presented and retained as the unquestioned law of the Church. Yet the decisions in the Formulary attest that the real offenders, the recipients of the payments, were virtually allowed to escape, while those who paid for entrance were at most only treated according to the milder precedent set by Alexander III. This laxity naturally led to a disregard of the canons so emphatically published. They remained nominally in force but means were found to elude them, and while the stricter canonists insisted on their maintenance others of unquestioned authority argued that a convent was justified in refusing admission to any one who did not bring with him means adequate to his support.[3] Thus the custom

---

[1] C. 19 Extra Lib. v. Tit. iii.

[2] Quoniam simoniaca labes adeo plerasque moniales infecit ut vix aliquas sine precio recipiant in sorores, paupertatis prætextu volentes hujusmodi vitium palliare; ne id de cetero fiat penitus prohibemus, statuentes ut quæcumque de cetero talem pravitatem commiserit, tam recipiens quam recepta, sive sit subdita sive prælata, sine spe restitutionis de suo monasterio expellatur, in locum arctioris regulæ ad agendam perpetuam pœnitentiam retrudenda . . . . Hoc etiam circa monachos et alios regulares decernimus observandum. Verum ne per simplicitatem vel ignorantiam se valeant excusare præcipimus ut diœcesani episcopi singulis annis hoc faciant per suas diœceses publicari.—C. Lateran. IV. ann. 1215 c. 64.—C. 40 Extra Lib. v. Tit. iii.

[3] An experienced confessor, towards the end of the fifteenth century, in a manual for the guidance of his brethren, inserts among the questions to be asked in the confessional of abbots and other superiors of religious houses "Si simoniace religionem ingressus est vel ad eam alium simoniace recepit, nam pro religionis ingressu sive virorum sive mulierum non licet aliquid dare vel recipere quasi pretium etiam paupertatis prætextu. Si tamen monasterium sit tenue dicunt Vincentius, Tancredus, Raymundus, Jo. [Teuton.?] et Hostiensis quod recipientes volentibus intrare possunt dicere Nos libenter et gratis te recipimus ad consortium nostrum spirituale, sed cum bona nostra non sufficiant nobis et tibi porta tecum unde possis vivere vel sic provideas unde vivas, tunc enim si ingrediens monasterium aliqua bona conferat non committitur simonia dummodo pure fiat, et

of entrance payments grew to be a matter of course. The council of Trent endeavored to suppress it indirectly by providing that no convent should receive more inmates than could be supported by its regular revenues or the customary receipt of alms.[1] In tardy obedience to this, thirty years later, the council of Aquileia suggests that the number of inmates in nunneries be allowed to diminish by death till it shall be reduced to what can be supported and that meanwhile funds be procured by placing boxes in the churches to receive the contributions of the charitable.[2] Meanwhile in 1572 Gregory XIII. had opened the way to an official recognition of this form of simony, in the case of Tertiary nuns, by directing the bishops to urge that the kindred of those desiring admission should contribute to the house a sum of money approaching the dower that would be required in case of marriage.[3] This showed how the Tridentine canon and simony were to be reconciled, and accordingly in 1583 we find the council of Reims ordering that no more monks or nuns shall be admitted than the revenues of the house can support, but it warmly approves liberal "alms" spontaneously brought by those who enter.[4] These transparent subterfuges were wholly disregarded in practical life, for in Catholic countries where girls had virtually only the alternative of marriage or conventual life the pressure on the nunneries rendered payment for admission obligatory. Santa Teresa had no scruple in bargaining with applicants as to what they should pay for admission into her reformed order of Barefooted Carmelites[5] and such payments are still one of the recognized meanings of the innocent word "dower."[6] In fact, the inability to make such payment is admitted by the Penitentiary itself as a sufficient reason for commuting a vow to enter a religious order.[7]

in fraudem non dicatur et sine aliquo pacto. Sed Bernardus, Innocentius Bar.[tolomaeus?] Brixiensis et Archidiaconus dicunt quod nec ante nec post potest aliquid peti, et sic dicendo simoniam committunt tam recipientes quam recepti, etiam si ignorent. Et hæc opinio tutior est et quantum ad mulieres approbata."—Bart. de Chaimis Interrogatorium, Venetiis, 1480, fol. 97*a*.

He adds that it is a mortal sin for a girl to enter a convent because she cannot marry or under coercion from her parents.—Ibid. fol. 99*a*.

[1] Concil. Trident. Sess. xxv. De Reg. et Mon. c. 3.
[2] Concil. Aquileiens. ann. 1596 c. 19 (Harduin. X. 1921 .
[3] Gregor. PP. XIII. Const. *Deo sacris* § 5, 1572 (Mag. Bull. Roman. Ed. Luxemb. II. 396).
[4] Concil. Remens. ann. 1583, De Simoniacis c. 10 (Harduin. X. 1301).
[5] Escritos de Santa Teresa, Ed. Vicente de la Fuente, I. 568.
[6] Thus Littré, s. v. *Dot*—"Apport que fait au couvent une fille qui entre en religion." Also in Spanish "El caudal que lleva la monja al convento donde entra o profesa" (Diccionario encyclopedico de la Lengua Española, s. v. *Dote*.)
[7] Quatenus .... si diligenti habita perquisitione tu inveneris ita esse, dictam-

Another phase of this all-pervading vice of simony illustrates a similar change in the attitude and discipline of the Church in which the Penitentiary was not without its share. The numerous cases under rubrics I.–XI., CXIII., CXV. manifest on the part of the applicants a remarkable nicety of scruple as to simony, whether direct or indirect, and although the Penitentiary does not in terms manifest any indifference as to the heinousness of the offence, it for the most part facilitates the absolution and restoration of the offender and practically abrogates the canons. It was the law of the Church that a benefice obtained simoniacally entailed perpetual deposition.[1] This was evaded by the device of the culprit resigning his benefice, but this resignation was a mere formality, for he was forthwith restored to it or was given another (rubrics VI., IX., X., cf. XIII.), and in case 2 of rubric XI. a too rigid bishop is rebuked for his austerity.[2] The curia was the chief beneficiary from the sale of benefices and under its auspices the laws became a dead letter and the ubiquitous simonist flourished everywhere. Rubric VII. shows that to take a benefice with the promise to increase a pension existing on it was simony necessitating resignation, and case 2 of rubric IX. construes this as extending even to an obligation to celebrate masses for the souls of fellow canons. How bravely all such scruples were in time surmounted is seen in the custom which grew up that when the pope conferred a benefice the recipient would bind himself and his successors by a formal agreement, under penalty of excommunication, to pay from its fruits a fixed annual pension to any one whom the pope should designate to receive it, the revenues of the benefice being hypothecated as security.[3] It was not that there was

que latricem adeo pauperem ut eleemosynam pro ingrediendo religionem non habeat, neque spem esse quod de proximo illam honeste acquirere possit et sine ea non recipi, et si in sæculo maneat periculum esse incontinentiæ, eandem latricem a mutatione propositi, quatenus tibi videatur, absolvas hac vice etc.—Leonis Praxis ad Litt. Maior. Pœnitent. p. 73.

[1] C. 11 Extra Lib. v. Tit. iii. In 1464 Paul II. modified this to suspension from functions and forfeiture of the simoniacally obtained preferment.—Pauli PP. II., Bull. *Cum detestabile*, 23 Nov. 1464.

[2] Clement III. about 1190 had established a precedent for this by restoring three canons who had resigned benefices simoniacally obtained.—Compilat. II. Lib. v. Tit. ii. c. 8 (Friedberg, p. 97).

[3] A formula for agreements of this kind is given in the "Formularium Instrumentorum ad usum Curie Romane," fol. 28*b*. In this, as in so much else, the rigor of the canons was nominally retained. Among the questions which confessors were directed to put to episcopal penitents was "Si contulit beneficium retentis sibi fructibus vel aliqua parte eorum, nam hoc est prohibitum et simonia si fiat ex pacto et consuetudine."—Bart. de Chaimis, *op. cit.* fol. 94*a*. The regis-

any relaxation in the theory or dogma of the Church. Not only were the rigorous canons nominally in force, but they were even sharpened in the fifteenth century by Martin V. and Eugenius IV. Even when no money or other consideration was given, simple petitions and prayers for a benefice addressed to the patron were held to infect the bestowal with the taint of simony. Confessors were instructed to make the most searching inquiry of their penitents in holy orders to detect all offences of this kind, direct or indirect, with a minuteness similar to that which we see exhibited in our Formulary.[1] Yet this was of little avail for good when dispensations were to be had by all who understood how to apply for them. The canons were minute and imperative, but they were robbed of their terrors under such a system, and their very sharpness only served to increase the revenues of the curia. In the seventeenth century formulary of the Penitentiary there is a brief by which a cleric who has purchased two benefices is allowed to retain them, to be promoted to priest's orders, and to minister in them.[2] In this the Penitentiary only followed at an humble distance the magnificent acquisitiveness of the papacy itself. Even as early as the close of the thirteenth century it is a significant fact that the first thing a newly confirmed bishop does is to apply to the Holy See for authority to borrow money, evidently to settle his debts with the curia. Thus the election of Arnaud to the wealthy see of Toulouse was confirmed March 17, 1298, and on April 17th he was granted two authorizations each one enabling him to borrow 20,000 florins. Every function of the curia was thus for sale. When on March 13, 1298, a decision was rendered in favor of Aymon, abbot of St. Antoine of Vienne, it was accompanied with a special faculty enabling him to postpone all his other debts until he should have settled the very large ones which he had incurred in Rome. So, May 25, 1298, the Abbot of Montmajour is authorized to extend time on his other debts for three years in order to enable him to meet those contracted in Rome, amounting, we may presume, to 6000 florins, for that is the sum which he is permitted to borrow by a letter of June 9. Then, October 25, 1298, David is confirmed as prior-general of the Order of Camaldoli, and on November 27 he is authorized to borrow 3000 florins and apportion the liability among the houses of the Order, to discharge the debt contracted with

---

ters of Leo X., now in course of publication by Hergenröther, are full of assignments of such pensions to his favorites.

[1] Bart. de Chaimis, *op. cit.* fol. 84*a*, 87 sq.
[2] Leonis Praxis, p. 359.

the Holy See.¹ This undisguised traffic of Rome in the cure of souls and in preferment of all kinds was the constant subject of complaint in all the lands of Latin Christendom that were not, like England, protected by statutes of Provisors and Præmunire.² John XXII. in 1316 signalized his accession to the papacy by boasting that from all parts of the world men flocked to Rome for "graces" and he skilfully announced that he had reduced the fees.³ So completely did this undisguised simony become the recognized law of the Church that even after Luther had posted his theses on the church-door of Wittenberg, in December, 1517, Leo X. enacted that for certain kinds of preferment the recipients should pay a thousand ducats, one-half to the papal camera, one-fourth to its president, and one-fourth to the masters of ceremonies, and this simoniacal exaction was enforced by excommunication *latæ sententiæ*.⁴ Finally Jesuit casuists were found to argue away

---

¹ Faucon et Thomas, Registres de Boniface VIII. n. 2451, 2506-7, 2520, 2533, 2598-99, 2002, 2802, 2805-6.

² The popular estimate of the curia is vigorously expressed in some verses current in the thirteenth century, printed in the *Opera Nicolai de Clamangiis*, Lugd. Bat 1613, p. 29 A slightly different version is in the *Carmina Burana*, Breslau, 1883, p. 16, from a MS. of the thirteenth century.

    Vidi, vidi, caput mundi   Ibi duplex mare fervet
    Instar maris et profundi   A quo nemo est qui servet
    Vorax guttur Siculi.   Sibi valens obolum.

    Ibi mundi διθαλασσος,   Ibi nemo gratus gratis,
    Ibi sorbet aurum Crassus   Nulli datur absque datis
    Et argentum sæculi.   Gratiani gratia.

    Ibi latet Scylla rapax   Plumbum quod hic informatur
    Et Charybdis auri capax   Super aurum dominatur
    Potius quam navium.   Et massam argenteam.

    Ibi pugna Galearum
    Et conflictus piratarum
    It est Cardinalium.

³ Cum ad sacrosanctæ Romanæ ecclesiæ sinum velut ad matris ubera referta dulcedine, ac ad Romani pontificis Christi vicarii successorisque Petri clementiam, tanquam ad patris plenam providentiæ pietatem, orbis terrarum et qui habitant in eo gratiarum spe assidue confluant universi.—Extrav. Johann. XXII. Tit. xiii.

⁴ Mandavit autem Papa quod quicunque promotus fuerit in titulum, commendam, administrationem, unionem temporalem et coadjutoriam, et ipse præsens sit in romana curia, teneatur et debeat mille ducatos pro mediate cameræ apostolicæ, et pro una quarta parte clericis cæremoniarum magistris, et pro altera quarta parte pro præside ipsius cameræ, sub pœna excommunicationis latæ sententiæ— Paridis de Grassis Diarium, Romæ, 1884, p. 60.

all simony and prove that there was no sin in the sale of benefices or in promotion gained by bribery.[1]

When the action of the Penitentiary was not injurious it was for the most part wholly superfluous. The audacious mendacity of the stories told by the suppliants for its favors is self-evident in many of the cases recorded in the Formulary; that the penitentiaries recognized this and their own impotence to ascertain the truth is seen in the numerous instances in which the case is referred back to the local prelate to investigate, or a decision is subject to the condition "si est ita,"[2] while in general the imposition of the penance is left to his discretion. In fact, in rubric XVII. it is intimated that the Penitentiary never enjoined the penance, and although this is contradicted by some cases in which the penance is specified (*e.g.* rubric XIV. and case 2 of rubric CXI.), still the general principle at work is that which subsequently became the universal practice, of allowing the local prelate to determine it.[3] This, however, was scarce more than a formal recognition of the local jurisdiction, for the cases in rubric CLXXII. show that when a culprit was dissatisfied with the penance imposed on him by his prelate he could appeal to the Penitentiary with a virtual

---

[1] See the condemnation of Father Moya's *Opusculum* by the Sorbonne (D'Argentré, Collect. Judic. de nov. Error. III. I. 110). Among the errors are—

"Non esse contra justiciam beneficium ecclesiasticum non conferre gratis, quia collator conferens illa beneficia ecclesiastica, pecunia interveniente, non exigit illam pro collatione beneficii, sed veluti pro emolumento temporali quod tibi conferre non tenebatur."

"Electores ad majoratum vel cathedram posse pretium accipere ut unum præ alio eligant, eo quod ejusmodi prælatio, cum huic determinatæ personæ non sit debita, et aliunde sit ei valde utilis, pretio æstimabilis est."

"Qui electores pecunia corrumpit ut cum in Generalem, Provincialem, Priorem vel Guardianum eligant non subjacet poenis contra simoniacos latis."

It is true that Moya's book, after a long struggle, was put on the Index and these principles were not publicly accepted, but there was practically little difference between them and the action of the Penitentiary of the period as seen in the brief quoted above.

[2] Hæc enim clausula [si est ita] seu conditio in omnibus rescriptis, nisi exprimatur, semper subintelligitur.—Leonis Praxis ad Litt. Maior. Pænitentiar. p. 271.

[3] Manuale Facultatum minorum Pœnitentiariorum Apostolicorum, Romæ, 1879, p. 12—"Quum S. Pœnitentiaria determinatas pænitentias non solet præscribere sed eas arbitrio exequentis relinquat." So also in Leone's *Praxis*, p. 47. This is liable to exceptions however, as for instance where an adulterous wife poisons her husband and marries her paramour the general outline of penance is prescribed (Ib. pp. 203, 209). Also the public penance for homicide of a priest by a layman (p. 277).

certainty of obtaining a recommendation for its reduction. All this shows the cumbrous and obstructive character of the institutions forced upon Europe by the all-embracing jurisdiction which the Holy See succeeded in establishing, and their absolute inefficiency for good, for the cases in the Formulary are comparatively few in which the settlement could not have been made at home in the first instance.

Sometimes however the Penitentiary did not confine itself to this apparently subsidiary function. In a considerable number of cases it is seen to absolve the penitent and send him back to his prelate to be penanced according to the judgment of the latter. I have not been able to discover whether this was governed by any rule, for there seems to be no special distinction between those cases and those in which absolution is not mentioned.[1] Towards the end of the century we are told that it adopted a custom of which no trace is found in the Formulary, aptly illustrating the confusion existing at the period between the *forum externum* and *internum*, between penance as a punishment and as a satisfaction to God. In cases of homicide and other grave offences it would inflict public penance on the sinner in all the churches of the city where the curia chanced to be, and then send him back to his bishop for the imposition of "salutary" penance. This practice proved a prolific source of dishonest gain to wandering beggars who carried forged letters of the Penitentiary prescribing it, with which to impose on the sympathies of the charitable.[2]

Had the Penitentiary been confined to its legitimate business of deciding cases of conscience too intricate for the local confessors and bishops it would have been a sufficiently useful instrument in ex-

---

[1] See, for instance, xv. 6, xxxviii. 2, xlix., li. 2, lii. 1, 4, liii. 1, lv. etc. Granting absolutions was one of the functions of the Penitentiary. In 1235 the mayor and burgesses of St. Valery, for certain offences committed against the abbey of the same place, were sentenced to perform extensive and humiliating public penance, after which they were required to go to Rome and bring home letters of absolution from the Penitentiary.—Gousset, Actes de la Province Ecclésiastique de Reims, II. 374.

[2] Nota quod penitentiam publicam sedes apostolica nemini agendam indicit nisi in eo loco in quo est curia Romana et tunc tantum pro homicidio et huiusmodi et enormibus. Penitentiarii enim domini pape tales faciunt nudos triduo vel plus vel minus incedere per omnes ecclesias civitatis in qua est curia et non alibi. Quo facto ad suos remittentur episcopos ut consideratis debitis circumstantiis eis indicant penitentiam salutarem. Licet quidam ribaldi pro questu inhonesto sepe menciantur sibi tales penitentias fore a sede apostolica iniunctas, falsas penitentiariorum litteras exhibentes.—Joh. Friburgens. Summæ Confessorum Lib. iii. Tit. xxxiv. Q. 12. Cf. Durand. de S. Portiano Commentt super Sententt. Lib. iv. Dist. xiv. Q 4 §§ 12, 13.

tending and consolidating the power of Rome, but its capacity in this respect was vastly increased by the wide range of extraneous cases which it succeeded in bringing within its jurisdiction. Although the following formulas are entitled "de casibus penitentie," it will be seen that out of these many hundreds but few are in truth cases of conscience. The distinction between the *forum internum* and *forum externum* had not been clearly defined at the period and the confusion thence arising was exceedingly favorable to the growing pretensions of the Church. In the development of sacerdotalism there arose a large number of "irregularities" and "impediments" to be removed only by the dispensing power. This constituted an intricate branch of law imperfectly understood by the average prelate, and although there was an acknowledged episcopal power of dispensation, the Formulary shows how rapidly it was becoming customary to refer all such cases to Rome.[1] The list of papal reserved cases was still somewhat obscure and uncertain, the period was one of transition, the old system of the penitentials had broken down and was fast becoming obsolete. The bishop, immersed in the temporal interests of his see, and the unworldly abbot who had grown up in the seclusion of conventual life, might well seek to shift their responsibilities as to the doubtful interpretations of a changing jurisprudence and might prefer to anticipate the setting aside of their decisions by referring matters at once to the ultimate tribunal, feeling tolerably certain that, if they did not do so, any one dissatisfied with their conclusions would forthwith appeal to Rome. This gave to the papacy a direct hold upon every ecclesiastic, and it would scarce be easy to overestimate its effectiveness in aiding the struggle of Rome for universal domination. In the following pages we see the Holy See as practically the sole source of favors, the only power which at will could enforce or suspend the rules of discipline. This not only secured to it large revenues and bound to it in subjection every member of the

---

[1] Alexander III. recognized that the granting of dispensations for homicide was inherent in the episcopal office and this was still good law at the date of our Formulary (c. 1 Extra Lib. v. Tit. ii. See also c. 32, 33 Extra Lib. v. Tit. xxxix.). Yet the very numerous cases of homicidal clerks in the following pages would seem to indicate that the business was virtually monopolized by the Penitentiary. For the gradual absorption of the dispensing power by the papacy see Thomassin, La Discipline de l'Eglise, P. IV. Liv. ii ch. 24, 67.

In the eighteenth century, letters of dispensation from the Penitentiary contained the clauses "præsentibus laniatis sub pœna excommunicationis" and "in foro judiciario nullatenus suffragentur." These were intended to preclude their use in the *forum externum*—"ad intercludendam viam quæ antiquitus vigebat, ut per exhibitionem hujusmodi literarum satis probaretur dispensatio."—Casus Conscientiæ Benedicti XIV. Aug. 1736 cas 1; Sept 1736 c. 1.

ecclesiastical body, but rendered it an object of universal awe and brought home to the mind of every Christian in Catholic Europe the living sense that the pope was the direct representative and vicegerent of Christ.

In fact, the vague uncertainties of the canon law of the period were excellently adapted to favor the development of the papal power. Innocent III. had proudly declared that the papal will was superior to all law, and this declaration was adopted as law,[1] but what was the papal will in all the departments of the constantly broadening area of spiritual jurisdiction was not so easily determined. When in 1234 Gregory IX. ordered the adoption of the Decretals compiled under his supervision by S. Ramon de Peñafort, he gives as a reason the uncertainty and confusion of the varying and conflicting papal decisions quoted in the schools and tribunals.[2] Since the compilation of Gratian the popes had been busy in laying the foundations and superstructure of the new canon law. They had succeeded in establishing themselves as the supreme lawgivers of Christendom, and even as theology was reconstructing itself in the hands of the schoolmen, so the discipline of the Church was taking new shape under papal direction. It was a period of change, in which the institutions of the medieval Church were being fashioned to the shape in which they were to remain. Gratian had been outgrown by this new papal legislation which circulated in the schools and courts in the Five Compilations, of more or less official character, besides the Extravagants, which might be genuine or might be forgeries. The compilation of St. Ramon, to which Gregory lent the full sanction of papal authority, marks an era in the development of the Church. It settled innumerable doubtful points and determined the principles on which subsequent questions should be decided as they might arise. It was the embodiment of papal aspirations in the most absolute form and was presented to the world as the sole authority for judges and teachers everywhere.[3]

---

[1] Secundum plenitudinem potestatis de jure possumus supra jus dispensare—c. 4. Extra Lib. III Tit. viii.

[2] Sane diversos constitutiones et decretales epistolas praedecessorum nostrorum quarum aliquae propter nimium similitudinem et quaedam propter contrarietatem, nonnullae etiam propter sui prolixitatem confusionem inducere videbantur, aliquae vero vagabantur extra volumina supradicta, quae tanquam incertae frequenter in judiciis vacillabant.—Gregor. PP. IX., Bull. *Rex pacificus*, 5 Sept. 1234 (Ripoll, Bull. Ord. Praedic. I. 69).

[3] Volentes igitur ut hac tantum compilatione universi utantur in judiciis et scholis, districtius prohibemus ne quis praesumat aliam facere absque auctoritate sedis apostolicae speciali.—Ibid.

In making this compilation St. Ramon had no hesitation in modifying and

In this transition period, when the "novum jus" was thus determining the character of ecclesiastical law for the future, a collection like our Formulary has a special importance as manifesting the use made by the Holy See of its newly defined prerogatives. The interpretation of the law is as important as the law itself, and we here see how the law was administered in practice by the very men who had so controlling a part in its framing; we can guess what portions were meant to be strictly enforced and what were subject to relaxation; we see how the sternest rules could be explained away and we may infer how the gains of the curia could be swelled by enacting laws and then issuing exemptions from their penalties. We see moreover how the local prelates, bewildered by the intricacies of the new system of jurisprudence, were surrendering virtually their jurisdiction and were referring to Rome not only complicated and important cases but the most trivial and every-day matters, and we can thus understand how the Penitentiary, instead of being a simple tribunal of conscience, became a court within whose sphere of action matters of conscience occupied the smallest place.

The functions thus attributed to it at the start continued to be its main preoccupation, and it speedily became a potent instrumentality in riveting the control of the Holy See over the subordinate churches. With the spread of enlightenment that preceded the Reformation the incongruity between its ostensible and its real functions provoked adverse comment, and some jurists ventured to argue that the letters of the Penitentiary were valid only in the *forum conscientiæ* and not in the *forum contentiosum*, but Sixtus IV. in 1484 indignantly stamped this pretension as sacrilegious and ordered that they should be received as full authority in all courts, secular as well as ecclesiastical.[1] When the Reformation came to unsettle the traditions of the past, criticism grew bolder, and the bull of Sixtus IV. had to be reissued by Paul III. in 1549 and by Julius III. in 1550.[2] Men, however, were growing less amenable to papal authority, and when in 1562 the final assembly of

---

interpolating the older decretals to adapt them to the existing views of the Holy See. See Schulte, Das Katholische Kirchenrecht, I. 338–9.

[1] Sixti PP. IV. Const. *Quoniam nonnulli*, 1484 (Mag. Bull. Rom. 1. 428). It is worth noting that in rubric cxxii. of the Formulary the Penitentiary impliedly limits its functions to the *forum pœnitentiæ* and disclaims jurisdiction within the *forum contentiosum*. Yet the "confession" so often alluded to in the letters is evidently not sacramental. By this time the seal of the confessional was sufficiently established for the Penitentiary not to commit the indiscretion of revealing its secrets in the manner customary in the Formulary. The penitentiaries therefore were not confessors like the modern minor penitentiaries.

[2] Julii PP. III. Const. *Rationi congruit*, 1550 (Mag. Bull. Rom. I. 785).

the council of Trent was convoked, among the projects of reformation presented by King Sebastian of Portugal was one demanding that the Penitentiary should no longer interfere with matters of justice and the jurisdiction of bishops.[1] It was dangerous to allow the council to intrude upon the sacred precincts of the curia, and it was better for the pope to yield to public opinion by a spontaneous exercise of power, and accordingly in that same year, 1562, Pius IV. imposed on the Penitentiary some limitations. The wide range of incongruous business which it had succeeded in grasping is seen in the long list of subjects, wholly foreign to its real duties, which he removed from its jurisdiction.[2] Even when thus shorn of so many of its functions, it still continued to enjoy a large measure of jurisdiction in the *forum externum*, until the reforming pope, St. Pius V., in 1569, thoroughly remodelled it. With a significant allusion to the avarice that had occasioned its abuses he revoked all its authority, privileges, faculties and indults. He directed it in future to confine itself exclusively to the salvation of souls, and how small a portion this had constituted of its functions, even after the limitations of 1562, may be guessed by the fact that he cut down the number of its scriveners from twenty-seven to two, and of its procurators from twenty-four to two. A prohibition of the purchase and sale of these offices and a final warning that its action must not be foul with greed are suggestive of the abuses which had customarily flourished in its dealings with Christendom.[3] In 1634 Urban VIII. restored to it a portion of its former jurisdiction,[4] and

---

[1] Le Plat, *op. cit.*, V. 86.
[2] Pii PP. IV. Const. *In sublime*, 4 Maii, 1562 (Mag. Bull. Rom. II. 75).
[3] Pii PP. V. Const. *In omnibus*, 18 Maii, 1569 (Ibid. p. 301).
  The abuse of buying and selling public offices was too common in past ages of be a special matter of reproach to so completely secularized a court as that of the Holy See, but none the less it aggravated greatly the venality of the curia and the vigor of its exactions In 1515 Leo X. claimed a share in these transactions, requiring that all transfers should have the papal assent and seal for which he charged five per cent. on the purchase money: the proceeds of this tax he made over to the Cardinal of Santa Maria in Porticu, one of the retainers of the Medici family.—Hergenröther, Leonis X. Regesta n. 13661.
  We chance to have an opportunity of knowing what was the value in 1515 of the scrivenerships which St. Pius V. suppressed so ruthlessly. Piero Baragona, one of the scriveners of briefs, was deprived of his office for various crimes, including an attempted assassination of Giovanni Cangelosa. To indemnify the latter for his sufferings half of the vacated office was bestowed on him. This he sold for 500 ducats to Niccolò de' Ottinelli, who purchased the other half from Leo X. for 675 ducats (Ibid. n. 14054). As this was prior to the rise of values caused by the influx of the precious metals from the New World, the high price paid for the office is an index of its opportunities for gain, licit or illicit.
[4] Leonis Praxis ad Litteras Maioris Pœnitentiarii, Mediolani, 1665, pp. 1, 6.

finally in 1744 Benedict XIV. reorganized it on the lines laid down by St. Pius V., but he still considered it necessary to prescribe that all briefs should be issued gratuitously and he preserved the formula of the oath to be taken by all the officials, containing a clause that no gifts, even spontaneously offered, should be accepted.[1]

The Formulary throws some light on the original constitution of the Penitentiary, which, as we shall see, differed in some respects from that which it assumed subsequently. Its origin is to be looked for in the custom which sprang up, probably in the third century, of bishops appointing in their churches some competent priest whose function was to listen to repentant sinners and guide them back to virtue.[2] This however was by no means universal or continuous, and about 470 we are told as a novelty that Pope Simplicius appointed a week at each of three churches, St. Peter's, St. Paul's and St. Laurence's, in which priests should remain to receive penitents and administer baptism.[3] In the confusion arising from the Barbarian invasions the custom appears to have fallen into disuse and was virtually superseded by the penitentials, of which every priest was required to have a copy.[4] These were completely independent of Rome, for local autonomy had not yet been broken down, and no one imagined that any exclusive jurisdiction over the subject was inherent in the Holy See. When, about 825, Ebbo of Reims complained of the unutterable confusion arising from the diversity of the manuals circulating among the

---

[1] Benedict. PP. XIV. Const. *In Apostolicæ Pœnitentiariæ*, 13 Apr. 1744, § 22 (Bullar. Benedict. XIV. T. I. p. 149).

The oath prescribed for the officials is—"Ego N. Regens ab hac hora in antea ero fidelis et obediens B. Petro et domino nostro Papæ N. eiusque successoribus canonice entrantibus: officium meum fideliter exercebo et gratis, eiusque ratione nihil ab aliquibus etiam sponte oblatum vel donatum accipiam præterquam salarium mihi constitutum. Secreta Sacræ Pœnitentiariæ et occultos casus ac personas de quibus in ea tractabitur nunquam cuiquam extra officium revelabo. Et ita juro ad sacrosancta Dei Evangelia. Sic me Deus adjuvet.—Leonis Praxis, p. 4.

The functions of the Penitentiary are now strictly confined to the *forum internum*, except in the case of members of religious orders. They extend over all reserved cases, even those of the Bull *In cœna Domini* and its successor *Apostolicæ Sedis*.—Benedict. XIV. Const. *Pastor bonus* § 6.

Notwithstanding the immense extension of the Catholic Church throughout the world the business of the Penitentiary now requires only three scriveners and three procurators.—Bangen, Die Römische Curie, p. 424.

[2] Socratis H. E. v. 19.—Sozomen. H. E. vii. 16.

[3] Hic constituit ad sanctum Petrum apostolum et ad sanctum Paulum apostolum, et ad sanctum Laurentium martyrem hebdomadam ut presbyteri manerent ibi propter pœnitentes et baptismum.—Anastas. Biblioth., in Simplicio.

[4] Reginon. de Discip. Eccles Lib. i. cap. 1 § 95.

priesthood he did not apply to the pope for authoritative instructions, but to the learned Halitgar of Cambrai.¹ When the penitentials in turn grew obsolete, and at the same time confession was erected into a sacrament and became inculcated as a regular duty, the necessity grew apparent of some one at each episcopal seat who should be able to dispose of questions which daily grew more numerous and intricate as theology became defined and sacerdotalism developed in its exacting complexity. In 1195 the synod of York speaks of general confessors of dioceses to whom certain penitents were to be referred for absolution and penance;² and when in 1215 the council of Lateran made annual confession obligatory it ordered all bishops to appoint such officials not only in their cathedrals but also in the conventual churches.³ In Rome I have met with no trace of the existence of such a body of officials at a period earlier than that embraced in the Formulary. Efforts have been made, but without success, to attribute their origin to the close of the seventh century under St. Benedict II.,⁴ and certainly as late as 1030 there could have been no such tribunal in the curia. The council of Limoges in 1032 mentions a case in which Sanche Guillaume, Duke of Gascony, compelled a knight to behead his seigneur. Filled with remorse the

---

[1] Ebbonis Epist. (Canisii et Basnage II. ii. 87). Cf. Pseudo-Gregor. III. Excerpt. de diversis Criminibus (Migne's Patrolog. LXXXIX. 587). The so-called Roman Penitential appended by Halitgar is Frankish: see Wasserschleben, Bussordnungen, p. 58.

[2] Concil. Eboracens. ann. 1195 c. 11.

[3] Concil. Lateran. IV. ann. 1215, c. 10. In fulfilment of this decree we find in 1219 Evrard Bishop of Amiens creating three new officials in his church, a precentor, a *magister scholarum*, and a penitentiary, assigning them stipends from his treasury until revenues from altars fall in. The position of the penitentiary is evidently inferior as his stipend is only twenty livres a year while the other two are twenty-five. He is to hear confessions from every part of the diocese except those of parish priests, magnates and barons, which the bishop reserves to himself. All doubts arising *in foro pœnitentiæ* are to be referred to him and he is to have discretionary power as an appellate judge in such matters (D'Achery Spicileg. III. 589). The custom spread slowly; as late as 1261 we find the council of Mainz ordering all bishops to appoint a penitentiary in their cathedrals and to have another with them (C. Mogunt. ann. 1261 c xxxiii. *ap.* Hartzheim Concil. German. III. 604). With the development of the system these provisions became more elaborate. A collection of canons of synods of Cambrai between 1300 and 1310 shows that there were four episcopal penitentiaries in each deanery of the diocese to attend to episcopal reserved cases and the confessions of priests.—Statuta Synodal. Cameracens. ann 1300-1310 (Ibid IV. 68-9).

[4] Bangen, Die Römische Curie, p. 419.—Leonis Praxis ad Litt. Maior. Pœnitent. p. 1.—There is no allusion to them in Anastasius under S. Benedict. II. nor does the contemporary *Liber Diurnus* refer to them in any way.

knight applied to his bishop for penance but was referred to Rome, for the prelate did not venture to assign a penalty to such a crime, though he promised to confirm whatever the pope might impose. With letters and witnesses the knight went to Rome, and on Easter Monday in the church where John XIX. was officiating he stood up and cried for penance. When the pope heard the story he turned to a bishop standing at his right hand and ordered him to reflect and see what was fitting for the case.[1] Evidently there was no ghostly tribunal to which penitents could apply or to which they could be referred by the pope.

Yet at the same time we have evidence that before the eleventh century was out the popes sometimes gave papal authority to shrive sinners, for Berthold of Constance tells us that in 1084 the legate, Cardinal of Ostia, promoted him to priest's orders and at the same time gave him papal authority to admit sinners to penance, but this was merely a substitute for the requisite episcopal license.[2] In the thirteenth century we find popes conferring the title of *pœnitentiarius*, apparently as a mark of distinction, on those in no way connected with the Penitentiary. In 1220 Honorius III. thus addresses Conrad of Marburg, whose sphere of activity was wholly confined to Germany, and also Master Jacob, who was his legate in Ireland.[3] St. Ramon de Peñafort, who was already a penitentiary in 1234, and who doubtless took part in drawing up some of the decisions of our Formulary, continued to be addressed as penitentiary at least until 1253, although he left Italy about 1240 for his native Catalonia and seems never to have returned to Rome.[4] No deductions from the use of such titles can therefore be drawn as to the existence of an organized Penitentiary as part of the curia; nor, if the conjecture be correct that rubric CLIII. of the Formulary is addressed to St. Ramon

---

[1] Concil. Lemovicens. ann 1032 Sess ii (Harduin. VI. 892).

[2] Berthold. Constant Append ad Herman. Contractum, ann. 1084 Cf. Concil. Placentin. ann. 1095 (Harduin. VI. II. 1713).

[3] Thus Conrad of Marburg is addressed "Dilecto Magistro Conrado capellano et pœnitentiario nostro scholastico Magontino"—Pertz, Epistt Select Secul XIII. T 1. pp. 83, 92. Böhmer (Acta Imperii p 653) mistakenly refers this to Conrad, afterwards Bishop of Hildesheim

So also to Master Jacob—"Magistro Jacobo capellano et pœnitentiario nostro, apostolicæ sedis legato."—Theiner, Monumentt Hibern 16, n 36-7-8.

The *capellanus* of the time was equivalent to the modern auditor of the Rota.

[4] Ripoll, Bull. Ord. Prædic. I. 69, 83, 170, 225, 239. Innocent IV. died in December, 1254, and a letter addressed to Ramon by Alexander IV. in 1255 and another by Gregory X. in 1274 speak of him only as chaplain (Ibid. 281, 522).

It is fair to assume that Ramon abandoned Rome in 1240 (Nic. Triveti Chron. ann. 1240, ap. D'Achery Spicileg. III. 192. Cf. Nicolás Antonio, Biblioth. Hispan. Vetus II. 67 sqq.), when he resigned the Generalate of the Dominican Order. In 1242 we find him guiding the proceedings of the council of Tarragona.

de Peñafort, would it appear that the title conferred any special power upon a member of the body when separated from his colleagues.

A few of the letters of the Formulary afford indications by which their dates can be approximately determined. Of these the earliest (rubric LXXV. and case 2 of LXXVII.) would seem to be between 1220 and 1225, and the latest (rubric XLI.) about 1255 or somewhat later, so that the whole may be said to cover a little more than the second quarter of the thirteenth century. The probabilities seem to me to point to its containing the earliest records of the body, not long after its institution. A passage in case 1 of rubric XXXIV. seems to show that not long previous it had not been in the habit of keeping copies of its letters and decisions, which would justify the inference that it was only beginning to act in a regular and formal way and to recognize that it was a permanent tribunal whose proceedings required to be preserved and recorded. If so, its institution cannot have been much earlier than the earliest case included here, and the conclusion would seem reasonable that it was created in response to a necessity springing from the Lateran canon of 1215-16, which rendered annual confession to the parish priest an imperative duty, and in pursuance of the command of the council to appoint functionaries of this kind in all episcopal seats. No one can study attentively the conciliar proceedings of the twelfth and thirteenth centuries without remarking how suddenly, after the enforcement of the Lateran canon, the local synods everywhere busied themselves with instructions to the sacerdotal body as to the performance of the unaccustomed duties of the confessional. The great mass of ecclesiastics were wholly unfitted for the responsibilities thus thrown upon them, and at the same time their flocks were summoned to search their consciences under a pressure that had never previously existed. That this should result in sending penitents to Rome in numbers previously unexampled was inevitable. At the same time the new papal jurisprudence circulating in the Five Compilations—or at least in the four earlier ones—was raising questions as to impediments and irregularities which the local prelates found difficult to decide. To expedite this mass of business and to organize the whole Church in the altered form which its institutions were assuming, a trained body of experts became necessary, specially deputed to exercise the papal powers of absolution and dispensation. To these concurrent causes it would seem reasonable to attribute the foundation and growth of the papal penitentiary within the first quarter of the thirteenth century. Up to at least the middle of the century the system was still inchoate and undefined, for in the registers of Innocent IV. we still see the pope constantly issuing his own letters, in the same general form as those of the Penitentiary, granting absolutions and dispensations in individual cases of trifling moment. The Penitentiary evidently as yet was not recognized as the necessary organ of the papal authority in these matters.[1]

[1] Notwithstanding their figurative language and laborious striving after antithesis, there is an archaic simplicity in the letters contained in the Formulary which seems to indicate an early stage in the handling of the business. It may not be without interest to contrast them with the elaboration of those issued in the seventeenth century. The following, for instance (Leone's *Praxis*, p. 401), is intended for a case almost identical with case 3 of rubric LII.—

"Frater Antonius Barberinus Sanctæ Romanæ Ecclesiæ Presbyter Cardinalis S. Honufrii Religioso viro Generali Ordinis N. salutem in Domino. Ex parte Fratris N. dicti ordinis nobis oblata petitio continebat Quod ipse alias ad verba altercatoria deveniens cum Fratre A. ejusdem Religionis presbytero professo leviter illum percussit; et deinde non advertens se propterea in excommunicationem incidisse Missam celebravit; idcirco se etiam irregularitatem contraxisse timet: et a suis Superioribus insuper punitus fuit. Cum autem sicut eadem petitio continebat dictus Frater N. de præmissis plurimum doleat, pœnasque sibi per Superiores injunctas adimpleverit, ne suæ Religioni sibique onerosus amplius sit, suos ordines exercere ac quæcunque suæ Religionis officia et dignitates consequi licite posse desideret, pro suæ conscientiæ quiete cupit a præmissis per Sedem Apostolicam in utroque foro absolvi, secumque desuper dispensari. Quare etiam pro parte Procuratoris generalis ejusdem Ordinis supplicari nobis humiliter fecit ut super his de opportuno remedio providere dignaremur. Nos igitur, qui Pœnitentiariæ Domini Papæ curam gerimus hujusmodi supplicationibus inclinati, authoritate Apostolica specialiter nobis concessa, discretioni tuæ committimus quatenus si est ita dictum Fratrem N. postquam dicto alii Religioso, si nondum satisfecit, satisfecerit, vel per eum non steterit quominus arbitrio tuo satisfaciat competenter, ab excommunicationis aliisque sententiis, censuris, et pœnis Ecclesiasticis quas propter præmissa quomodolibet incurrit, et excessibus hujusmodi, in utroque foro absolvas hac vice in forma Ecclesiastica consueta. Injuncta inde ei pro modo culpæ pœnitentia salutari et aliis quæ fuerint de jure injungenda. Ipsoque ab exequutione suorum ordinum suspenso. Demum cum eodem Fratre N. pœnitentia vel illius parte peracta, ac suffragantibus sibi dignis pœnitentiæ fructibus et meritis, alioque ei canonico non obstante, super irregularitate per eum ex præmissis quomodolibet contracta, quodque illa et aliis præmissis non obstantibus, postquam in hujusmodi suspensione steterit per tempus arbitrio tuo statuendum, in suis ordinibus, etiam in Altaris ministerio ministrare, et quæcunque sui Ordinis officia et dignitates, si ad illa alias canonice et juxta ejusdem Ordinis regularia instituta eligatur vel assumatur, gerere et exercere, vocemque activam et passivam habere licite valeat, misericorditer dispenses, eumque in pristinum statum restituas et plenarie reintegres. Non obstantibus præmissis, ac Constitutionibus et ordinationibus Apostolicis cæterisque contrariis quibuscunque. Datum Romæ, apud S. Petrum, Idibus Juniis Pontificatus Sanctissimi D. Urbani Octavi Anno duodecimo" [13 Jun. A. D. 1635].

The "satisfaction" to the injured party was probably nominal between monks, but when a layman was the offender and the priest proceeded in the *forum exter-*

As we see it reflected in the Formulary the Penitentiary consists of a body of canonists and theologians acting as a unit under powers delegated directly by the pope.[1] The official action of the whole commission was requisite, for in two instances allusions are made (rubric CXIX., case 2 and rubr. CLXIII.) to individual penitentiaries, brother Radulphus and brother Clarus, who had given their own letters to penitents, which proved ineffectual and the applicants were obliged to return to Rome for more authoritative decisions. Evidently the only briefs commanding respect were those issued by the whole body. There is no trace anywhere that as yet a cardinal was placed at the head of the commission; in fact the occasional reference to a cardinal having been specially deputed to examine a case or to convey to them the commands of the pope would seem to preclude the idea that a member of the Sacred College was in any way concerned in their duties. Apparently all the members were on equal footing, with no one in preeminent authority. By the time of the Council of Vienne, in 1311, this equality has disappeared and there is a *Major Pœnitentiarius* with an indefinite number of subordinates under him, and it is probable from the context, though not absolutely asserted, that this official head was a cardinal.[2] When we reach the bull of Sixtus IV. in 1484 we find the Penitentiary constituted as it has remained to the present time. It consisted simply of a cardinal *Major Pœnitentiarius*, who alone is spoken of, and all briefs were issued in his name, with his title as

num it was apt to be a costly matter. In a fifteenth century case the priest claims a thousand florins damages—"Item quod prefatus R. presbiter prefatus verberationem, percussiones, contumelias et opprobria sibi ut premittitur illatas ad animum suum revocavit, illasque et illa ad mille floren., vestra iudiciali taxatione semper salva, estimavit, revocavit et extimat de presenti, maluissetque et mallet si in facultatibus haberet tantam summam perdidisse et perdere vel non lucrare quam iterato similes iniurias et percussiones sustinere."—Formularium Advocatorum etc. Romane Curie, fol. 70. Cf. fol. 136.

[1] Officiales apud sedem apostolicam officio penitentiæ deputati.—Rubric XVII.

[2] In regulating the conduct of affairs during a papal vacancy the council provides "Eo tamen proviso quod si ejusdem ecclesiæ camerarius aut majorem vel aliquos alios ex Pœnitentiarios (quorum officium per obitum ejusdem pontificis nolumus expirare) per mortem vel alias deficere quovis modo contingat, valeat idem cœtus [cardinalium] ad tempus vacationis hujusmodi pro numero deficientium vel ampliori etiam, quantum ad pœnitentiarios (si hoc eidem cœtui concorditer expedire videbitur) alios surrogare"—C. 2 § 1 Clement. Lib. I. Tit. iii.

It shows the importance which the Penitentiary had assumed that an Œcumenic council should consider it necessary to make these provisions for its regulation. Evidently the subordinate penitentiaries were a very different class of officials from the confessors with special faculties who now bear the name of minor penitentiaries.

cardinal—it is the "potestatem majoris pœnitentiarii nostri per longissima tempora toti orbi notam." The body of canonists has disappeared, who originally acted in concert, and who in 1311 were still recognized as forming part of the commission. It is interesting to observe however that the letters were still issued as in our Formulary, sometimes simply "auctoritate domini papæ" and sometimes "de speciali mandato domini papæ."[1] In this form the Penitentiary has continued to the present day, through all the changes made by Pius IV., Pius V. and Benedict XIV. It consists of a cardinal known as the *Major Pœnitentiarius* with a varying number of officials under him to perform the duties of his office and who are theoretically merely his assistants to relieve him from details. Though as a matter of fact only doubtful or important cases are referred to him, and even sometimes to the pope, all the letters expedited bear his seal and derive their authority from the faculties conferred on him.[2] The tradition of the

---

[1] Sixti PP. IV. Const. *Quoniam nonnulli.* (Mag. Bullar. Roman. I. 427). Sixtus gives the formulas to be employed—
"Auctoritate Domini Nostri Papæ cujus Pœnitentiarii curam gerimus."
"Auctoritate Domini Papæ et de ejus speciali mandato super hoc vivæ vocis oraculo sibi facto."
"Dicta auctoritate Domini Papæ et ejus speciali et expresso mandato."
The seal of the Major Penitentiary at this time is thus described in a contemporary document—"Litteras . . . sacrosancte Romane ecclesie presbiteri cardinalis domini nostri pape et sancte sedis apostolice majoris penitentiarii ejus vero sigillo oblongo in cera rubea alba circundata cum cordula sericea rubri croceique coloris modo penitentiarie apostolice impendend. sigillatas"—Formularium Instrumentorum ad usum Curie Romane, fol. 90.

[2] Innocent PP. XII. Const. *Romanus Pontifex*, 3 Sept. 1692 (Mag. Bull. Rom. VII. 170).—Benedicti PP. XIV. Const. *Pastor bonus*, 13 Apr. 1744 (Bullar. Bened. XIV. I. 142).—Bangen, Die Römische Curie, p. 421.
When the case has been referred to the pope the letter contains the clause "auctoritate apostolica specialiter et expresse prævia consultatione nobis expressa."—Leonis Praxis ad Litt. Maior. Pœnit. p. 223.
The Major Penitentiary has the appointment of a certain number of *Minores Pœnitentiarii* who sit in the three basilicas of St. Peter's, St. John Lateran and Santa Maria Maggiore, to hear the confessions of penitents from all lands and to grant absolutions, imposing on them fitting penance. They have faculties in regard to certain reserved cases, but they are merely confessors with somewhat enlarged powers and their functions are altogether different from that of the Congregation of the Penitentiary, of which they form no part. For details see the *Manuale Facultatum minorum Pœnitentiariorum Apostolicorum*, Romæ, 1879.
It is possible that the functionaries objurgated by John XXII. and imprisoned by Cardinal Annibaldo may have been of this class.
Leone in his *Praxis* (p. 287) tells us that when a penitent personally visits Rome for absolution in papal reserved cases the custom is for the Penitentiary

curia represents this as the organization which has existed from the beginning, and probably the present Formulary is the sole remaining evidence of the original constitution of the body.

The penitentiaries of the thirteenth century were officials of no little weight and influence in the curia. When Bishop Grosseteste sent his proctor Simon of Arden to Rome on business for his see we find him writing to two penitentiaries, brother Raymond and brother Ernulpho, soliciting their good offices and intervention, and then again to the latter thanking him for his services.[1] An even stronger testimony to their importance is given in the *Opus Tripartitum*—a work dating from this period—in which, as a remedy for the prolonged vacancies frequently occurring in the Holy See through factions in the Sacred College, it is suggested that when the cardinals cannot within a specified time elect a new pope the conclave shall be augmented from among the penitentiaries through selection by the notaries, or from among the notaries through selection by the penitentiaries.[2] This would moreover argue that their number must have been considerable. They were *ex officio* confessors of the cardinals, of the members of the papal court and of all bishops, archbishops and patriarchs who happened to be in Rome.[3]

It only remains to say a few words about the MS. here printed. It comes to me from Mr. Albert Cohn, bookseller in Berlin, who can tell me nothing of its *provenance* save that it formed part of a purchase made in Italy in 1889. It occurs at the end of a volume entitled "Forme curie romane super beneficiis et questionibus," and consists of fifty unnumbered pages on fine vellum. The general character of its calligraphy will be seen in the frontispiece which is a facsimile of the page containing the last column of the table and the first of the text. Two scribes have been employed on the work, the latter and greater

to send him to one of these minor penitentiaries with a faculty authorizing his absolution. He then returns to the Penitentiary with a certificate of this and obtains a letter addressed to his Ordinary who prescribes the penance and satisfaction for his offence. In the letters of our Formulary, as already stated, we often see the penitent returned to his prelate absolved by the Penitentiary itself.

[1] R. Grosseteste Epist. 37, 38, 42 (M. R. Series, pp. 128, 129, 134).
[2] Op. Tripartiti P. III. c. 2. (Fascic. Rer. Expetend. Ed. 1690, II 224). During the Middle Ages the notary was a functionary of no little dignity and importance.
[3] Joh. Friburgensis Summæ Confessorum Lib. III. Tit. xxxiv. Q. 57.—The question as to the official confessors of cardinals seems to be still somewhat doubtful about 1260. See Hostiensis Auree Summæ Lib. v. de Pœn. et Remiss. § 16.

portion being in a closer and less legible hand than the first. The most probable identification that I can make of the compiler is to ascribe it to Jacobus Thomasius Gaetanus, a nephew of Boniface VIII. who was cardinal priest of St. Clement from 1295 to 1300.[1]

A few notes have been introduced where they seemed desirable to elucidate the text, or to identify persons or places or dates. Where more than one case occurs under a rubric I have numbered them to facilitate reference. Occasionally where there is an evident omission of a word or a mistake of the copyist I have ventured to insert an emendation in brackets [—].

[1] Ciacconii Vit. Pontif. et Card. II. 322.

Since the text of the Formulary was in type I have met with a decree of Innocent III. in 1204 which elucidates the cases in rubrics XC., CIV., CVIII., and CIX.

"Ex parte tua fuit propositum coram nobis quod quidem presbiteri Greci pariter et Latini a Grecis episcopis absque unctione manuum se faciunt ordinari, et simul accipiunt omnes ordines extra quatuor tempora contra canonicas sanctiones. Cum igitur huiusmodi presumptio sit sagaciter extirpanda fraternitati tuæ per ap. scripta mandamus, quatinus huiusmodi presbiteros tuæ diocesis ab executione ordinis sic suscepti appellatione remota nostra fretus auctoritate suspendas nisi forsan eorum aliqui de tua uel predecessoris tui licentia fuerint ab episcopis Grecis taliter ordinati, circa quod suppleas quod ab illis fuerit pretermissum, et provideas tamen attente ne clericos tuæ diocesis ab episcopis Grecis ulterius ordinari permittas, et si qui preter tuam uoluntatem ab eis se fecerint ordinari, tu eos suspendas perpetuo ab executione ordinum taliter susceptorum." —Compilat. III. Lib. 1. Tit. ix. c. 1 (Friedberg, p. 108).

Why this should have been omitted from the Decretals of Gregory IX. is not apparent. It evidently was an inveterate abuse that those unable to obtain ordination at home should resort to the Greek prelates of southern Italy, nor was it easy to suppress so long as the Penitentiary was ready to issue dispensations to those who had profited by it. The case is not fully met by the decrees of Cœlestin III. and Innocent III. preserved by Gregory (c. 9, 11, Extra I. xi.).

TABULA.

[PAGES]

I. De symonia commissa in spiritualibus . [9]
II. De symonia mentali . . . . [10]
III. De symonia commissa in ordine . . . . [10]
IV. De symonia commissa in ordine eo inscio qui promouetur [11]
V. De eo qui dat liberaliter aliquid post susceptionem ordinum . . . . [12]
VI. Super eo quod possit haberi ecclesia symoniace obtenta [13]
VII. De eo qui augmentat pensionem solitam ut ecclesiam obtineat . . . . [14]
VIII. De eo qui pactum fecit cum electoribus suis . . . [15]
IX. De eo qui scienter beneficium obtinet per uitium symonie [16]
X. De symonia commissa sine culpa obtinentis . . [17]
XI. De symonia commissa in beneficio eo inscio qui beneficium est adeptus . . . . . [18]
XII. De symoniace receptis in religione . . [18]
XIII. De eo qui excommunicatus recipit beneficium . [20]
XIV. De occisoribus prelatorum . . . . . [20]
XV. De occisoribus clericorum et absolutione commissa propter multitudinem . . . . [22]
XVI. De hiis qui intersunt occisioni alicuius scelerati clerici . [26]
XVII. De absolutione obtenta preter stilum curie super occisione clericorum . . . . . [27]
XVIII. De clerico qui mutilatur sine culpa sua . [28]
XIX. De clerico qui casu fortuito mutilatur . . . . [30]
XX. De eo qui interfuit mutilationi alicuius clerici et non fuit in culpa . . . . [31]
XXI. De eo qui precipit furem signari . . . . . [31]
XXII. De eo qui mutilat aliquem et non potest uenire ad curiam [32]
XXIII. De eo qui incitat aliquem ad uindictam . . . [32]
XXIIII. De hiis qui intersunt homicidiis non dantes opem uel consilium occidenti . . . . [33]
XXV. De homicidio casuali . . . . . . [36]
XXVI. De eo qui habetur suspectus de homicidio . . [42]
XXVII. De eo qui dubitat esse homicida cum non sit . . [42]

		[PAGES]
XXVIII.	De homicidio necessario	[45]
XXIX.	De oppressione puerorum	[47]
XXX.	De eo qui retorsit culpam in se ut alium liberaret a morte	[48]
XXXI.	De medicis	[48]
XXXII.	De chirurgicis	[49]
XXXIII.	De hereticis conuersis ad penitentiam	[50]
XXXIV.	De heretico qui sponte confitetur herrorem	[52]
XXXV.	De inquisitione committenda contra hereticos[1]	[51]
XXXVI.	De eo qui de heresi suspectus habetur	[53]
XXXVII.	De eo qui participat heretico non in elemosine	[54]
XXXVIII.	De eo qui uidetur communicasse heretico sed sine culpa	[55]
XXXIX.	De eo qui reconciliatus [est] ecclesie abiurata heretica pravitate	[58]
XL.	De filiis hereticorum promouendis in religionem	[58]
XLI.	De filio heretici iam promoto	[59]
XLII.	De hiis qui ferunt ligna ad hereticos comburendos	[60]
XLIII.	De inquisitione committenda super infamia alicuius clerici	[61]
XLIV.	De occultis et grauibus excessibus	[61]
XLV.	De manifestis excessibus	[62]
XLVI.	De occultis et dubiis excessibus	[63]
XLVII.	De monacho qui se fecit circumcidi	[64]
XLVIII.	De falsariis	[65]
XLIX.	De eo qui falsas pro ueris litteras reportatur	[66]
L.	De suspitione falsitatis	[66]
LI.	De eo qui uexat aliquem per litteras apostolicas alterius nomine impetratas	[68]
LII.	De sententia canonis	[69]
LIII.	De eo qui absolutus ab excommunicatione non obtempta dispensatione promouetur ad ordines	[71]
LIV.	De eo qui excommunicationis immemor promotus est ad ordines	[72]
LV.	De eo qui dubitat utrum sit absolutus de sententia canonis	[73]
LVI.	De eodem et de eo qui participauit excommunicatis	[73]
LVII.	De eodem et de absolutionis beneficio ad cautelam	[74]
LVIII.	De eo qui credens percutere laycum percutit clericum	[74]
LIX.	De eo qui contra se excommunicationis sententiam promulgauit	[75]

[1] In the text Nos. xxxiv. and xxxv. are transposed.

[PAGES]

LX. De eo qui non confitetur excommunicationem et petit absolui . . . . [75]
LXI.[1] . . . .
LXII. De eo qui habitus est pro excommunicato cum non sit [76]
LXIII. De eo qui defendendo seipsum effudit sanguinem in clerico vel regulari . . . . . . [76]
LXIV. De sententiis legatorum . . . . . . [76]
LXV. De eisdem et de iuramento relaxato . . . [77]
LXVI. De sententiis iudicum delegatorum propter contumaciam promulgatis . . . . [78]
LXVII. De sententiis ordinarii . . . . . [80]
LXVIII. De sententia lata post appellationem . . [82]
LXIX. De monacho appellante ab abbate suo . . [84]
LXX. De abbatissa que excommunicauit moniales . . [84]
LXXI. De committenda absolutione in genere pro monachis [84]
LXXII. De eo qui uocatus ad synodum non accessit et excommunicatus uel suspensus propter hoc celebrat . [85]
LXXIII. De eo qui excommunicatus uel suspensus ab ordinario suo celebrat divina . . . . . [86]
LXXIV. De eo qui ignorat sententiam latam ab episcopo suo contra eum et celebrat . . . . . [86]
LXXV. De excommunicatis in genere propter culpam suam [87]
LXXVI. De eo qui communicauit excommunicatis a domino papa et promouetur non absolutus . . [87]
LXXVII. De eo qui celebrat excommunicatis presentibus . [88]
LXXVIII. De eo qui excommunicatus in genere est pro furto et celebrat . . . . [89]
LXXIX. De eo qui dubitat excommunicatione teneri cum non sit excommunicatus . . . . . . [90]
LXXX. De eo qui portat res uetitas saracenis . . . [92]
LXXXI. De excommunicato a legato propter contumaciam et expirat eius auctoritas . . . . . . [93]
LXXXII. De eo qui excommunicatus fuit propter uicesimam detentam et decessit antequam perueniant ad eum littere absolutionis . . . . . . [93]
LXXXIII. De incendiariis . . . . [95]
LXXXIV. De concubinariis excommunicatis a legatis . . [95]
LXXXV. De sententia ordinarii contra concubinarios . . [97]
LXXXVI. De eo qui resumpsit concubinam quam abiurauit . [98]

[1] This line is blank in the Table, and the succeeding numbers are all advanced beyond those in the text, up to No. CLXIX.

[PAGES]

LXXXVII. De eo qui fuit suspensus perpetuo propter concubinam et est restitutus . . . . . [99]

LXXXVIII. De eo qui retinuit concubinam quam abiuravit non
ad lubricum carnis . . . . . [99]

LXXXIX. De eo qui confitetur aliud quam contineant littere
impetrate . . . . [100]

LXXXX. De eo qui [per] falsos testes est conuictus . . [100]

LXXXXI. De eo qui celebrat in ecclesia interdicta . . [101]

LXXXXII. De eo qui uiolat apostolicum interdictum . . [101]

LXXXXIII. De prelatis qui concedunt litteras suas de mutuo
contrahendo . . . . [102]

LXXXXIIII. De absolutionis beneficio prelatis impenso ad cautelam . . . . [103]

LXXXXV. Super eodem pro presentibus[1] . . . . [105]

LXXXXVI. Super eodem pro absentibus . . . . . [104]

LXXXXVII. Super eodem pro magistris absentibus . . . [105]

LXXXXVIII. Super eodem et de sententiis latis post appellationem ad sedem apostolicam . . . . [106]

LXXXXIX. De absolutione impensa in articulo mortis super
sententia canonis uel ordinarii . . . . [107]

C. De promotis contra ritum ecclesie Romane . . [107]

CI. De promotis per saltum . . . . . [108]

CII. De eo qui non recordatur ut receperit ordines . [110]

CIII. De furtiue promotis . . . . . . [110]

CIIII. De eo qui contra mandatum ordinatoris recipit ordines . . . . [111]

CV. De promotis tempore non statuto . . . [112]

CVI. De eo qui non ieiunus recepit ordines . . . [113]

CVII. De eo qui una die recepit minores ordines et unum
de sacris . . . . [114]

CVIII. De promoto a non suo episcopo . . . [115]

CIX. De promoto in Apulia . . . . . [116]

CX. De eodem, sed male promoto . . . [118]

CXI. De monoculo iam promoto . . . . [118]

CXII. De eo qui celebrat in ordine non subscepto . . [118]

CXIII. De eo qui dubitat aliquem ordinem obmisisse . [120]

CXIIII. De presentato ad ordines sub conditione . . [121]

CXV. De eo qui promouetur contra prohibitionem ordinarii . . . . [121]

[1] There has been a transposition here. Rubric LXXXXV. should follow the next two lines instead of preceding them.

TABULA.

[PAGES]

CXVI. De eo qui promisit se [non] impetiturum presentatorem uel ordinatorem suum . . . . [122]
CXVII. De servo promoto ad ordines . . . . [122]
CXVIII. De iuramentis illicitis . . . . [123]
CXIX. De iuramento licito non seruato . . [124]
CXX. De periurio . . . . . . [125]
CXXI. De matrimonio simplici . . . . [126]
CXXII. De matrimonio in quarto et quinto consanguinitatis gradu contracto . . . . . . [126]
CXXIII. De matrimonio contracto per uim et metum . [127]
CXXIIII. De sponsalibus contractis infra septennium . [127]
CXXV. De matrimonio contracto post uotum sollempne . [128]
CXXVI. De matrimonio contracto post uotum simplex . [129]
CXXVII. De eo qui contraxit in sacris ordinibus constitutus . . . . [129]
CXXVIII. De clerico qui contraxit cum uirgine et alius thorum maculauit ipsius . . . . . [131]
CXXIX. De adulterio per presbiterum perpetrato . . [132]
CXXX. De eo qui uxore propter adulterium dimissa religionem intrauit . . . . . . [133]
CXXXI. De muliere qui temere a uiro discessit et intrauit religionem . . . . [134]
CXXXII. De eo qui cognovit carnaliter consanguineam uxoris sue . . . . [134]
CXXXIII. De eo qui uxorem recepit quam eius consobrinus post contractum matrimonium oppresserat . . [134]
CXXXIV. De eo qui cognouit carnaliter matrem uxoris sue . [135]
CXXXV. De eo qui duxit in matrimonium quam polluit per adulterium . . . . . . [135]
CXXXVI. De eo qui promotus est uxore ignorante . . [136]
CXXXVII. De eo qui promotus est ad sacros ordines de licentia uxoris sue . . . . . . [136]
CXXXVIII. De uoto continentie in matrimonio facto . . [137]
CXXXIX. De clandestina benedictione nubentium . . [137]
CXL. De eo qui simulate sponsalia benedicit . . [138]
CXLI. De eo qui de natalibus dubitat . . . [139]
CXLII. De illegitimo qui promouetur ad sacros ordines . [140]
CXLIII. De illegitimo qui conministrat patri in religione . [141]
CXLIIII. De illegitimo qui promouetur ad ordines in religione . . . . [142]
CXLV. De nouitiis . . . . . . [143]

[PAGES]

CXLVI. De ea que reclusorium intrauit non emisso uoto continentie nec loci stabilitate promissa . . . [143]
CXLVII. De eo qui sub protestatione intrauit religionem . . [144]
CXLVIII. De eo qui intrat religionem et infra tempore pubertatis egreditur . . . . . . [144]
CXLIX. De eo qui promittit se aliquem ordinem intraturum sub conditione . . . . [145]
CL. De eo qui dicit simpliciter se intraturum religionem et non intrat . . . . [145]
CLI. De eo qui de artiori ordine transit ad laxiorem causa necessitatis . . . . [146]
CLII. De eo qui transit de minori ad strictiorem . . . [146]
CLIII. De eo qui petit sibi ordinem mitigari propter infirmitatem . . . . [147]
CLIIII. De eo qui petit sibi rigorem regule mitigari . . [148]
CLV. De eo qui in alio ordine toleratur . . . [149]
CLVI. De eo qui de minori ordine transit ad strictiorem et redit ad priorem . . . . [149]
CLVII. De eo qui transit ad aliud monasterium eiusdem ordinis sine licentia . . . . [150]
CLVIII. De hiis qui coacti suscipiunt habitum regularem et profitentur inuiti . . . . . . [150]
CLIX. De hiis qui ordinem recipiunt non ut remaneant sed ut liberentur a carcere . . . . . . [151]
CLX. De eo qui minor annis existens uouit religionem intrare et sustinere non potest . . . . . [152]
CLXI. De eo qui indutus habitum regularem dum esset infirmus et restitutus saluti dimittit illum . . . . [152]
CLXII. De hiis qui abiecto habitu regulari promouentur et celebrant in seculo . . . . [154]
CLXIII. De clerico apostata et transeunte ad actus seculi . . [155]
CLXIIII. De eo qui petit recipi in monasterio de quo fuit eiectus . . . . [157]
CLXV. De religioso qui uouit se alium ordinem intraturum et non intrauit . . . . [158]
CLXVI. De eo qui diu stetit in monasterio et expressa professione non facta fuit assumptus in abbatem . . . [158]
CLXVII. De eo qui religionem intrat propter multos excessus et indiget dispensatione . . . . . . [159]
CLXVIII. De conuerso qui recepit primam benedictionem communione . . . . [159]

CLXIX. De confessione committenda pro exemptis de persona exempta possit sibi eligere confessorem quem malit[1] . . . . [160]
CLXX. De confessione committenda pro non exemptis . . [161]
CLXXI. De eo qui recepit in se honus penitentie alterius . [161]
CLXXII. De penitentia moderanda . . . [162]
CLXXIII. De transgressione uotorum . [164]
CLXXIIII. De dilatione uotorum . [165]
CLXXV. De uoto sub conditione facto . [167]
CLXXVI. De commutatione uotorum[2] . [166]
CLXXVII. De absolutione uoti . . . [168]
CLXXVIII. De sepulturis . . . . [170]
CLXXIX. De hiis qui corpus excommunicati contra mandatum superioris tradunt ecclesiastice sepulture . [177]

[1] Two rubrics are here run together—those of CLXVIII. and CLXIX. of the text.
[2] Rubrics CLXXV. and CLXXVI. are here transposed.

INCIPIUNT FORME ROMANE CURIE COMPOSITE A MAGISTRO THOMASIO BONE MEMORIE PRESBITERO CARDINALI SUPER CASIBUS PENITENTIE.

I.

DE SIMONIA COMMISSA IN SPIRITUALIBUS.

Abbati Cavensi:[1] Cum monasterii uestri ueneranda religio uirtutum debeat candore nitere conuenit ut macule si que ipsius puritatem uidentur inficere autoritate sedis apostolice abstergantur, ut regularis splendor obfuscantibus maculis purgatus eluceat, et eius claritatem homines intuentes delectentur in ipso, et ad sui denotionem fortius accendantur. Accepimus sane quod [tempore] bone memorie abbatis et quidem predecessoris uestri pro quadam summa pecunie in monasterio uestro a ——— quondam cancellario regni deposita, quam postmodum inde sicut asseritis uobis inuitis princeps abstulit secularis, quasi coacti consanguineis eiusdem cancellarii sub excommunicationis pena et iuramenti uinculo promisistis quod pro ipsius anima una missa pro defunctis celebretur in eodem monasterio omni die. Verum cum symoniaca talis promissio uideatur, nec possitis illam absque periculo et scandalo amplius obseruare, postulastis a nobis super premissis apostolice sedis prouidentia subueniri. Nos autem huius rei tenore diligenter audito, ne aliqua macula uestre religionis obnubilat puritatem, de domini pape licentia propter hoc specialiter requisita uos a promissione huiusmodi qua ipso iure uidemini non teneri, si tamen rei ueritas sic se habet, duximus absoluendos, presentes uobis litteras in testimonium concedentes.

---

[1] The abbey of Cava near Salerno was a celebrated Benedictine house, founded in 980 and consecrated by Urban II. in person, in 1092 (Ughelli, Italia Sacra, VI. 511, Ed. 1659).

II.

De Symonia Mentali.

Abbati de Orta,[1] Premonstratensis ordinis. Porrecta nobis ex parte nostra petitio continebat quod quidam monasterii uestri canonici et conuersi licet contractu pactionis uel conditionis expresse notam se incurrisse non reputent symonie, contractum tamen reputant affectionis occulte, quia nonnumquam quod symonia non accusat in publico mentalis in abdito non excusat. Super quo prouideri eis de ipsorum salute sollicitus supplicasti. Quia uero digna est fauoris prosecutione religio, consulimus quatenus sic circa tales corrupte mentis affectum condigna penitentia puniat de ingressu quod ad egressum rigoris asperitas non compellat.

III.

De Symonia Commissa in Ordine.

Episcopo ———. Audita confessione latoris presentium ipsum executione sacerdotalis officii quod male suscepit duximus suspendendum, auctoritate domini pape etc., quatenus postquam reatum suum penitentia condigna purgauerit ipsum in executione aliorum ordinum quos rite suscepit si eius saluti et regulari honestati expedire uideritis per dispensationis gratiam admittatis.

De Eodem. (2).

Episcopo ———. Audita confessione ——— presentium portitorum ipsos a sacrorum ordinum quos male receperant executione suspendimus auctoritate domini pape etc. quatenus postquam reatum suum satisfactione condigna purgauerint ipsos in executione minorum si eorum saluti expedire uideritis, per dispensationis gratiam dimittatis.

[1] Orte, on the Tiber, not far from Viterbo.

IV.

DE SYMONIA COMMISSA IN ORDINE EO QUI PROMOUETUR.

Episcopo Claromontano. B. presbiteri latoris presentium confessio continebat quod idem olim in minoribus ordinibus constitutus ad presentationem abbatis de ——— cui prior ipsius monasterii amicus eiusdem presbiteri xiij sol. piscium in exenium nulla pactione seu conditione preuia gratis obtulit, eodem ——— penitus ignorante per uos fuit in subdyaconum ordinatus. Super [quo] apostolice sedis clementiam adiit postulans consilium salutare. Quocirca de speciali mandato domini pape consulimus quatenus si predictis ueritas suffragatur aliudque canonicum non obsistat, permittatis ipsum in executione ipsius ordinis et aliorum quos rite se asserit recipisse, libere ministrare, cum nulla eum pena punire debeat quem culpa aliqua non condemnat.

DE EODEM. (2).

Episcopo Pampilonensi. Habet assertio presbiteri P. latoris presentium quod dum olim esset in subdiaconum promouendus ——— frater suus ——— archipresbitero qui debebat ipsum episcopo presentare soluit quandam pecunie quantitatem: sic quod, ordine subdiaconatus assumpto, expers culpe et uitii prorsus ignarus, alios sacros assumpsit et ministrauit nichilominus in eisdem. Verum cum pecunie predicte solutio post longi temporis spatium ad eius notitiam peruenisset ratum non habuit quod datum sic extitit nec restitutione cognoscere uoluit sic solutum nec preterito uicio sequenti communicauit assensu, quinimmo ab executione ordinum receptorum uoluntaria suspensione cessauit. Nos autem etc. quatenus si est ita et predicto ——— uite meritum et fame testimonium suffragantur, alio canonico non obstante, ipsum ad dispensationis gratiam admittatis.[1]

---

[1] In these cases and in some of the subsequent ones there is manifested a most sensitive conscientiousness as to the simony of paying anything, directly or indirectly, for presentation to holy orders. This sensitiveness did not last and such payments became a matter of course. When Jean, Bishop of Liége, in 1447, endeavored to set bounds to the abuses of his episcopal court, among other reforms which he instituted was a limitation to six *grossi* of the charge for presentation to holy orders, and his regulations were confirmed in 1451 by Nicholas V.—Surii Concilior. T. IV. p. 502 (Ed. Colon. Agripp. 1567).

DE EODEM. (3).

Episcopo Xantonensi. Willielmi diaconi latoris presentium uestre diocesis confessio continebat quod cum deberet ad sacros ordines promoueri iurauit x. lib. in reditibus se habere credens quod tantum ualeret patrimonii reditus annuatim; sicque postmodum ad sacros ordines est promotus. Verum cum bonis patrimonialibus diuisis proportionaliter inter fratres, pars sua minus ualeat quam iurauit. Supplicauit a sede apostolica etc. Nos igitur etc. usque quatenus, iniuncta predicto diacono penitentia competente cum ipso si alias ei et uite meritum et fame testimonium etc. usque dispensetis.

V.

DE EO QUI DAT LIBERALITER ALIQUID POST SUSCEPTIONEM ORDINIS.

Episcopo Pampilonensi. Giar. presbyter lator presentium humili nobis confessione monstrauit quod cum olim ipse cuidam clerico promisisset arietem ut ipsum inter ordinandos episcopo presentaret, idem clericus et promittentem increpauit et promissionem huiusmodi non admisit. Sicque gratis ordinatione secuta presentator arietem promissione preuia debitum quod omnino repulerat, sic pure de oblatione gratuita sincera deuotione recepit. Super quo dictus G. supplicauit humiliter salutari sibi consilio prouideri. Quia uero de facto et facti circumstanciis uos habere potestis notitiam pleniorem committimus quatenus si premisse promissionis uitium presentantis liberalitas prorsus excludit ipsum G. dimittatis in executione ordinis sic suscepti. Si uero spes infecta promissi subsecute solutione reliquias reseruauit, interdicto sibi presbiteratus officio, in aliis rite receptis, si ei et uite merita etc. cum ipso misericorditer dispensetis.

DE EODEM. (2).

Archiepiscopo Compostellano. M. presbyter lator presentium uestre diocesis humili nobis confessione monstrauit quod cum esset olim in dyaconum promouendus ipse ac quidam alii promouendi archipresbiterum qui presentabat eos non interueniente pacto nec

VI. DE ECCLESIA SIMONIACE OBTEMPTA.

conditione preuia procurarunt; quo procurato et computatione sumptuum facta dictus M. pro rata sua $_{iiij}^{m}$ soldos legionis monete persoluit qui ualentiam duorum solidorum turonensium non excedunt. Super quo etc. Nos autem etc. usque quatenus, inquisita super premissis diligentius ueritate, si rem inueneritis ita esse, non reputetis eundem ex hiis irregularitatis impedimento teneri, ad cautelam tamen aliquam sibi penitentiam iniungatis.

DE EODEM. (3).

Episcopo Firmano.[1] ——— presbiteri latoris presentium petitio continebat quod ipse olim episcopo Humanati[2] pro cereo qui consueuit offerri nulla conditione seu pactione preuia uij sold. rauennatum dedit gratis cum ab eo fuit de uestra licentia in presbiterum ordinatus, alias etiam tunc sine hoc nichilominus promouendus. Super quo sibi petiit etc. Nos autem etc. quatenus si dictus ——— presbiter non ex pacto uel conditione preuie promissionis denar. hujusmodi contulit, uel eorum obtentu non fuerit ordinatus, iniuncta ei penitentia ad cautelam ipsum in susceptis ordinibus dimittatis.

DE EODEM. (4).

Episcopo ———. Fratris G. monachi sancti Fortunati de ——— confessio continebat quod ipse olim existens in seculo archiepiscopo Compsano ad opus ecclesie que tunc inceperat reparari, nulla pactione seu conditione preuia dedit gratis iiij. tarenos Salernitane monete cum ab eo fuit in diaconum ordinatus alias etiam tunc sine hoc nichilominus promouendus. Super quo etc. Nos autem etc. ut supra.

VI.

SUPER EO QUOD POSSIT HABERI ECCLESIA SIMONIACE OBTEMPTA.

Vidimus litteras quas pro latore presentium domino pape misistis etc. usque quatenus postquam idem in manibus uestris resigna-

---

[1] The see of Fermo was not erected into an archiepiscopate until 1589.
[2] The bishopric of Humana, near Loreto, was united with that of Ancona by Martin V. in 1422.

uerit ecclesiam sic obtentam si utilitas cuidens et necessitas urgens exegerit illam conferatis eidem, intendentes prouidere in hoc ecclesie potius quam persone.

SUPER EODEM (2).

Episcopo Burgensi. P. subdiaconi latoris presentium assertio continebat quod olim ecclesia Burgensi pastore uacante cum litteris archipresbiteri sui ad uenerabilem patrem episcopum Ossomensem accessit in subdiaconum promouendus. Verum cum ipse et alii sotii quos eodem littere continebant recepti et inter ordinandos subscripti fuissent ac ordinationis tempore promouendorum multitudo sibi difficultatem ingereret, cuidam layco qui ei cartulam sigillatam concesserat in cuius ostensione accessum habuit expeditum tribuit duos soldos. Super quo apostolice sedis etc. Nos autem etc. usque iniuncta sibi penitentia ad cautelam etc.

VII.

DE EO QUI AUGMENTAT PENSIONEM SOLITAM UT ECCLESIAM OBTINEAT.

Archidiacono Lemouicensi. Jo. presbiter lator presentium proposuit coram nobis quod ipse, procurante amunculo suo, ecclesiam quandam obtinuit pensione antiqua ex pactione preuia plus solito augmentata, et licet pactionis huiusmodi aliquandiu fuisset ignarus, nichilominus tamen factus conscius ecclesiam memoratam retinuit, et pensionem cum integritate persoluens ad ipsius titulum ordines diaconatus et presbiteratus assumpsit, in quibus non purgato uitio ex iuris ignorantia ministrauit. Sane cum ecclesiam sic obtentam sit resignare paratus humiliter petiit etc. Quia uero Lemouicensis ecclesia uacat ad presens committimus quatenus cum prefatus J. ecclesiam istam in nostris manibus resignarit, iniuncta ei pro culpe modo etc. usque admittatis.

VIII.

De eo qui Pactum Fecit cum Electoribus suis.

Abbati monasterii Columbñ.[1] Ex parte uestra fuit propositum coram nobis quod cum olim in monasterio uestro immineret electio facienda M. monachus tractatu habito cum quibusdam ut per eos administratorem ipsius monasterii peruenerit, inhonestas pactiones iniuit cum eisdem. Sane predicto ——— suum propositum assecuto, diocesanus episcopus ad cuius notitiam fama nuntiante peruenerat quod ipsius fuerat uitiosa promotio, sententialiter ab administrationis officio amouit eundem. Verum cum ex huiusmodi pactionibus idem M. eiusque electores labem incurrerint symonie, ac ignorantia juris non purgato uitio in suis ordinibus ministrauerint, postulastis eorum saluti de prouidentia sedis apostolice subueniri. Nos autem etc. quatenus prefatis M. et electoribus suis pro culpe modo iniuncta penitentia competente eisque ad tempus etc. quo ad ordinum executionem ante hujusmodi promotionem suspensis, de etc. usque admittatis.

De Eodem. (2).

Episcopo Ferentino. Jo. clerici ecclesie de Ferentino latoris presentium petitio continebat quod cum olim ecclesia rectore uacante quidam eiusdem ecclesie clericus monuisset eundem ut ipsum eligeret in rectorem, promittens ei fide interposita conferre bonum beneficium in ecclesia memorata, et idem cum aliis ipsum in rectorem postmodum eligissent [*sic*] antecessor uester promissionis huiusmodi notitia apprehensa eundem officio beneficioque priuauit. Cunque super hoc apostolice sedis implorasset subsidium et obtinuisset litteras ut circa premissa ageretur misericorditer cum eodem, ex ipsius antecessoris obitu fuit ei misericordia retardata. Super quo sibi petiit de prouidentia etc. Nos autem committimus quatenus iniuncta ei pro modo culpe penitentia competente, demum si aliud canonicum non obsistat post uinum rigoris oleum misericordie sauciati uulneribus per dispensationis gratiam infundatis.

---

[1] Probably the Cistercian abbey of La Colombe, in the diocese of Limoges.

IX.

De eo qui scienter Beneficium Obtinuit per Vitium Symonie.

Archiepiscopo Burdigalensi. A. presbiter lator presentium humiliter nobis confessione monstrauit quod cum ecclesie de —————— medietatem haberet ad medietatem aliam non absque symoniace prauitatis labe peruenit et hujusmodi uitio non purgato iuris ignarus ad gradum sacerdotii est promotus. Tandem apertis intelligentie oculis cognita culpa medietatem illam ecclesie quam symoniace fuerat assecutus in nostri predecessoris manibus resignauit. Verum super executione ordinis sic suscepti sedem apostolicam adiit et ad hostium misericordie eius multa pulsauit instantia humiliter supplicans sibi dispensationis ianuam aperiri, presertim cum aliam medietatem ecclesie memorate quam fuerat adeptus canonice aperte sedi apostolice resignauerit, in penam partis corrupte priuatus nichilominus et parte sincera. Quia uero post uinum rigoris sauciati uulneribus infundendum est oleum lenitatis et post uerbera patris porrigenda sunt ubera matris committimus quatenus cum dicto A. si alias ei et uite meritum et fame testimonium suffragantur aliudque canonicum non obsistat, de misericordia que super exaltat iudicio super executione sacerdotalis officii misericorditer dispensetis.

DE EODEM. (2).

Episcopo Litreñ.[1] Ex tenore litterarum quas domino pape misistis accepimus cum alias clericus recipiebatur a capitulo in canonicum et fratrem quod ex antiqua consuetudine uel potius corruptela que in Litrensi ecclesia inoleuit pactione preuia ipsum soluere oportebat prestito nichilominus sacramento ut cuilibet decedentium fratrum x. missas cantari faceret aut cantaret si sacerdotali officio fungeretur. Verum cum ex premissis non crederent symoniaca labe respergi iuris ignari non purgato uitio sacros ordines et ecclesiastica beneficia sunt adepti. Tandem apertis intelligentie oculis a sacrorum executione cessarunt donec saluti prouideretur

---

[1] Probably Literanensis (Lettere), a discontinued see in the province of Amalfi.

eorum. Super quibus petistis eisdem misericordie ianuam aperiri. Nos autem etc. quatenus postquam predicti clerici renunciauerint loco et beneficiis sic obtentis iniuncta illis etc. usque non obstante, ipsos ad executionem ordinum et perceptionem beneficiorum non tamen in locis et beneficiis prioribus, per dispensationis gratiam admittatis, ut sic culpam pena castiget, et simplicitatis errori misericordia non negetur, presertim cum multitudinem predicta inuoluerit corruptela, et ubi multorum strages subtrahendum aliquid sit rigori : ea uero que premissa occasione fuerint prestita in illius utilitatem ecclesie conuertantur in cuius injuriam sint recepta.

X.

DE SYMONIA COMMISSA IN BENEFICIO SINE CULPA OBTINENTIS.

Episcopo Bononiensi.[1] Ex tenore litterarum uestrarum accepimus quod cum olim ——— presentium lator procurantibus quibusdam parentibus suis adeptus fuisset quandam ecclesiam per uitium simonie, ad apostolicam sedem accessit et super eo quod ignarus uitii ad titulum ciusdem ecclesie ordines sacros receperat uestras ad nos litteras reportauit, quarum obtentu quo ad executionem ordinum taliter susceptorum cum eo duxistis misericorditer dispensandum, resignata in manibus uestris ecclesia sic adepta. Verum cum ad restituendam sibi dictam ecclesiam distuleritis habere processum quamuis honeste ac laudabiliter conuersatus fuerit in eadem, ad nos remisistis eundem, ut de prouidentia sedis apostolice uberiorem gratiam reportaret. Nos autem, intellectis que circa commendationem persone premisse littere continebant, committimus quatenus si euidens utilitas uel necessitas urgens exegerit, cum predicto ut ad eamdem ecclesiam admittatur de nouo, alio non obstante canonico, dispensetis.

---

[1] Bologna was not erected into an archiepiscopal see until 1582, by Gregory XIII.

XI.

DE SYMONIA COMMISSA IN BENEFICIO EO INSCIO QUI BENEFICIUM EST ADEPTUS.

Episcopo Gerundensi. Sicut ex litteris uestris accepimus B. presbiter lator presentium olim infra puberes annos existens quoddam beneficium ecclesiasticum, eo ignorante, parentum et aliorum amicorum suorum studio est adeptus per uitium symonie, quo nec purgato ad omnes sacros ordines est promotus ministrans nichilominus in eisdem. Verum cum postmodum cognito uitio renunciarit spontaneus beneficio memorato ipsum ad sedem apostolicam destinastis, anime sue salutare consilium petiturum. Nos autem etc. quatenus cum ipso si predictis ueritas suffragatur, et datum pro eo pretium non soluit postmodum ipse sacris, aliudque canonicum non obsistat, iniuncta sibi penitentia competente, super executione sic susceptorum ordinum misericorditer dispensetis.

DE EODEM. (2).

Episcopo Tudertino. Egidius presbiter lator presentium sua nobis confessione monstrauit quod pater suus, eo penitus ignorante, locum et beneficium in ecclesia ——— de Tuderto sibi obtinuit mediante uitio symonie et licet idem ad mandatum uestrum loco et beneficio renuntiauerit sic obtentis nos tamen ipsum nichilominus ab officio suspendistis, propter quod de uestra prudentia non modicum admiramur cum ibidem ipse presbiter nullum ut asserit receperit ordinem nec ultra sit extendenda uindicta quam inueniatur in excedente delictum. Quocirca eundem E. ad uos duximus remittendum auctoritate domini pape etc. quatenus considerato quid liceat, quid expediat, super hoc cum eo prout discretionem uestram deuenerit faciatis, ita quod propter hoc idem presbiter non cogatur iterato ad sedem apostolicam laborare.

XII.

DE SIMONIACE RECEPTIS IN RELIGIONE.

Archiepiscopo Senonensi. P. monachi latoris presentium petitio continebat quod olim parentes eius infra annos teneros constitutum in monasterio ——— non sine labe symoniace prauitatis recipi procuratur [sic]. Cumque abbas eiusdem monasterii eum uellet ad sacros ordines promoueri, ipse quia iam ad notitiam eius peruenerat nitium in sui receptione contractum cuius a principio fuerat prorsus ignarus se susceptioni ordinum subtrahebat. Abbas autem asserens se a sede apostolica super hiis dispensationis licentiam impetrauisse eum ad receptionem sacrorum ordinum coegit imperio, per oblate dispensationis gratiam excusationem excusatis elidens. Verum quia fides allegate licentie dispensandi ad quietem conscientie non peruenit scrupulosi cordis scandalum uoluntarie pene subiecit, seipsum per quinquennium a sic susceptorum ordinum executione suspendens, spe tamen non omnino sublata quin apostolice sedis clementia non releuet quem confusio credite culpe deiecit. Quia uero de circumspectione uestra multa fiducia geritur, auctoritate domini pape etc. quatenus dictum monachum ad monasterium aliud eiusdem uel paris seueritatis[1] obseruantie faciatis transferri, et iniuncta sibi penitentia competente, tandem prout merita proprie satisfactionis exegerint cum eo in susceptis ordinibus dispensetis, si tamen non constitit cum eodem fuisse per alium legitime dispensatum. Ceterum si ei alterius monasterii difficilis reddatur ingressus, predicte receptionis uitio renuntiatione libera et condigna satisfactione utcunque purgato, ipsum ne tanquam ouis oberrans lupi rapacis morsibus pateat ad ouile primum quasi de nouo sed non in loco priori de quadam prouidentia reducatis.

DE EODEM. (2).

Episcopo ———. Ex parte ——— abbatisse ac conuentus monialium monasterii de ——— Cluniacensis ordinis fuit propositum coram nobis quod quamplures moniales eiusdem monasterii, post concilium generale,[2] in ipso aliis assensum prestantibus, ingressum symoniacum habuerunt, et nichilominus quodam improuidentie lubrico non purgato uitio se miscuere diuinis. Super quo apostolice sedis misericordiam implorarunt, supplicantes ut et fragilitas sexus culpam attenuet et gratia ueniam anpliet religionis applausu. Quocirca circumspectioni uestre etc. usque quatenus dictas moniales transferri ad aliud monasterium artioris uel saltem eiusdem ordinis faciatis,

---

[1] Seruatoris, MS.
[2] Concil. Lateran. IV. ann. 1215 c. 64. (See Introduction).

et injuncta eis penitentia competente ceterum, etc. usque reducatis. Ille autem que consilio uel auxilio uitio communicauere predicto pro culpe participio iuxta uestre discretionis arbitrium pene participent salutari.

DE EODEM. (3).

Episcopo ———. Ex parte ——— prioris ——— Premonstratensis ordinis nobis extitit intimatum quod olim parentes ejus ipsum infra annos teneros constitutum in monasterium Bone Spei[1] non sine labe symoniace prauitatis recipi procurarunt, et in eodem postmodum ad omnes sacros ordines est promotus. Verum cum ad ipsius peruenit notitiam uitium in sui receptione contractum cuius a principio fuerat prorsus ignarus, scrupulosi cordis scandalum uoluntarie pene subiecit, seipsum a susceptorum executione suspendens, spe tamen non omnino sublata quin apostolice sedis clementia releuet quem sic aliena culpa deiecit. Quia uero de circumspectione uestra certa fiducia geritur nos auctoritate domini pape committimus quatenus eundem transferri ad aliud monasterium equalis obseruantie facientes tandem prout merita conuersationis exegerint cum eo in susceptis ordinibus dispensetis. Ceterum etc. usque reducatis.

XIII.

DE EO QUI EXCOMMUNICATUS RECIPIT BENEFICIUM.

Episcopo ———. Intellectis que litere continent presentibus intercluse auctoritate domini pape prudentie uestre committimus quatenus post liberam renunciationem illius beneficii quod R. clericus lator presentium ante obtentam absolutionem receperat, de illo uel de alio prouideatis eidem, si aliud canonicum non obsistat, prout suorum exegerint suffragia meritorum.

XIV.

DE OCCISORIBUS PRELATORUM.

Archiepiscopo Antibarensi. Licet atrocissima sit illorum iniuria qui manus sacrilegas in necem spiritualium patrum extendunt et

[1] An abbey in Hainault, near Binche.

XIV. DE OCCISORIBUS PRELATORUM.

indigne auxilium ecclesie innocent qui eam tam acerbiter in sponsis offendunt, quia tamen ipsa quod matris est exhibens non consueuit redeuntibus claudere gremium, sic recipit penitentes quos transgressores pena castiget : cum sint culpe in quibus impie parcitur et misericorditer descuitur. Sane ——— qui suum episcopum ausu sacrilego interfecit ad nos de speciali mandato domini pape ab excommunicatione quam propter hoc incurrerat remittimus uenie formis ecclesie absolutum, mandantes eidem inter alia sub debito prestiti iuramenti ut per omnes maiores ecclesias loci in quo tantum facinus perpetrauit nudus et discalciatus, braccis duntaxat retentis, corrigia ad collum ligata, uirgas in manibus ferens, si secure poterit incedat, et ante fores ipsarum ecclesiarum a presbiteris psalmum penitentialem dicentibus se faciat uerberari, quando maior aderit populi multitudo, suum publice confitendo reatum. Ecclesie ——— autem ——— cujus episcopum interfecit satisfaciat competenter, et si aliquid feudum ab ipsa ecclesia tenuerit uel ius in ea obtinuerit patronatus ipse et eius heredes illis perpetuo sint priuati. Nos enim ex predicti auctoritate mandati ei penitentiam ininnximus in hunc modum : ut hoc anno transeat ultra mare per quinquennium in expensis propriis uel alienis in terre sancte subsidio moraturus, et interea nec barbam radat nec capillos tondeat sed hoc sit ei in confusionem et aliis in exemplum : abstineat perpetuo ab esu carnium die qua predictum episcopum interfecit : quarta feria maioris quadragesime, qualibet sexta feria, uigiliis omnium festiuitatum beate Virginis, apostolorum, et quatuor temporibus in pane et aqua, et quarta feria in cibo quadragesimali quamdiu uixerit ieiunabit : abstineat quoque triennio a perceptione dominici corporis nisi in mortis articulo constitutus: quinquaginta uicibus orationem dominicam cum totidem salutationibus beate Virginis singulis diebus dicat. Quod autem de ciborum et abstinentia et orationibus dictum est uestro uel alterius discreti prelati arbitrio infirmitatis causa in aliud salutare obsequium relinquimus committendum, et si predicta facere contempserit etc. De hiis autem qui secundum quod asserunt licet consenserint ut aliqua inferetur iniuria nunquam tamen in necem ipsius dicto uel facto consilio auxilio uel fauore prestitere consensum, prudentie uestre consulimus ut inquisita diligentius ueritate circa eos prout inueneritis in culpa procedatis in pena, seruantes uel reparantes pro qualitate et quantitate reatus formam penitentie suprascripte.

XV.

De Occisoribus Clericorum Absolutione Commissa propter Multitudinem.

Episcopo Legionensi. Ex litteris quas uenerandus pater dominus P. Sabinensis episcopus[1] dum in partibus uestris legationis fungeretur officio domino pape misit accepimus quod aliardes,[2] ut eorum utamur uocabulo, et communitas Legionensis apprehenso quodam facinoroso diacono latrone publico et multis criminibus irretito ipsum patibulo suspenderunt, timentes ne si eundem dimississent illesum illustris rex Legionensis culpam et penam inflisisset eisdem. Super quo ab ipso episcopo absolutionis beneficium petierunt: sed eodem episcopo eos absoluere dubitante hoc domino pape fideliter nuntiauit, supplicans ut cum omnes non possent propter hoc sedem apostolicam uisitare eis prouidere misericorditer dignaremur. Quapropter de speciali ipsius mandato committimus quatenus illis quos principaliores in morte dicti diaconi esse constiterit firmiter iniungatis quod domini pape conspectu se presentent. Aliis autem eo quod multitudo est in causa iuxta formam ecclesie in talibus consuetam absolutionis beneficium impendatis et diligenter culpa considerata ipsorum iniungatis eis penitentiam salutarem preter id quod debet talibus et consueuit iniungi.

DE EODEM. (2).

Electo Rothomagensi. Ex confessione R. militis presentium latoris accepimus quod ——— sacerdos occidit eius filium et nepotem et adiectionem non aborrens horroris dedit incendio corpora occisorum. Quem presbiterum dum casus ei improuisus offerret recidiui doloris angustia repentinum mouit animum ad uindictam, filii

---

[1] In 1229, Jean d'Abbeville, Bishop of Sabina, was papal legate to Spain (Aguirre Collect. Concil. Hispan. V. 84). Possibly he may be the one referred to in the text, and the substitution of P. for J. may be an error of the copyist.

[2] Probably *aliados*. This may perhaps refer to some prototype of the Santa Hermandad, which was founded in Leon and Galicia by the Carta de Valladolid, July 8, 1282, to repress disorders. It spread throughout the kingdom, but soon became virtually extinct for a time in the anarchy of the period.—Memorial Histórico Español (Madrid, 1851) T. II. pp. 68, 72, 86, 94, 102.—Benavides Memorias de don Fernando IV. (Madrid, 1860) T. II. pp. 3, 7.

XV. DE OCCISORIBUS CLERICORUM.

tamen eius temperata prudentia, dextram uibrantem jam gladium celeri tentione suspendit. Sed nepotis impetus inconsultus in sacerdotem predictum prosecutus est mortis periculo et affectum ulciscentium et ultionis effectum. Cumque in hiis salubre peteretur remedium, nos auctoritate domini pape filium sub innocentie gratia in premissis, nepotem sub consuete forma penitentie in aliis litteris comprehense duximus remittendos; patrem ab excommunicationis uinculo absolutum uestre prudentie committentes quatenus consideratis facto et facti circumstantiis sic satisfactionem uestra circumspectio moderetur quod in isto expressio uoluntatis que motiua esse potuit occisoris, sic animaduersione debita castigetur quod ad rigorem nimium pena non perferat quem refrenata culpa non produxit ad actum, et siquid in suffragium consilii dolor impatiens attulit moderatoris prouidentia non excludat.

DE EODEM. (3).

Episcopo Aurelianensi. Horrenda crudelitas irruentium in scolares usque adeo metam omnis humanitatis excessit quod dederunt innoxios morti et mortuos flumini destitutos ordinarie debito sepulture. Sane cum casus exitus insperati unum ex illis clericis ripa reciperet seminiuum dira dextera J. Alarg. layci presentium portitoris occidit, et ei quem aqua licentiauerat uite hic inhumanus hujusmodi uiuendi licentiam interdixit. Nunc oculos aperit, nunc culpam agnoscit et quamuis palpebre non precesserint gressus,[1] qui non prouidit uidet post casum. Supplicastis lapsum de lacu miserie opere misericordie releuari. Licet autem sint culpe in quibus culpa est relaxare uindictam, quia tamen mater ecclesia non claudit redeuntibus gremium, que peccatoris querens redditum porrigit tabulam penitentie naufragis, ipsum recipientem de nostris manibus signum crucis ad uos de speciali mandato domini pape duximus remittendum uestre prudentie committentes quatenus ipsum ab excommunicatione qua propter hoc tenetur astrictus iuxta formam ecclesie absoluatis, mandantes eidem sub debito prestiti iuramenti ut per omnes ecclesias illius loci etc. usque aliis ad terrorem.[2]

---

[1] Proverb. iv. 25.
[2] This case probably refers to the riot in Orleans, June 11, 1251, when the Pastoureaux entered the city, and the populace rose against the students and clergy, slaying them or throwing them into the Loire. The bishop escaped by flight,

DE EODEM. (4).

Episcopo ———. Litteras uestras quas pro latore presentium ad sedem apostolicam destinastis intelleximus diligenter quarum tenor excessum eiusdem portitoris expressit. Vt autem ibi moriatur delictum ubi scandalum est exortum, ipsum cum eisdem litteris presentibus interclusis ad uos duximus remittendum, auctoritate domini pape uestre prudentie committentes quatenus postquam eidem ——— monasterio cuius monachum occidi mandauit satisfecerit competenter, ipsum iuxta formam ecclesie absoluatis, talem eidem nichilominus pro culpe modo penitentiam iniungentes quod ei sit ad salutem et cius transgressio aliis non transeat in exemplum.

DE EODEM (5).

Episcopo Ambianensi. Maioris et scabinorum demonstrauit petitio continens quod ipsi quemdam in latrocinio deprehensum tonsuram et habitum layci deferentem mortis judicio condempnarunt. Sane cum ipsi tunc eundem esse clericum ignorarent, et idem qui ut dicitur clericali fuerat charactere insignitus suum priuilegium neglexerit allegare, supplicarunt sibi super premissis sedis apostolice misericordia subueniri. Quia nonnunquam in talibus, dum zelus rigorem exagerat et rigor zelum intendit, limes prouidentie suis finibus non seruatur, auctoritate domini pape etc. usque quatenus consideratis circumstantiis uniuersis eo moderamine

---

and it is not likely that he was moderate in the imposition of penance upon those who sought reconciliation.—Matt. Paris, Hist. Angl. ann. 1251.

The violence of the Pastoureaux was directed specially against the clergy, and it is significant of the relations of the Church to the people that this won them general popular favor—"Uniuersus autem populus eis fauebat, aliqui quia haec fieri et ad bonum finem proventura sperabant, plurimi autem et pene uniuersi quia de prosecutione clericorum gaudebant."—Bernardi Guidonis Flor. Chronicorum—Bouquet, XXI. 697).

The decision in this case was milder than that pronounced in 1134 by Innocent II. on the slayers of Archambaut, a subdeacon of Orleans. The leader in the murder, Geoffroi de Villeneuve, appeared before the pope at Pisa with the relatives of the slain. He swore to pay homage liege to them and to procure his accomplices, with a hundred knights and a hundred and forty of the principal burghers of Orleans to do the same. The murderers were to satisfy the relatives and the church of Orleans and to appear before the pope at next All-Saints to receive the penance which he should impose on them.—Innocent. PP. II Epist. CL. (Migne's Patrologia, T. CLXXIX. p. 193).

utamini circa premissos ut penitentia cautela remedium afferat et penam non inferat quam ignorantia non meretur.[1]

[1] The above and other cases (XV. 1; CLXXII. 8, 9) illustrate some of the difficulties thrown in the way of the repression of crime by the exemption from secular law enjoyed by the clergy. The extent to which this crippled the enforcement of criminal justice, to the postponement of established peace and order in European society, is well set forth in the complaints laid in 1329 by Philippe de Valois before the prelates of France whom he had assembled for the purpose.

"XXIII. Item ad finem quod dicta curia ecclesiastica augmentetur, dicti prælati faciunt magnam multitudinem tonsurarum pueris ætate minoribus, quorum aliqui sunt servorum filii, alii de illegitimo matrimonio procreati, ac hominibus conjugatis insufficientibus et illiteratis.

"XXIX. Item si aliquis malefactor capiatur per aliquem justitiarium regium saisitus de furto suo, et ille cui res est furata veniat coram gentibus regiis et probet rem hujusmodi furtivam suam esse, et ideo expediatur eidem per gentes regias, si ex post facto dicant prælati vel eorum officiarii malefactorem esse clericum, ipsi faciunt compelli per monitiones et citationes suas prædictas gentes regias ad restituendum eis rem furtivam; quod nisi fecerint, excommunicantur.

"XXX. Item si contingat quod gentes regiæ capiant aliquem malefactorem pro crimine certo per eum commisso, et idem malefactor dicat se clericum esse, licet nec tonsuram nec habitum deferat clericalem, officiales prælatorum faciunt incontinenti detinentes et capientes compelli per monitiones et sententias ad restituendum sibi prædictum malefactorem tanquam clericum suum.

"XXXI. Item si gentes regis vel alii justitiarii sæculares ceperunt aliquem malefactorem latronem vel etiam homicidam qui tonsuram deferat clericalem, eumque restituant prælatis, idem malefactor satis cito postmodum expeditur licet cognoverit crimen . . . . et sic tales malefactores ad talia maleficia perpetranda facilius excitantur.

"XXXIII. Item si quis pro delicto suo detineatur in carcere alicujus judicis sæcularis, licet captus fuerit in habitu laicali et sine tonsura, et quod gesserit se antea per totam vitam tanquam laicus, pro hoc solum quod advocabit se pro clerico, quia meliorem expeditionem habebit a prælato et officiariis quam per sæculares et delictum remanebit impunitum, dicti officiarii faciunt moneri judicem sæcularem ut cito malefactorem restituat eis atque reddat, alioquin cessabitur ei incontinenti per totam villam ubi sic captus tenebitur malefactor.

"XXXIV. Item quando aliquis malefactor redditur judicibus ecclesiæ per judices sæculares tanquam clericus, amici ipsius malefactoris veniunt ad officiales prælatorum et concordant cum eis, et sic dimittunt sine punitione ire et sic pejora committunt quam ante, licet crimina essent notoria."—Mag. Petri de Cugneriis Liber (Maxima Biblioth. Patrum. Colon. Agripp. 1618, T. XIV. pp. 78-9).

That these complaints were not exaggerated, and that these abuses continued to flourish unchecked is amply proved by the *Registre criminel du Châtelet de Paris*, 1389-1392 (Paris, 1861). In process of time, however, as the modern monarchies arose, the royal jurisdiction commenced to interfere with these immunities, leading the Council of Trent to assert that no ecclesiastic should be withdrawn from the jurisdiction of his bishop under pretence of any custom or agreement (C.

DE EODEM. (6).

Claustralium horrenda crudelitas seuientium in scipsos usque adeo in monasterio nestro metam omnis humanitatis excessit quod latores presentium discipline iugo deiecto in ecclesie ——— decanum manus sacrilegas extenderunt. Licet autem sint culpe in quibus culpa est relaxare uindictam, quia tamen mater ecclesia non claudit redeuntibus gremium, que peccatoris [querens] redditum porrigit tabulam penitentie naufragis, nos prefatis consueto absolutionis beneficio iuxta formam ecclesie prouidentes, ipsos a suorum ordinum executione suspensos ad uos de speciali domini pape mandato duximus remittendos, uestre prudentie committentes quatenus considerata culpa ipsorum talem eis penitentiam iniungatis iuxta ordinis disciplinam quod eis sit ad salutem et ceteris ad terrorem.

XVI.

DE HIIS QUI INTERSUNT COMBUSTIONI [sic] ALICUIUS SCELERATI CLERICI.

Abbati de Orta, Premonstratensis ordinis. Porrecta nobis ex parte uestra petitio continebat quod cum B quondam uester conuersus

---

Trident. Sess. xiv. De Reform. c. 4). To maintain this and other immunities Urban VIII. in 1622 established a special Congregation of Cardinals whose decisions show that the Church still upholds its old claims—
"Cause tam ciuiles quam criminales contra clericos conjugatos et celibes spectant ad curiam ecclesiasticam priuative."—"In causa clerici vulnerantis laicum curia secularis omnino abstineat."—Ricci, Synopsis, Decreta et Resolutiones Sacr. Congr. Immunitatis, s. v. *Causarum cognitio* n. 2, 21.
In fact Pius IX. declared this to be an ordinance of God himself—"Ecclesiæ et personarum immunitatem, Dei ordinatione et canonicis sanctionibus constitutam" Litt. Apostol. *Multiplices inter*, 10 Jun. 1851). It is consequently an article of faith. As the Congregation of Immunities expresses it, "Les saints canons défendent à tout laïque d'exercer un acte quelconque de juridiction, même déléguée par le juge compétent, contre les clercs qui jouissent du privilège du for" (Décrets de la sainte Congrégation de l'Immunité, Paris, 1868, p. 460). So far is this carried that in a well-ordered state a secular judge has no power to summon an ecclesiastic to his court as a witness without a special faculty granted by pope or bishop. Sometimes, before the unification of Italy, these faculties were granted for a single important trial, sometimes for six months, and sometimes for a year, but the clerical witness was required to make a protest. (Ib. pp. 442, 449, 452, 456, 459 etc).

immo peruersus nefario coitu prout nota publicabat infamia pecoribus se commiscens omnibus qui habitant in partibus illis pectora tanto rancore innoluerat quod a lacticiniis de quibus ibi precipue niuitur abstinebant. Homines loci conuersum eundem ad foueam ubi tales niui iuxta legem patrie sepeliuntur adduxerunt non intendentes ipsum in persona ledere sed ab eo dumtaxat per huismodi terrorem elicere ad quorum accesserat pecora neritate ut reliquorum lacte sine abhominationis opprobrio uescerentur. Quo, inter alia enormia que de carnis lubrico confitebatur, cum equa se commisisse dicente, populus terre qui adherant horrendi sceleris enormitate turbati, tradiderunt eum niuum bestiali cum bestia quam polluerit sepulture,[1] ut sepeliretur facti memoria cum sepultis uel si superuiueret aliquibus haberet superstitem uita pene [*sic*]. Sane immanitas criminis promittebat quodammodo meritum in uindicta, et in hominem iurisdictionis alterius manum utcunque licentians ultioni cum cuiuslibet iudicio uidebatur exponere qui per innaturalis abusus iniuriam nil seruauerat de iure nature. Super quo cum multitudo maxima sit in culpa eorum prouideri saluti per sedem apostolicam petiistis. Quia uero ne multorum strages iacet seueritati est aliquid subtrahendum, discretioni uestre etc. quatenus eis super casu premisso absolutionis beneficium iuxta formam ecclesie impendentes iniungatis cuilibet pro culpe modo penitentiam competentem et alia que decent talibus et consueuerunt iniungi, temperantes modificatione rigorem prout excessus precedentis acerbitas ulciscentium prouocauit offensas.

XVII.

De Absolutione Obtenta Preter Stilum Curie super Occisione Clericorum.

Episcopo Cenomanensi. Latere uos nolumus quod si aliquis occidat clericum uel prelatum et ueniat ad curiam absoluendus licet ab excommunicatione post multam instantiam absoluatur penitentiam tamen expressam ibi non recipit, sed ad prelatum

---

[1] The ancient rule was that a beast thus polluted should be killed and its flesh thrown to the dogs.—Pœnitent. Theodor. II. xj. § 9. Pœnitent. Cummeani, I. § 28. (Wasserschleben, Bussordnungen, pp. 212, 467).

remittitur qui de facto et facti circumstantiis potest habere notitiam pleniorem, ut formata penitentia pro qualitate reatus, ibi pene debitum soluat ubi culpam noscitur pertraxisse. Unde si ——— qui priorem suum dicitur occidisse pretendat litteras hiis que premissimus non conformes nostra circumspectio colligat illas ab officialibus apud sedem apostolicam officio penitentie deputatis minime processisse.[1]

XVIII.

De Clerico vel Regulari qui Mutilatur sine Culpa sua.

Abbati ———. Impudici senis libidinem et honesti continentiam iuuenis ex serie litterarum quas domino pape misistis notantes, intelleximus quod dum ultra metam etatis fureret motus in sene tutele moderamen in iuuene uis defensionis excessit, aggressori uasis seminariis amputatis. Cum autem seni sit medici cura prouisum, petistis et iuueni dispensationis gratia subueniri. Nos autem discretioni uestre auctoritate domini pape mandamus ut hostis nature ac usus falsarius naturalis qui fratris pudicitiam in ecclesia attentabat in monasterio artioris obseruantie retrudatur uindicte daturus exemplar, ne transgressio transeat in exemplum. Sane circa iuuenem qui etsi defensor pudicitie fuerit ultionis tamen excessor extitisse uidetur, sic moderamini prouisio[nis] arbitrium ut defensionis excessui satisfactio omnino non desit, et rigor penitentie libere contradictionis audaciam non compescat. Si igitur aliud canonicum non obsistat, dispensationis ianuam aperiatis eidem ut secundum quod expedire uideritis in ordinibus iam susceptis et in suscipiendis dispendium non incurrat. Illum autem monachum infronitum qui turpi uerborum lasciuia seni de iuuene infamis patientie dicitur pretendisse arte penitentie nolumus esse participem quem abhominabilis culpe credimus non expertem.

---

[1] This is in contradiction with No. xiv. above, and with the older custom of the curia. Alexander II. had no hesitation in prescribing all the details of penance in such cases when submitted to him. See Ivon. Carnotens. Decr. P. x. c. 14, 16. In the latter of these a man who had killed a priest attacking him with arms is sentenced to ten years' penance, during seven of which he is excluded from communion and entrance to a church. By the thirteenth century however the severity of penance had been greatly relaxed.

DE EODEM. (2).

Episcopo ———. G. sororis A. diaconi et W. acoliti presentium portitorum subdiaconus quidam uiolentus aggressor florem pudicitie attemptauit et iuri uirginitatis iniurians claustra pudoris infregit. Cunque fratrum animos recentis doloris urgeret aculeus et inconsultus calor acce[n]deret ultionis, adiunctis sibi duobus fratribus quos ipsis et dolor et caro coniunxerant sic sunt aggressorem aggressi quod uirium suarum suffragium ad uindictam manum imbecillem sororis armauit, que lesi pudoris iniuriam prosequens, impudentem insiluit, illis abscissis quos iniuriosus habuerat sui libidinis incentores. Sane cum illi sit medici cura subuentum, supplicarunt humiliter isti sibi circa ordinum susceptionem sacrorum dispensationis subsidio subueniri ut causa commotionis probabilis sic casum huiusmodi culpe subiciat, quod misericordie remedium non excludat. Nos autem de speciali mandato domini pape paternitati uestre committimus quatenus iniuncta prefatis A. et W. penitentia competenti, tandem si eis et uite meritum et fame testimonium suffragabitur aliudque canonicum non obsistat, cum expedire uideritis, ipsos fratres petitis [*sic*] ad dispensationis gratiam admittatis.

DE EODEM. (3).

Episcopo ———. Habet assertio latoris presentium quod olim dum matris penderet ab ubere, nutricis incuria dubio relictus euentui, rapidi suis aggressui patuit, et corporis partes inferiores amisit, in illum incidens circa pudenda pudorem quod in ipso inferior regio femine coniecturam non habet quam natura non dedit et uiri probationem non exhibet quam casus ademit. Cum autem prefatus ——— religioni desiderium applicet, cui cum adoptiorem fecit euentus, auctoritate domini pape etc. quatenus super hoc eiusdem ——— proposito prestet obtatum manus uestra subsidium et ad ordines sacros ascendendi si aliud canonicum non obsistat tribuat benigna licentia facultatem.

DE EODEM. (4).

Archiepiscopo Treuirensi. Habet hoc casus W. presbiteri latoris presentium quod ei de genitalibus alterum uiri inimica precidit et reliquum manus medici non dimisit, et sic in illo iniuriam et in isto curam deplorans, humiliter petiit sibi super executione officii apostolice sedis prouidentia subueniri. Quia uero in talibus impetus aliene malitie uel casus ingruentia repentini aut necessarie curationis utilitas quoad susceptum officium afferre non consueuit obstaculum, prouidentie uestre etc. quatenus si prefatis sacerdotis assertio suffragio ueritatis innititur et aliud canonicum non obsistat, ipsius desiderium ad exauditionis gratiam admittatis.

DE EODEM. (5).

Episcopo Baiocensi. R. presbiteri latoris presentium confessio continebat quod ipso quodam die solo existente in domo, quidam Dei timore postposito irruentes in ipsum nulla culpa sua penitus precedente uasa seminaria ei ausu sacrilego amputarunt, ipsum iurare nichilominus facientes quod ipsos de hoc apud aliquos nullatenus accusaret. Propter quod idem presbiter absque sedis apostolice licentia speciali noluit in sacerdotali ordine ministrare. Super quo supplicat sibi misericorditer prouideri. Nos autem auctoritate domini pape etc. quatenus si dictis ueritas suffragabitur prefatum ——— presbiterum si aliud canonicum non obsistat in executione receptorum ordinum dimittatis, ne penam quam culpa non meruit ex iniuria sentiat uiolentie aliene.

XIX.

DE CLERICO QUI CASU FORTUITU MUTILATUR.

Episcopo ———. Ex parte capituli Vimariensis[1] ecclesie fuit propositum coram nobis quod ——— presbiter canonicus casualiter morsu equi digiti partem amisit, propter quod a celebratione misse reuerenter abstinuit, licet eumdem digitum libere contrahat et extendat. Super quo supplicauit idem capitulum predicto presbitero cui sicut asseritur et uite laudabilis et euidentis conuersationis testimonium suffragatur, dispensationis gratiam prouideri. De uestra itaque discretione plenam in domino fiduciam obtinentes auctoritate domini pape etc. quatenus si dictus presbiter tantum de digito non amisit quod impedimentum prestet officio et inducat propterea scandalum

[1] Guimaraens, in Portugal.

cum ipso in execntione sacerdotalis officii dispensetis. Alioquin ea penitus interdicta permittatis eundem in aliis ordinibus si aliud non obuiet ministrare.

XX.

DE EO QUI INTERFUIT MUTILATIONI ALICUIUS CLERICI ET NON FUIT IN CULPA.

Abbati ———. B. monachus lator presentium nobis humili confessione monstrauit quod olim captioni cuiusdam latronis interfuit et dum exerto gladio quendam de sotiis idem latro ledere intemptaret dictus B. ut conatus eius elideret claua percussit eundem, nec ex percussione huiusmodi fuit secuta lesio difficilis aut enormis. Sane iidem quos illius temeritas pronocauerat ad ledendum in penam culpe ipsum lumine priuauerunt, eodem monacho in eruitionem oculorum ipsius non dante opem aut operam, consilium uel fauorem. Super quibus petiit sibi etc. Nos autem etc. quatenus prefato B de percussione tali iniuncta penitentia competenti super aliis si particeps non sit in culpa expers scruetur a pena.

XXI.

DE EO QUI PRECIPIT FUREM SIGNARI.

Archiepiscopo Remensi. Cum infra Remensem ecclesiam quidam deprehenderetur in furto et thesaurarius Remensis, prout scriptum continebat eiusdem, ut a similibus arceret consimiles in deprehensionis memoriam iussit cum aliquo signo notari. Sane considerans quod non uidebatur hoc clerici nisus est reuocare, sed ministrorum celeritas reuocationis anticipauit effectum, auricula eius partis abscissione signata. Super quo sibi petiit apostolice sedis prouidentia subueniri. Nos autem prudentie uestre auctoritate domini pape committimus quatenus inquisitis etc. usque obsistat, non reputetis eum propter hoc irregularitatis impedimento teneri.

XXII.

DE EO QUI MUTILAT ALIQUEM ET NON POTEST VENIRE AD CURIAM.

Episcopo Aquensi. Gaufridi Sicardi layci uestre diocesis transmissa petitio continebat quod cum B. sororis sue presbiter quidam florem pudicitie attemptasset et iuri uirginitatis iniurians claustra pudoris temere infregisset, R. frater suus maior natu adiunctis sibi quibusdam aliis dictum cepit presbiterum et eo presente, non tamen opem aut operam impendente quamuis ipsius animum communis doloris urgeret aculeus, in pudenda illius impudentis insiluit, illis abscissis quos iniuriosus habuerat sue libidinis incentores. Sane cum illi sit medici cura subuentum et dictus G. sicut accepimus propter nimie paupertatis incommoda non possit ad apostolicam sedem accedere absoluendus petitum est humiliter ei super premissis de ipsius misericordia subueniri. Nos autem prudentie uestre etc· quatenus si est ita prefatum ——— postquam iniuriam passo satisfecerit competenter, iuxta formam ecclesie absoluatis et iniuncta ei pro culpe modo penitentia competenti mandetis eidem sub debito iuramenti ut cum ad fortunam pinguiorem deuenerit domini pape uel eius legati conspectui se presentet.

XXIII.

DE EO QUI INCITAT ALIQUEM AD VINDICTAM.

Episcopo Clonarclensi[1]. Ex parte tua porrecta domino pape petitio continebat quod cum olim quidam malefactor ob culpam suam capitali sententia morti addictus, ad locum quo debebat plecti capite duceretur, tu simplex clericus tunc existens, uiso quod quidam de astantibus nolebat alios sequi, quibus puniendi malefactorem erat executio demandata, uirga quam manu gestabas ad hoc eundem excitare curasti, dicens tu non uis alios sequi, qui licet seruientes alios fueris in hoc facto secutus, quid tamen per eum circa uindictam malefactoris actus fuerit te asseris ignorare. Super

---

[1] This episcopate may be either that of Cloyne, in the province of Cashel, or of Clonfert in that of Tuam, or Cluan in that of Armagh.

quo cum postmodum inmemor predictorum promotus fueris in episcopum supplicasti a sede apostolica salutari tibi consilio prouideri. Nos autem de speciali mandato domini pape tibi rescribimus quatenus consideratis ipsius facti circumstantiis diligenter, si scis uel probabiliter credis seruientem illum quem excitasti propter uerbum tuum cum aliis ad mortem condempnati iuisse, consulas anime tue cessatione sacrorum et remedio cessionis. Alioquin conscientiam deponens erroneam in tuis ministres ordinibus si aliud canonicum non obsistat.

XXIV.

DE EIS QUI INTERSUNT HOMICIDIIS NON DANTES CONSILIUM VEL OPEM OCCIDENTIBUS.

Archiepiscopo Senonensi. Latoris presentium petitio continebat quod olim quidam presbiter una die adulterio ac homicidio perpetratis in quadam ecclesia ut furorem insequentium et mortis uitaret periculum se recepit, quam populi multitudo iudicis mandato circumdans, ianuis ecclesie fractis, prefatum presbiterum admotum extra ecclesiam occiderunt, eodem ——— qui coactus ad locum accesserat contradicente ac penitus inhibente. Verum cum ignoret utrum uos in illos omnes qui tunc accesserunt ad locum excommunicationis sententiam tulissetis et patratores commissi sceleris denunciaretis canonis sentencie subiacere, ac ipse non credat in canonem incidisse qui animum ledendi non habuit, sed potius liberandi, supplicauit etc. Quia uero etc. usque si dicta ueritate nitantur non reputetis eundem canonis excommunicatione ligatum. Quod si ex accessu premisso dumtaxat ipsum sententia uestra ligauit eundem iuxta formam ecclesie absoluatis, si eum culpabilem in premissis prout excessus exegerit processuri.

DE EODEM. (2).

Abbati ———. Pro W. monacho monasterii uestri fuit propositum coram nobis quod ipse olim infra discretionis annos existens iuit uisurus quosdam mortifici, in quorum mortem non dedit opem uel operam, dicto uel facto, consilio uel fauore. Verum ne per aliquem contingat sibi ex hoc irregularitatis scrupulum obiici, supplicauit humiliter simplicitati sue per sedis apostolice clementiam subueniri. Quia uero nobis non constitit de premissis discretioni uestre etc. quatenus si dicta ueritate nitantur non reputetis eum propter premissa irregularitatis nota teneri.

DE EODEM. (3).

Abbati ——. R. monachus monasterii uestri lator presentium humili nobis confessione monstrauit quod cum ipse cum alio quodam monacho de mandato uestro in quadam obedientia moraretur, accidit quod inter quosdam homines eiusdem loci discordia est suborta, et dum ad eum tanquam ad dominum terre querela deponeretur idem ad domum illius de quo querela posita fuerat coram eo ad hoc ut iustitiam faceret conquerenti accessit, sed in eum irruens ipsum interficere conabatur, et dum ipse monachus clamaret, ut suis utamur uocabulis, Tenete eum quia in me manus iniecit uiolentas, quidam seruiens monachorum ut liberaret eundem, ipso nesciente neque uolente, memoratum percussorem occidit. Super quo sedis apostolice clementiam adiit etc. usque non teneri.

DE EODEM. (4).

Abbati ——. L. monachi uestri latoris presentium petitio continebat quod cum quidam fur subripuerit boues suos [sic] dum adhuc seculi amplecteretur affectum et ipse ad auxilium conuocauerit et uicinos ut quod solus non poterat multiplicatis adiutoribus obtineret, retractis a fure subtractis, protestatione premissa comitantibus quod recuperatis suis aliud non prosequeretur in eo quem sequebatur, ad propria rediit, fure iam dicto sotiorum persecutione perempto. Quia uero nobis non constitit de premissis circumspectioni uestre etc. quatenus si premissis ueritas suffragabitur aliudque canonicum non obsistat ex hiis que precedentia continent denuncietis eundem monachum irregularitatis macula non respersum.

DE EODEM. (5).

Episcopo ——. R. presbiter proposuit coram nobis quod cum fratres suos prouocasset in quemdam qui sibi iniurias irrogauerat, et iidem fratres domum iniuriantis adierint ut ipsius iniurias uindicarent, idem presbiter prouocationis huiusmodi penitens ante hostium

XXIV. DE EIS QUI INTERSUNT HOMICIDIIS.

domus illius se fratribus suis opposuit et ne adulatione [ad uiolentiam?] procederent interdixit. Verum dum ille per aliud hostium domus effugeret et iam dicti fratres insequerentur eumdem, quidam alius a fratribus inimicus illius ex insperato aduenit et quasi sub aliene umbra porte prorumpens facilius ad offensum, quodam ferreo instrumento percussit tibiam fugientis et licet uulnus nulla mortis signa pretenderet superueniente tamen alterius infirmitatis angustia, percussus spiritum exhalauit. Super quo humiliter petiit salutare sibi consilium impertiri. Quia uero de facto et facti circumstantiis etc. usque non teneri.

DE EODEM. (6).

Episcopo Legionensi. Ex tenore litterarum uestrarum accepimus quod cum apud abbatiam sancti Matthei de finibus terrarum uestre diocesis positam iuxta mare de diuersis mundi partibus multa nauigia confluant et ibidem mare turbato quiescant, frequenter eadem abbatia per marinos latrunculos tam in personis hominum quam in combustione domorum et aliarum rerum amissione patitur detrimentum. Sane cum die quadam pirate de nauigiis egressi uillam quandam eiusdem abbatie hostiliter inuadentes non parcerent personis hominum neque rebus, R. J. ac quidam alii predicte abbatie monachi ad clamores et strepitum currentes homines ipsius uille ut locum et incolas personas et bona a periculo defenderent imminenti solicitarunt prout licite credebant, hoc intellecto ut non inferrent iniuriam sed potius propulsarent. Contigit autem quod de irruentibus unus interiit, ad cuius interitum predicti monachi non dederunt opem uel operam, consilio uel facto. Quia uero de facto et facti circumstantiis etc. usque quatenus si est ita prefatos monachos in excecutione debita suorum ordinum dimittatis dummodo scandalum etc.

DE EODEM. (7).

Archiepiscopo Rauennatensi. Intellectis litteris uestris quas apud sedem apostolicam pro R. presbitero latore presentium destinastis et eius confessione diligenter audita auctoritate domini pape ipsum ad uos duximus remittendum paternitati uestre intimantes quatenus cum de morte illius hominis quem littere uestre continent, ad cautelam presentibus intercluse, idem presbiter non sit certus nec inde habeat probabiliter conscientiam remordentem. Si aliud canonicum non obsistat ipsum permittatis in suis ordinibus libere ministrare.

XXV.

De Homicidio Casuali.

Episcopo Pampilonensi. ――― latoris presentium petitio continebat quod cum debilis de lecto egretudinis surrexisset et ad re-. creationis remedium spatia camporum appeteret equum commodatum ascendit cuius uitium ignorabat. Cunque ille bucca durus male parens abenis declinaret in deuium, cum cepit urgere calcaribus ut ad comitatum reduceret aliorum et ad gressum flecteret ordinatum. At ille preter sessoris arbitrium raptus incursum quendam puerum quem obuium habuit interemit. Verum cum in ecclesia Pampilonensi a longo tempore professus fuerit ordinem regularem, supplicauit a sede apostolica super premissis salutari sibi consilio prouideri. Quia nobis de facto et facti circumstantiis etc. quatenus si est ita iniungatis prefato canonico penitentiam competentem, qua peracta si aliud canonicum non obsistat non impediatis cum quominus in susceptis ordinibus ministrare et ad omnes alios ualeat promoueri.

De Eodem. (2).

Abbati ―――. Ex tenore litterarum uestrarum et confessione monachi uestri latoris presentium accepimus quod cum ipse cuidam insedisset roncino super quendam laycum ab alio inimico suo uulneratum ad mortem, qui sibi multas iniurias irrogarat, fecit transitum cum roncino, nesciens tamen utrum roncinum cum leserit, attendens [sic], qui infra octo dierum spatium ex inflictis sibi uulneribus expirauit. Verum cum ipse super hoc uelit sue saluti consulere atque fame, a nobis salutare consilium postulauit. Nos autem quia nobis plene constare non potuit de premissis, et cause dubie non possunt certo iudicio terminari, prudentie uestre auctoritate domini pape committimus quatenus inquisita super hiis diligentius ueritate, si nobis constiterit dictum monachum huius homicidii in aliquo esse reum, iniuncta sibi penitentia competenti ipsum ab executione sacrorum ordinum perpetuo suspendatis, alioquin pene non extendatur acerbitas ultra quam culpe inueniatur excessus.

DE EODEM. (3).

Archiepiscopo Maguntino. Presbiteri latoris presentium petitio continebat quod cum quidam miles nocte tyrannidis euaginato gladio ipsum impeteret et iam illato capiti uulnere ad eius excidium niteretur idem uolens intemptate mortis declinare periculum impetentem connexis brachiis tenuit, ut seuientis impetus teneretur, sed dum ille conceptum iniquitatis propositum ualidioribus uellet motibus prosequi casus inopinatus in ipsum sui conatus conuertit euentum, cum se in canipulum quendam impegerit quem dictus ——— non in lesionis affectum sed in aptationem cuiusdam baculi manu tenebat. Vulnus autem tali culpa susceptum quod medici cura facile poterat in spem proferre salutis, lesi negligentia in mortis exitum est protractum, quod prefatus ——— ad examinationem sedis apostolice pertulit, ut et peccato uenia non deesset et error scrupulum consciencie non afferret. Quia uero non plus debet extendi uindicta quam inueniatur in excedente delictum, auctoritate domini pape committimus ut si predictis ueritas suffragatur aliudque canonicum non obsistat non reputetis eundem in casu premisso irregularitatis maculam incurrisse.

DE EODEM. (4).

Episcopo ———. J. subdiaconi latoris presentium humilis nobis confessio monstrabat quod cum ipsum quidam homines uerberassent consanguinei eius egre plurimum hoc ferentes, eo penitus ignorante, quendam ex predictis hominibus percusserunt, et licet curam uulneris acceperit fueritque abile ad salutem, superueniente infirmitate alia, infra mensis unius spatium expirauit. Super quo anime sue salutare consilium postulauit. Quia uero de facto et facti circumstantiis nos habere potestis notitiam pleniorem, auctoritate domini pape etc. quatenus inquisitis super hiis que fuerint inquirenda, si dicto uel facto, ope uel consilio dictum ——— reum homicidii solicitudo uestra repererit uel alias hoc probabiliter reuocetur in dubium, cum in huiusmodi dubiis uia sit eligenda timoris et tutius sit sub securitate timere quam sub timore presumere, ipsum ab executione subdiaconatus ordinis perpetuo suspendatis, iniuncta ei penitentia salutari. Alioquin cum culpa suos debeat tenere actores, nec ultra sit extendenda uindicta quam inueniatur in excedente delictum, eundem si aliud canonicum non obsistat in debita sui executione officii dimittatis, uel sic non permittatis eidem, alio non obstante canonico in susceptis et suscipiendis ordinibus dispendium difficultatis opponi.

DE EODEM. (5).

Episcopo ———. Latoris presentium confessio continebat quod cum uaccam indomitam et noxiam pluries in capite securi percusserit, prius inspecto quod nullus circunstabat de quo probabiliter timere deberet ut incurreret lesionem, ipsa incerto casu et uago circuitu in puerum non pronisum uas aque bullientis plenum euertit, qui spiritum exalauit. Super quo petiit idem presbiter sibi apostolice sedis misericordia prouideri. Quia uero de facto et facti circumstantiis etc. quatenus inquisita super hiis diligentius ueritate, si dictus ——— in premissis adhibuit cautelam quam debuit, scandalo non obstante, non reputetis eundem ob casum huiusmodi irregularitatis impedimento teneri.

DE EODEM. (6).

Episcopo Pampilonensi. G. Fortanni, frater Hospitalis Rosadeualle, ordinis sancti Augustini, lator presentium, proposuit coram nobis quod ipse olim militaribus armis se exercens in seculo obsidionibus quorundam castrorum interfuit ubi plures dicuntur occisi, ipse tamen aliquos non percussit, quinimmo ad id non dedit opem uel operam consilium uel fauorem. Verum cum ad frugem melioris uite transiuerit et abstrictus obseruantie regulari, ad ordinem se fecit promoueri. Nos autem etc. quatenus si est ita prefato G. iniuncta penitentia ad cautelam debite promotionis licentiam alio non obstante canonico non negetis.

DE EODEM. (7).

Episcopo ———. Lator presentium proposuit coram nobis quod cum ipsum et quendam laycum ludendi affectio constringeret ad complexum ambo in concauum locum corruerunt incaute, sed quidam accurrens per errorem esse credens odii causam in casu, manu quam in subsidium layci intendebat affectus in illius lesionem casualis retorsit effectus, morte manum non casum subsecuta. Super quo non conscientie prouideri petebat sed fame, que facile corruptioni subiicitur dum detractione mordetur. Quia uero de facto et **facti** circumstantiis etc. quatenus si premissis ueritas suffragatur non reputetis eundem propter premissa irregularitatis impedimento teneri.

DE EODEM. (8).

Abbati ———. Ex tenore litterarum uestrarum et confessione monachi uestri presentium latoris accepimus quod dum intenderet in quendam de sotiis inmittere lapidem, emissus lapis dilapsus in alium inexcogitanti capud elisit, et demum salutis percepto remedio non remanente uestigio lesionis, alterius egritudinis causa ei superuenit ad mortem. Super quo non conscientie etc. ut supra.

DE EODEM. (9).

Archidiacono Lucanensi. Lator presentium proposuit coram nobis quod eo ad nuces lapides iaciente in dorso lesus est comes itineris casu lapidis casuali, et demum salutis remedio non remanente uestigio lesionis peregrina egritudo ei superuenit ad mortem. Super quo non conscientie etc. ut supra.

DE EODEM. (10).

Archiepiscopo Rothomagensi. Honorii presbiteri latoris presentium petitio continebat quod quidam laycus cum fugientem a facie prosequentis cultello percusserit: ipse ut insequentis retardaret instantiam canipulum exeruit ad terrorem nichil gerens in animo quod ingereret causam mortis. Verum dum persecutoris impetus, quem nimia laxauerat ebrietas, temperantie non haberet abenas, idem laycus in extentum canipulum, absque uoluntate tenentis, capud allisit incautus et sic uulnus protulit, uulnus inferens et mortem in alium in seipsum incidenti casu reflexit. Super quo non conscientie prouideri petebat sed fame, etc. ut supra.

DE EODEM. (11).

Episcopo Xantonensi. W. subdiaconi latoris presentium propositio continebat quod dum intenderet mulierem quandam dicentem sibi conuitia quodam baculo uerberare baculus dilapsus filiam mulieris eiusdem in capite uulnerauit, et licet eadem de huiusmodi uulnere plene salutis percepisset remedium, alterius tamen egritudinis causa ei superuenit ad mortem. Super quo non conscientie quam fame proponebat etc. ut supra.

DE EODEM. (12).

Abbati ———. Ubertus acolitus monachus monasterii nestri proposuit coram nobis quod cum idem ductus anime leuitate sagittam emitteret puerum quondam in capite lesit fortuito casu. Sane cum plene salutis remedio non remaneret uestigium lesionis contigit quod idem puer in aliam egritudinem incidit et eo pristine restituto saluti alia superuenit ad mortem. Super quo non conscientie etc. ut supra.

DE EODEM. (13).

Episcopo ———. B. pauper presbiter lator presentium humili nobis confessione monstrauit quod ipse olim ratione custodie quam in ecclesia sancte Marie de ——— habebat quendam laycum qui quibusdam canonicis ipsius ecclesie iniuriosus existerat in carcerem ducere niteretur ille renitens eiusdem uestimenta presbiteri lacerauit, propter quod idem presbiter ira commotus illum primo alapa ac deinde prostrauit ad terram [et] pede percussit. Tandem adueniens hominum multitudo fere per unum miliare iacentem in terram traxerunt, qui ex inflictis sibi uulneribus et iniuriis sequenti nocte spiritum exalauit. Super quo predictus presbiter apostolice sedis clementiam adiit anime sue salutare consilium petiturus etc. usque non permittatis eidem si aliud canonicum non obsistat circa sui execcutionem officii ab aliquo etc.

DE EODEM. (14).

Abbati ———. Ex tenore litterarum nestrarum et confessione E. monachi nestri presentium latoris accepimus quod cum quidam prior socius suus uerberibus diris ipsum affligeret ac eius digitum constringeret dentibus, ipse dum uim ui legitima defensione repelleret, non inferens iniuriam sed propulsans, sanguis de naribus predicti prioris effluxit, propter quod uos prephatum monachum amouentes, ipsum, occasione cuiusdam constitutionis edite contra monachos eiusdem monasterii percussores iuramento firmate, recipere denegatis. Super quo prephatus monachus supplicauit etc. Quia uero non credimus ad illos uim predicte constitutionis extendi,

XXV. DE HOMICIDIO CASUALI. 41

qui seruato moderamine inculpate tutele ad defensionis remedium manus repercussionis opponunt, predictum monachum potestis recipere absque transgressione sic prestiti iuramenti.

DE EODEM. (15).

Abbati ———. Ex tenore litterarum uestrarum accepimus quod cum ——— lator presentium olim amota quadam pertica que ingredientes et egredientes ecclesiam offendebat eam sub uicino tecto erectam iuxta quendam parietem collocaret, lapis ad tactum pertice dilapsus in capud canonici stantis a retro quem ipse non uidebat intulit causam mortis. Super quo etc. Nos igitur etc. usque quatenus si dictus ——— dabat tunc operam licite rei ac in premissis adhibuit cautelam quam debuit scandalo non obstante non reputetis predictum ——— ob casum huiusmodi irregularitatis impedimento teneri. Alioquin sub executione minorum etc.

DE EODEM. (16).

Episcopo ——— diocesis. T. acoliti presentium portitoris relatio continebat quod ipse olim amotis quibusdam pueris turbantibus officium ab ostio ecclesie de mandato priori quemdam baculum quem de manu pueri rebellis acceperat uersus ortum uicinum proiecit, quem dum quidam eorum consurgens ex latere contra quem ipse baculum non direxerat manu capere antequam terram attigeret niteretur, ab eo lesus in capite post dies aliquot expirauit. Super quo ne quis emulus etc. Quia uero de facto et facti circumstantiis etc. usque si est ita non reputetis ipsum ex premissis irregularitatis impedimento teneri.

DE EODEM. (17).

Roberti diaconi nestre diocesis presentium portitoris confessio [continebat] quod cum ipse olim de domo cuiusdam amici sui rediret ad propria, seruientes cuiusdam militis quos suos credebat amicos ipsum inuadentes in uia publica eundem cum gladiis et fustibus percusserunt ac secum ducere nitebantur, qui cultellum ad sui defensionem ad insequentium timorem exeruit, non intendens inferre sed duntaxat repellere inferentes, utendo comminatione non ictu. Verum unus illorum dum ad ledendum ipsum cursu precipiti alios preuenisset brachium adeo cultello allisit quem diaconus in defensionis remedium pretendebat, quod infra dies xv. expirauit. Super quo non conscientie etc.[1]

XXVI.

De eo qui Habetur Suspectus de Homicidio.[2]

Episcopo ——. Habet hoc relatio —— clerici presentium portitoris quod ipse cum aliis christifidelibus in albigensium obsidione persistens quendam illorum a sotiorum cetu casualiter diuertentem detinuit, non intendens ipsum morti tradi uel ex detentione huiusmodi incurrere causam mortis, quem quidam alii subito adducentes eundum ut audiuit postmodum occiderunt, ipso in albigensis mortem prefati non dante opem uel operam, consilium uel fauorem. Super quo etc. Quia uero de facto etc. usque non reputetis eundem ex premissis irregularitatis impedimento teneri.

XXVII.

De eo qui Dubitat esse Homicida cum non sit.

Episcopo Brixiensi. Audita confessione G. subdiaconi latoris presentium prouidentie uestre committimus quatenus si rei ueritas sic se habet prout continetur in litteris domino pape nomine uestro exhibitis, quas ad cautelam sub sigillo nostro nobis remittimus, denuncietis predictum G. ex hiis que iam dicte littere continent reatu homicidii non teneri et nullam irregularitatis maculam incurrisse.

De eodem. (2).

Episcopo Grossetano. Guido presbiter lator presentium proposuit coram nobis quod eo ut moris erat in letania maiori pul-

---

[1] A significant counterpart of this remarkable series of "casual" homicides is to be found in a brief of Innocent IV. in 1243 in which he recounts how the clerk John de Amblevi accompanied his brothers in war against a neighbor and in the melée struck down with a wooden staff one of the enemy who was thereupon dispatched. Innocent grants him a dispensation to hold benefices but not to perform divine service.—Berger, Registres d'Innocent IV. n. 164 (T. I. p. 31).

[2] This evidently refers to an incident in the Albigensian crusades, 1209-1228.

sante campanas tintinnabulum cecidit, in cuius casu percussus extitit puer unus, ex qua percussione mortem incurrit. Super quo sibi petiit sedis apostolice misericordia subueniri. Nos autem etc. quatenus si dictus licite rei operam dabat et adhibuit cautelam quam debuit, scandalo non obstante, non reputetis eundem ob huiusmodi casum irregularitatis impedimento teneri.

DE EODEM. (3).

Abbati ——— ordinis sancti Benedicti. Ex parte uestra fuit propositum coram nobis quod cum M. monachus nester iuxta quosdam pueros resideret ex improuiso impulsus a quodam supra quandam puellam corruit, quam ita corruens sic oppressit quod infra decennium [decendium] expirauit. Super quo petistis eidem apostolice sedis misericordia prouideri. Nos autem etc. quatenus si est ita et aliud canonicum non obsistat non reputetis prefatum ——— ex premissis irregularitatis impedimento teneri cum in hiis pati potius uisum sit quam egisse.

DE EODEM. (4).

Episcopo ———. G. subdiaconus lator presentium nobis exposuit quod cum timeret sibi mortis imminere periculum quosdam de progenie sua in parte [?] tutelam assumpsit, et aduersariis eius imminentibus in eosdem, unus quem diligebat a sotiis extitit interfectus, eodem G. in mortem illius non dante opem aut operam consilium uel fauorem. Super quo petiit etc. Nos autem etc. quatenus si est ita et aliud canonicum non obsistat non reputetis eundem ex premissis homicidii reatu teneri.

DE EODEM. (5).

J. de Cisternis, monacho sancti Vallericii ordinis sancti ———. Super eo quod olim ——— abbati tuo quasdam cordas misisti nesciens aliquem condempnatum ad mortem et cum ipsis postmodum homicida quidam ligatus extitit et suspendio condempnatus, non credimus irregularitatis impedimento teneri, dummodo premissa ueritatis innitantur suffragio, et aliud canonicum non obsistat.

DE EODEM. (6).

Episcopo ———. Visis litteris uestris quas nobis pro T. diacono monacho monasterii sancti Clementis presentium latore misistis ipsum ad nos duximus remittendum auctoritate domini pape etc. quatenus si dictus T. furem non tradidit iudici seculari nec tradi consuluit aut cum captioni eiusdem interfuit non credebat ipsum mortis periculo exponendum, non reputetis eum propter ea que predicte littere continent, quas sub sigillo nostro uobis remittimus ad cautelam, irregularitatis impedimento teneri.

DE EODEM. (7).

Episcopo Jaurinensi.[1] Lator presentium [proposuit] quod ad mandatum cuiusdam nobilis in cuius seruitio morabatur litteras quasdam sigillatas aperuit et cum legisset eas nomina quorumdam inuenit, qui per homines eiusdem nobilis fuerant de maleficiis accusati, de quibus aliqui exoculati fuerunt, aliis condempnatis ad mortem, predicto ——— ad hoc non dante opem etc. usque fauorem. Super quo etc. usque prouideri. Nos autem etc. quatenus inquisitis super hiis que fuerint inquirenda, si res ita se habet, non reputetis eundem ex premissis irregularitatis impedimento teneri.

DE EODEM. (8).

S. petitio continebat quod licet cum conscientia propria non accuset quod in necem alicuius opem uel operam dederit consilium uel fauorem, dum esset in administratione officii secularis, tamen quia bonum est ibi culpam agnoscere ubi culpa non est, dubitauit hactenus ad sacros ordines promoueri. Super quibus etc. Quia uero de facto et facti circumstantiis etc. informati usque ad ordines sacros interdicatis accessum. Alioquin cum pena suos debeat tenere actores etc. usque ad ordines sacros aditum non claudatis dummodo aliud canonicum non obsistat.

[1] Raab, in Hungary.

XXVIII.

De Homicidio Necessario.

Archiepiscopo Rothomagensi. H. clerici latoris presentium petitio continebat cum quidam in mortem niterentur ipsius idem quasi imminentis [mortis] sibi periculum metuens, unum baculo nim ui repellendo percussit, qui infra nouem dierum spatium spiritum exalauit. Verum cum improuise necessitatis articulus ei ad excusationem aliquid afferat eo quod repentini casus instantia deliberationis consilium non habebat, supplicauit humiliter se ab apostolice sedis gratia non excludi. Nos autem etc. quatenus si dictis ueritas suffragatur, aliudque canonicum non obsistat, prefatum H. permittatis in minoribus ordinibus ministrare.

De eodem. (2.)

Episcopo ———. Sua nobis lator presentium insinuatione monstrauit quod cum quidam canonicus regularis sui comes itineris quamdam ad thorum commixtionis illicite sotiam admisisset, idem etiam leui consensu nolens participare commisso obicem contradictionis opposuit, et cum non afferrent sufficiens uerba remedium adiecit et uerbera prout mulieris exigebat rebellio renitentis. Cunque pro consorte libidinis regularis ille irregularem manum defensionis extenderet ipse placto ensis illius capud et crura percussit quin nullam uel modicam inferens lesionem, qui metu perterritus infra triduum expirauit. Super quo supplicauit humiliter ut plus affectum quam casum subiicientes iudicio circa ipsum prouidere misericorditer deberemus. Quocirca de speciali mandato etc. quatenus cum prefato ——— si aliud canonicum non obsistat in ordinum executione minorum et retentione beneficii hactenus habiti dispensetis et idem fructus restituatis quos propter hoc fecistis ut dicitur medio tempore sequestrari. Si uero beneficio quod nunc habet cura est animarum annexa eidem prouideatis in alio competenti.

DE EODEM. (3).

Abbati Case Dei.[1] Visis litteris quas venerabili patri domino C. in titulo sancte Sabine presbitero Cardinali[2] pro ―――― monacho nostro latore presentium misistis, ipsum a reatu homicidii quod commissit ad uos auctoritate domini pape remittimus absolutum. Vos autem consideratis diligenter que iam dicte littere continent presentibus intercluse iniungatis ei penitentiam salutarem sub nostri ordinis observantia peragenda, ad omnes ordines eidem ascensu penitus interdicto.

DE EODEM. (4).

Episcopo Fundano. G. subdiaconi nestre diocesis latoris presentium confessio continebat quod cum alter duorum iuuenum ad luctam ludentium quem consanguinei alterius succumbentis ledere nitebantur eiusdem subdiaconi subsidium implorasset, accidit quod dum idem subdiaconus intenderet defensioni iuuenis memorati percussus unum ex aduersariis adeo repercussit quod infra dies xv. expirauit. Super quo etc. usque quatenus super executione minorum ordinum dumtaxat et beneficio quod curam non habeat animarum annexam, scandalo et alio canonico non obstante, cum ipso misericorditer dispensetis.

DE EODEM. (5).

Episcopo Ebroicensi. H. clerici nestre diocesis latoris presentium petitio continebat quod cum quidam layeus M. nomine gladio ipsum impeteret et eum occidere intentaret idem cum alias [non] posset euadere gladio percussit eundem qui ex percussione huiusmodi expirauit. Cumque metu propinquorum occisi ad ecclesiam confugisset et per dies undecim latuisset ibidem, nos ne censura iudicis secularis ex tali culpa descuiret in ipsum cepistis eundem et tandiu detineri fecistis in uinculis ferreis alligatum quousque iuramenti uinculo se astrinxit quod Rothomagensem exiret prouinciam non reuersurus ad eam, nisi ab apostolica sede obtineret licentiam, quod

---

[1] The abbey of La Chaise Dieu or Chasse Dieu, in Auvergne, not far from Brionde.

[2] I cannot find in Ciacconius at this period a cardinal priest of S. Sabina with the initial C.

in clericali habitu remaneret. Super quo instanter et humiliter petiit sibi de misericordia apostolice sedis prouideri. Nos autem de speciali mandato domini pape prefatum II. ad nos duximus remittendum uestre prudentie committentes quatenus iniuncta sibi super tali homicidio penitentia congruenti ad ordines omnes sacros ascensum interdicatis eidem, concesso ei ut tonsuram et coronam publice deferat et privilegio gaudeat clericali.

DE EODEM. (6).

Episcopo ———. Receptis litteris uestris etc. usque ipsum in minoribus dumtaxat ordinibus toleretis, eundem in suo monasterio recipi facientes, non obstante mandato quod ei abbas de non redeundo ad claustrum fecisse dicitur sub debito prestiti iuramenti, dispensationis misericordia in sacros ordines a sede apostolica non obtenta. Non enim ad id allegare cum potuisset uis mandati quod non ex sui arbitrio sed superioris potestate dependet.

XXIX.

DE OPPRESSIONE PUERORUM.

Episcopo ———. Ex tenore litterarum uestrarum et confessione ——— presbiteri greci presentium latoris accepimus quod cum ipse olim ex itinere fatigatus membra sopori dedisset, uxor in medio filiam et filium paruulum a latere collocauit, quem sompno grauata grauauit et oppressit ad mortem. A cuius oppressione cum esset quartus in lecto tam filia media quam uxor interiacens eum seruasse uidetur immunem. Vos autem sacerdotem predictum ob casum huiusmodi ad sedem apostolicam destinastis sue salutis consilium petiturum. Quocirca prudentie uestre auctoritate domini pape rescribimus quatenus si premissis ueritas suffragatur, presbiterum non reputetis eundem irregularitatis impedimento teneri. Ceterum ne quia negligentia culpam intulerit que interdictum in talibus consueuit iungere non relinquatis eundem penitentie competentis expertum.

XXX.

De eo qui Retorsit Culpam in Se ut Alium Liberaret.

Episcopo ———. Presbiteri ——— latoris presentium confessio continebat quod cum quedam mulier cum qua per triennium consuetudinem habuit inhonestam fuisset pro furto addicta suspendio, sui prodigus et parcus illius nisus est in se criminis notam transferre, ut eius accusatio in excusationem cederet alienam. Verum in consistorio iudicis fidem inuerecunda confessio non inuenit, et factum prosecuta credulitas apprehendit scientia ueritatem, et sic illam ad mortem suspendii furti probatio pertulit, et in isto talis confessio suspensioni ab officio et beneficio causam dedit, unde mandatum fuit ei ad culpam et illam non releuauit a pena. Ne igitur false confessionis figmentum uera cum diutius punitione confingat [constringat] supplicauit humiliter misericordie sibi ianuam aperiri. Cum autem sit uestrum pecoris uestri uultum agnoscere, ipsum ad uos duximus remittendum auctoritate domini pape etc. quatenus considerato quid liceat, quid deceat et quid expediat prefatum presbiterum cum in eo uite meritum se coaptauerit gratie, conuersationem preteritam redimente futura, alio non obstante canonico, ad dispensationis gratiam admittatis.

XXXI.

De Medicis.

Abbati ———. Pro ——— fratre ——— monacho monasterii uestri fuit propositum coram nobis quod ipse in arte phisica eruditus pluribus iuxta ipsius artis traditiones medicinas cum diligentia prebuit, licet interdum contrarii sequerentur euentus, eo quod quibus putabat medele adhibere remedium medicinis perceptis mortis periculum incurrerunt. Qui cum ex huiusmodi casibus promotionis sue casum imminere non putauit aduersum, ad omnes sacros ordines est promotus. Sed quia nonnunquam diuersi metus in hiis mentem eius in uaria diuidunt, et conscientie scrupulum iniecerunt, impertiri sibi salutare consilium postulauit. Quia uero in talibus pendere uidetur ex interioris hominis ueritate iudicium, circumspectioni uestre auctoritate domini pape committimus quatenus si prefatum ―――― in predictis sua conscientia probabiliter non remordet, ipsum dummodo aliud canonicum non obsistat in execucione susceptorum ordinum dimittatis, et quidem si artis peritiam habuit et de ipsius preceptis in cura et cure contingentibus nil obmisit egroti obitus, cum non sit in medico semper relcuetur ut eger, mentem eius turbare metus erronei scrupuli non deberet.

XXXII.

De Cirurgicis.

Archiepiscopo Antibarensi. J. diaconus lator presentium proposuit coram nobis quod cum quidam laycus consanguineus eius esset in capite letaliter uulneratus idem in arte cirurgica cruditus ipsum curandum suscepit, qui infra diem decimum expirauit, sane licet in cura et cure contingentibus iuxta ipsius artis traditiones nihil obmisit. Quia tamen conscientie eius dubitationis urget aculeus, impertiri sibi salubre consilium postulauit. Quia uero in talibus pendere etc. ut supra, usque dimittatis, iniuncta ei penitentia competenti eo quod contra statuta concilii generalis se miscuit cirurgie.[1]

DE EODEM. (2).

Abbati ――――. Ex tenore litterarum uestrarum quas pro ―――― monacho presentium latore misistis accepimus quod cum ipse ad mandatum prioris de mediana uena cuidam militi minuisset idem miles sue salutis prodigus ipsa die minutionis secunda uice manu propria uenam aperuit et cum immoderatis potationibus ac illicitis actibus debilitaret nature uigorem, tertia die sequenti uiam est uniuerse carnis ingressus. Propter quod antecessor uester ab officii execucione suspendit eundem, et nos ipsum ad sedem apostolicam destinastis salutare consilium petiturum. Quia uero in

---

[1] The statute alluded to is "nec ullam chirurgiæ partem subdiaconus, diaconus vel sacerdos exerceant quæ ad ustionem vel incisionem inducit."—Concil. Lateranens. IV. ann. 1215, c. xviii.

To this unfortunate scruple of the Church is attributable the disrepute which through so many ages retarded the progress of surgery, causing it to be looked upon as a mechanic art, to be exercised only by barbers.

talibus ex interioris hominis ueritate iudicium, paternitati uestre committimus quatenus si est ita et artis peritiam habuit, et circa minutionem huiusmodi adhibuit cautelam quam debuit non reputetis eumdem ex premissis, alio non obstante canonico, irregularitatis impedimento teneri.

XXXIII.

De Hereticis Conversis ad Penitentiam.

Episcopo Elenensi et fratri F. etc. Benedictus de ——— miles nostre diocesis lator presentium proposuit coram nobis quod cum pro eo quod fautor hereticorum extiterat et eorum credens erroribus fuerit a nobis sententialiter condempnatus, imminentia timens supplicia ad fuge subsidium se conuertit. Tandem errorem aduertens et creatoris sui offensam agnoscens, ad apostolice sedis recurrit clementiam, instanter et humiliter supplicans sibi de misericordia subueniri. Quia uero sunt culpe in quibus culpa est relaxare uindictam circumspectioni uestre de speciali mandato domini pape committimus quatenus predicto B. abiurata prorsus heretica prauitate de absolutionis beneficio prouidentes, ipsum in aliquo monasterio sub cautela reclusorii retrudatis acturum penitentiam sub habitu regulari, prouiso ut sic salus anime penitentie remedio procuretur quod eo corporis pene angustia non perdatur et familiaritatis contagio non sit idem aliquibus occasio corruptele.

DE EODEM. (2).

Fratri Claro. Visis litteris quas nobis frater J. minister sancti sepulcri de ——— transmisit, prudentie uestre auctoritate domini pape committimus quatenus consideratis diligenter que eedem continent presentibus intercluse, sic circa ipsum iniunctam penitentiam temperetis quod eo corporis pene non perdatur angustia et idem familiaritatis etc. ut supra.

DE EODEM. (3).

Episcopo Carcassonensi et ——— inquisitoribus heretiquorum in Narbonensi prouincia constitutis. Audita confessione latoris presentium ipsum excommunicatione qua tenebatur astrictus propter ea que cedula continet interclusa presentibus ad nos auctoritate domini pape iuxta formam ecclesie remittimus absolutum. Vos autem consideratis diligenter que ad munimentum fidei faciunt et integritatem ecclesiastice unitatis iniungatis ei penitentiam salutarem, statuentes circa ipsum que secundum dominum uideretis statuenda. Quod si non omnes hiis exequendis poteritis interesse, uos domine episcope cum eorum altero nichilominus procedatis.

DE EODEM. (4).

Inquisitoribus contra hereticos. Confessionem R. nobis remittimus presentibus interclusam quatenus procedatis circa ipsum prout uideritis expedire, prouiso prudenter que ad fidei faciunt munimentum et ad integritatem ecclesiastice unitatis.

XXXIV.

DE INQUISITIONE COMMITTENDA CONTRA HERETICOS.

Episcopo Urbeuetano et fratri Rogero. Olim a fratre R. bone memorie quedam scripta pro B. latore presentium ad sedem apostolicam fuere transmissa, super quibus meminimus certum datum fuisse responsum. Sane quia predicto fratre sublato de medio sicut audiuimus processum non extitit circa ipsum, dictus ——— ad apostolice sedis recurrit subsidium instanter et humiliter supplicans eius sibi prudentia misericorditer subueniri. Quia uero negotium fidei tangitur ne quid de contingentibus obmittatur uobis qui de facto et conuersatione ipsius potestis habere notitiam pleniorem, de speciali mandato domini pape committimus quatenus si scripta premissa et responsum prenominato fratri directum ad notitiam uestram peruenerint iuxta tenorem ipsorum circa eum discretio uestra procedat. Alioquin inquisitis et cognitis quid de ipso ueritas conuersationis perhibeat et fame testimonium proferat circa fidem, super absolutione ipsius et penitentia salutari in casu procedatis eiusdem prout in similibus censure debite modus et ordo deposcunt.

DE EODEM. (2).

Auditis que lator presentium H. prior de ——— proposuit coram nobis ipsum ad uos duximus remittendum auctoritate domini pape nestre prudentie committentes quatenus inquisitis et cognitis quid de ipso neritas conuersationis perhibeat et fame testimonium proferat circa fidem, que inueneritis sub sigillis uestris ad sedem apostolicam per fidelem nuntium transmittatis.

DE EODEM. (3).

Archiepiscopo Mediolanensi et fratri S. priori prouinciali fratrum predicatorum in Lombardia. Litteras uestras domine archiepiscope et aliorum proborum uirorum testimonium pro H. presbitero latore presentium uenerabili patri domino S.[1] tituli sancti Marci presbitero cardinali transmissas inspeximus et ipsius presbiteri confessionem audiuimus diligenter. Quia uero negotium fidei tangitur, ne quid de contingentibus obmittatur predictum N. [sic] de speciali mandato domini pape ad nos duximus remittendum uestre prudentie committentes quatenus inquisitis etc. usque deposuit, attentius prouisuri etc. usque unitatis, et quod innocentie puritas commento malitie non succumbat. Tenorem autem ipsarum litterarum et confessionem eiusdem nobis sub sigillo nostro remittimus ad cautelam.

XXXV.

DE HERETICO QUI SPONTE CONFITETUR ERROREM.

Episcopo Caturcensi et fratri R. Auditis que S. lator presentium proposuit coram nobis ipsum ad uos duximus remittendum, auctoritate domini pape nestre prudentie committentes quod si predictus S. non accusatus nec conuictus sed sponte confessus est et suum confitetur errorem et ea que exiguntur in talibus, abiurata prorsus heretica prauitate, de absolutionis beneficio iuxta formam ecclesie prouideatis eidem, iniungentes ei penitentiam salutarem et alia prout in similibus censure debite modus et ordo deposcunt, prouisuri nichilominus que ad munimentum fidei etc.

DE EODEM. (2).

Archiepiscopo Senonensi et fratri R. Proposuit B. seruiens nobilis uiri Simonis comitis Montis fortis lator presentium quod eo

---

[1] I can find in Ciacconius no cardinal priest of St. Mark during this period with the initial S.

nobis sponte confesso qualiter suggestione hostis antiqui hereticos et eorum errores multo tempore dilexisset, manducando et bibendo cum eis, ac ipsorum predicationes multotiens audiendo. Vos pro penitentia iniunxistis eidem ut signo crucis assumpto cum eodem comite pergeret ultra mare, omni tempore uite sue sextas ferias non utens linteis ieiunaret, et quotienscunque sibi facultas affuerit diuinis officiis interesset. Quod cum in auditorium summi pontificis pertulisset idem dominus gratum habuit et acceptum quod super premissum actum est salubriter circa ipsum.[1]

XXXVI.

DE EO QUI DE HERESI SUSPECTUS HABETUR.

Episcopo ———. Ex serie litterarum quas pro presbitero ——— presentium latore misistis duo in summa collegimus, quorum alterum uerba suspecta notabat que heresim innuebant; reliquum autem simplicitatis superficiem in excusationem proferentis protendere uidebatur. Quia uero super premissis et eorum circumstantiis habere potestis indaginem et notitiam pleniorem, prefatum presbiterum auctoritate domini pape cum eisdem litteris presentibus interclusis, ad uos duximus remittendum ut prouidentia uestra cognoscat rigorem quem de uerbis suspectis meruerat et de simplicitatis quali quali suffragio spem misericordie non amittat.

DE EODEM. (2).

Episcopo Elenensi et ——— ordinis predicatorum. Habet relatio Ro. latoris presentium quod cum uir suus propter dotem que sibi soluta non fuerat dimisisset eandem, se in domo fratris qui ut dicebatur hereticorum receptator erat et fautor, apud quem aliquandiu stetit inuita, tum quod de dote satisfacere uiro nolebat, tum quod eam non decebat stare cum aliquo cui non esset generis pro-

---

[1] There would seem to be no doubt that this brief is addressed to the Archbishop of Sens and the inquisitor Friar Robert le Bugre, just before the downfall of the latter in 1239. The Simon Count of Montfort must have been Simon of Leicester, who went to the Holy Land in 1240. His brother Amaury Count of Montfort went in 1238. The crusade of the elder Simon was in 1201, a period too early to be compatible with the text of the brief.

pinquitate coniuncta. Sane nos olim ut asserit inquisitionis officium contra hereticos exercentes fratrem suum eiusque familiam uniuersam sententialiter de heresi condempnastis et licet ipsa fratri non communicauit contra fidem, sed sola familiaritate duntaxat, nec a fidei integritate recesserit dicto uel facto consilio uel fauore, nichilominus tamen condempnationis sententiam pertulit cum eodem; et cum diu latuisset sicut per litteras uestras innotuit, recepta tamen securitate quod non includeretur, in presentia uestra comparuit et cum apostolice sedis examinationem expeteret uos ei prouideri de penitentia distulistis. Super quibus instanter et humiliter petiit sibi de misericordia subueniri. Quia uero negotium fidei tangitur, ne quid de contingentibus obmittatur, nobis qui de fama et conuersatione ipsius potestis habere notitiam pleniorem auctoritate domini pape committimus quatenus si premissa ueritate nitantur de absolutionis beneficio prouideatis eidem, ut uideretis expedire, attentius pronisuri que ad munimentum fidei faciunt etc.

XXXVII.

De eo qui Participat Heretico non in Elemosine.

Episcopo ———. Presbiter lator presentium humili nobis confessione monstrauit quod uos olim ea occasione duntaxat ipsum ab executione suorum ordinum suspendistis quod quendam laycum inuenistis ex officio inquisitionis hereticum, cui aliquando id presbiter sicut nobis confessus fuit, aliquos denarios in elemosinam dederat, credens ipsum orthodoxe fidei zelatorem. Verum cum prefatus presbiter nunquam credidit hereticorum erroribus nec scienter habuerit participium cum eisdem nec et memoratum laycum sciuerit erroribus predictis infectum supplicauit a sede apostolica sibi super restitutione officii misericorditer prouideri. Quia uero de facto etc. auctoritate domini pape ipsum ad uos duximus remittendum ut uos ipsi iuxta formam ecclesie absolutionis beneficium impendatis et secundum quantitatem excessus penitentiam iniungatis eidem, prouisuri in talibus que ad fidei faciunt munimentum et integritatem ecclesiastice unitatis.

DE EODEM. (2).

Episcopo Trecensi. Habebat relatio T. et S. presentium portitorum quod cum laycus quidam de heresi condempnatus carcerali fuisset mancipatus custodie et confractis uinculis e carcere fugiens ad eos nocturno tempore accessisset, iidem ad eius importunam instantiam asserentis se uestro paruisse mandato ipsum in hospitio receperunt, et licet alias illi tanquam hospiti humanitatis solatia exhiberent nequaquam tamen horroris participio, cuius prius fuerant prorsus ignari, communicarunt eidem dicto uel facto, consilio uel fauore quinimmo illum ut asserunt uehementissime arguerent quod ad tantam dementiam uenerat ut pro falsis figmentis ueritatem que Christus est miserabiliter abnegaret. Sane cum ex ipsorum confessione uobis innotesceret de premissis eis sub religione prestiti iuramenti mandastis ut in remissionem suorum peccaminum propter hoc ad partes accederent transmarinas nisi apostolica sedes ut ex litteris uestris accepimus misericorditer ageret cum eisdem. Verum cum predictis T. et S. rerum facultas non suppetat et grauentur multitudine filiorum humiliter supplicarunt honus peregrinationis huiusmodi de misericordia sedis apostolice in aliam penitentiam commutari. Quia uero de facto etc. ipsos ab excommunicationis sententia qua propter hoc tenebantur astricti iuxta formam ecclesie absolutos ad uos duximus remittendos auctoritate domini pape uestre prudentie committentes quatenus consideratis diligenter que ad munimentum fidei faciunt et integritatem ecclesiastice unitatis circa commutationem huiusmodi prout eorum saluti expedire uideritis procedatis.

XXXVIII.

DE EO QUI VIDETUR COMMUNICASSE CUM HERETICO SED SINE CULPE.

Episcopo Albiensi. Archipresbitero de Mon[estier] uestre diocesis accepimus intimante quod cum olim in partibus suis diuersarum heresium sectatores diuersa sentirent, et inter se inuicem diuersa concertatione insurgerent, ipse utcunque sui prodigus ut fidei quodammodo parceretur quosdam minus malos in exclusione penarum quibusdam communibus actibus ad communionem admisit, non participio criminis sed partis impugnatione peioris; se tamen diuinis immiscuit non pensans demeritum, dum sue culpe dampnum erroris eo modo impugnati, sub dubia iudicio suo lance meriti compensaret. Super quo petiit sibi apostolice sedis prouidentia subueniri. Quocirca prudentie nostre auctoritate domini pape committimus quatenus prephato archipresbitero super premissis absolutionis beneficium impendentes, ipsum ad dispensationis gratiam iniuncta sibi penitentia competenti iuxta uite ac fame suffragium admittatis, dummodo aliud canonicum non obsistat.[1]

DE EODEM. (2).

Fratri Roberto.[2] M. lator presentium Caturcensis diocesis nobis exposuit quod olim a quibusdam seductus hereticis quos credebat

---

[1] This case is probably referable to the period of settlement in Languedoc after the treaty of Paris in 1229. Prior to that time practical toleration had existed of necessity among the populations resisting the Albigensian crusades, and the canons prohibiting intercourse with heretics had been perforce disregarded. For this offence reconciliation to the Church with accompanying penance was required.

[2] This brief is evidently addressed to Frère Robert le Bugre. The story told by the penitent would seem to be false as respects his confessing sacramentally to inquisitors and receiving penance from them. Confession to inquisitors was always judicial, for the seal of sacramental penance would disable them from action.
Confession of heresy to a priest, with acceptance of penance and absolution, did not release the heretic from punishment by the Inquisition; he might be pardoned by God, as Zanghino tells us (Tract. de Heret. cap. XXXIII.) but not by man. In the early days of the Spanish Inquisition culprits endeavored to escape in this manner and even obtained letters from the papal Penitentiary, but the inquisitors procured from Innocent VIII., after some tergiversations, a bull declaring all such absolutions void. It is noteworthy that he does not forbid the Penitentiary to issue them but rather expects it to continue doing so. This was one of the devices of the curia at the time by which it shared in the plunder of the rich *conversos* of Spain by selling to them exemptions in Rome and then abandoning them to the Inquisition in Spain. The bull I believe is inedited and is worth reproducing. It shows incidentally the elaborate formulas of exemption which the Penitentiary had finally adopted.

"INNOCENTIUS episcopus servus servorum Dei delectis filiis universis et singulis locorum ordinariis et inquisitoribus hereticæ pravitatis in regnis et dominiis charissimi in Christo filii nostri Ferdinandi regis et charissimæ in Christo filiæ nostræ Helizabethæ reginæ Castellæ et Legionis illustrium, salutem et apostolicam benedictionem. Quia sicut asseritur dubitatis qualiter procedere debeatis cum illis qui hæresim secreto in manibus eorum quibus ipsorum peccata confessi orthodoxe fidei zelatores comedit et bibit cum eis, ac eorum predicationes audiuit. Tandem errorem aduertens eorum primo ad ―――― Episcopum et postmodum ad fratres ―――― nestri ordinis contra hereticos inquisitores in illis partibus a sede apostolica

fuerunt abjurasse affirmant, Nos attendentes quod illi qui sic revertuntur, non duce divina gratia nec pura mente sed simulate reversi ut plurimum existimantur et, schismatum auctore procurante, facile iterato in pristinos relabuntur errores, quodque propterea sanctorum patrum decreta sanxerunt quod ab hæresi revertantes coram notario et testibus fidedignis scripto cum juramento promittere deberent loci ordinario se nunquam ad errores quos abjurarent reversuros, ac felicis recordationis Sixti papa IIII. prædecessoris nostri qui per quasdam suas litteras bone memorie Enecho Archiepiscopo Hispalensi directas voluit inquisitores hæreticæ pravitatis eorum officium exercere posse super eorum reconciliationibus et hæresum abjurationibus aliter quam secundum juris formam factis etiam apostolica auctoritate receptis ac exemptionibus a processibus et jurisdictione Inquisitorum eorundem aut aliter quomodolibet eadem auctoritate obtentis nequaquam obstantibus, vestigiis inhærentes volumus et apostolica auctoritate vobis concedimus ut commissum vobis inquisitionis officium contra quoscunque hæresis sive apostasie labe infectos etiam sic secrete abjurantes exercere libere valeatis. Non obstantibus quibusvis abjurationibus aliter quam juxta sanctorum patrum dicta et apostolicas sanctiones hactenus per quoscunque factis et quas fieri contingerit in futurum necnon his quæ a sacra Penitentiaria apostolica hactenus emanassent vel in futurum emanarent pro quibusvis personis cujuscunque status, gradus, ordinis et conditionis existentibus et quavis dignitate et auctoritate fungentibus quavis consideratione aliisve fortioribus et efficacioribus clausulis, etiam in forma confessionalium et exemptionis a superioritate et potestate vestra et eorum quibus commiseritis excessuum inquisitionem punitionem et correctionem, cum absolvendi eos ab illis et pœnis quas propter ea incurrissent vobisque et aliis judicibus ne contra eos procedatis inhibendi et eis favoribus opportunis ne prætextu cujusvis hæresis ab aliis in judicium evocentur seu aliter molestentur assistendi facultate et potestate ab eadem penitentiaria emanatis et processibus desuper habitis et quos habere contingeret in futurum, etiam censuras et pœnas in se continentibus, quas quidem litteras ac illarum processum huiusmodo tenorem etiam si de illo de verbo ad verbum seu quævis alia expressio habenda esset et in eis caveretur expresse quod eis non censeretur derogatum nec derogari posse nisi dum et quotiens sub certis inibi expressis modo et forma contingeret derogari præsentibus, pro expressis habentes eis quoad hoc nolumus in aliquo suffragari cæterisque contrariis quibuscunque. Datum Romæ apud Sanctum Petrum, anno incarnationis dominicæ millesimo quadringentesimo octuagesimo septimo, quarto idibus Novembris pont. nostri anno quarto.—Jo. COTINI." (Bulario del Orden de Santiago T. 1. fol. 92, ap. Archivo Histórico Nacional de España.)

One of the darkest pages in the annals of the curia is to be found in its treatment of the unfortunate New Christians of Spain in the early days of the Inquisition, when it vacillated between greedy acceptance of their gold and the pressure of the Catholic Kings. An outline of it is given by Llorente, *Histoire critique de l'Inquisition*, I. 151-71, IV. 356 sqq.

deputatos accessit, et coram eis sub sigillo confessionis aperiens qualiter eorum errore crediderat, abiurata prorsus heretica prauitate, penitentia sub certa forma suscepta, in eorum litteris comprehensam [*sic*]. Sicque habita securitate per litteras ipsas in Francia est profectus, et licet ibi tanquam uir catholicus in fide Christi maneret, abdicati erroris uestigia nulla requirens, nichilominus tamen ad quorundam emulorum instantiam, qui eum hereticum mendaciter asserebant, ipsum capi fecistis et carcerali custodie mancipi. Ceterum ne ad falsam delationem puniretur illorum qui sine culpa eum prodere nitebantur, ad gremium apostolice sedis confugit humiliter flagitans eius se misericordia subueniri. Quia uero de uita et conuersatione ipsius in partibus ipsis plenior potest haberi notitia, predictum M. ad uos duximus remittendum, auctoritate domini pape uestre prudentie committentes quatenus sic circa ipsum discretio uestra procedat quod innocentie puritas aliorum offuscata mendatio non succumbat et heretica prauitas non effugiat impunita.

XXXIX.

De eo qui Reconciliatus est Ecclesie Abiurata Heretica Prauitate.

—— Priori fratrum predicatorum Massiliensium.[1] Petitionem B. de —— layci Massiliensis recepimus quam interclusam presentibus duximus remittendam, auctoritate domini pape uestre prudentie consulentes quatenus si constiterit prefatum B. esse reconciliatum ecclesie et absolutum iuxta formam in talibus consuetam iniungatis ei penitentiam super hiis quas scripta cedula continet, prout uideritis expedire, attentius prouisuri que ad munimentum fidei faciunt etc.

XL.

De Filiis Hereticorum Promovendis in Religionem.

G. capitate, priori Cluniacensis ordinis. Ex parte uestra fuit propositum coram nobis quod olim V. uestro monacho in scolis

[1] This brief is probably addressed to Pons de l'Esparre, Dominican prior of Marseilles who in 1238 was engaged in an active persecution of heretics, though without inquisitorial authority. When the Inquisition was subsequently organized in Provence it was entrusted to the Franciscans.

parisius existente, parentes eius fuere de heresi condempnati et licet eis non communicauit circa fidem, quinimmo erroris eorum fuerit prorsus ignarus, de tali tamen parentum condempnatione confessus apud nos habitum religionis assumpsit, cupiens per uite meritum astergere maculam qua ipsum culpa progenitorum aspersit. Sane cum talibus ad superiores gradus interdicatur ascensus, fuit humiliter supplicatum ut in fauorem religionis ipsius circa eum apostolica sedes dispensare misericorditer dignaretur. Nos autem de speciali mandato domini pape etc. quatenus si prefatus V. uite et conuersationis talis existat quod ad obtinendam huiusmodi gratiam credatur merito non indignus promotioni eiusdem quoad ordines sacros, equitati rigore cedente, pium impendatis prosecutionis assensum.

XLI.

De Filio Heretici iam Promoto.

Episcopo Tornacensi. Litteras nestras pro ——— presbitero presentium latore recepimus et ipsius confessionem audiuimus diligenter. Quia uero constitutio apostolice sedis[1] non ad peracta sed ad futura tantum debet extendi et predictus ——— ante ipsius constitutionis edictum et condempnationem parentum fuit promotus ad sacros et ad ecclesiasticum beneficium assecutus, eiusdem petitione domino pape exposita, ipsum de ipsius domini certa scientia ad uos duximus remittendum ut consideratis diligenter que scripta cedula continet presentibus interclusa, quoad executionem officii et asse-

---

[1] Frederic II. in his Ravenna decree of 1232 declared the children and grandchildren of heretics incapable of holding public office (Huillard-Bréholles, Hist. Diplom. Frid. II. T. IV. p. 302. Cf. Constitt. Sicular. Lib. I. Tit. ii. c. 3), and Innocent IV. in 1253 ordered all rulers to enforce this (Innocent. PP. IV. Bull. *Ad extirpanda* § 30, 15 Maii, 1253), but I cannot find any papal constitution extending this disability to ecclesiastics prior to the authorization issued to inquisitors by Innocent IV. in 1254, to deprive all such persons of any dignities or benefices which they may possess (Innocent. PP. IV. Bull. *Cum negotium*, 9 Mart. 1254, *ap.* M. Bull. Rom. I. 102). In the Corpus Juris the earliest prescription of this nature is that of Alexander IV. in 1257 (C. 2 in Sexto Lib. v. Tit. ii).

Assuming the bull of 1254 to be the one referred to in the above brief its date would probably be within a few years subsequently.

cutionem beneficii procedatis circa ipsum prout eius saluti expedire uideritis et ecclesiasticam decuerit honestatem.

XLII.

De hiis qui Ferunt Ligna ad Hereticos Comburendos.

Archiepiscopo Rothomagensi. T. acoliti nestre diocesis latoris presentium petitio continebat quod cum quidam heretici in partibus albigensibus cremarentur, ipse post alios circumstantes existens duo frusta lignorum ad mensuram minoris digiti paruula uersus ignem iam exuberantem in altum super astantes proiecit, que utrum ad ignem peruenerint asserit se nescire, et talia erunt que si ad ignem etiam peruenissent nullum prestitissent fomitem. Super quo etc. Nos autem etc. quatenus si est ita et alias in mortem illorum non prestitit dicto uel facto opem aut operam uel fauorem, de talium iactu lignorum non reputetis eundem irregularitatis impedimento teneri.

DE EODEM. (2).

Episcopo ———. Lator presentium nobis exposuit quod cum centum quidam heretici comburendi et illis qui ad ignem ligna deferrent daretur indulgentia generalis, idem in lignorum congeriem super quam ponenda erant corpora cremandorum lignum quoddam proiecit, nec fuit igne contactum exustis corporibus predictorum. Super quo non conscientie etc.

DE EODEM. (3).

Abbati de Tela, cistercicusis ordinis. Ex parte Stephani monachi uestri fuit propositum coram nobis quod ipse olim in pubertatis tempore cum aliis personis ligna portauit ad locum ubi erant heretici comburendi, et firmiter credit quod pre multitudine aliorum sua non peruenerunt ad ignem. Verum quia processu temporis religionem ingressus accessit ad ordines petitum est super hoc ab apostolica sede salutari sibi consilio prouideri. Nos autem etc. quatenus si est ita non reputetis predictum S. ex tali dumtaxat iactu lignorum, alio non obstante canonico, irregularitatis impedimento teneri.

XLIII.

DE INQUISITIONE COMMITTENDA SUPER INFAMIA ALICUIUS CLERICI.

Episcopo Tricariensi.[1] Causam Oddonis subdiaconi latoris presentium litem conuenit presentibus intercluse [*sic*]. Verum quia ex hiis que continentur in ipsis objecti criminis plena non constat probatio, prudentie uestre auctoritate domini pape consulimus quatenus si dictus O. propter hoc sit respersus infamia ei iuxta qualitatem ipsius purgationem canonicam indicatis, et si prestiterit ipsam sibi quo ad receptionem aliorum ordinum pium impendatis prosecutionis affectum. Si autem defecerit et recipiendorum ordinum interdicatis ascensum ac a susceptorum ipsum executione priuetis.

DE EODEM. (2).

Archiepiscopo Remensi. Viso inquisitionis processu quem archidiaconus uester pro T. presbitero de Vim. latore presentium ad sedem apostolicam destinauit, de speciali mandato domini pape ipsum ad uos duximus remittendum, ut si secundum culpe meritum et modum infamie inquisitione facta non constitit adhuc diligentius faciatis inquiri, processuri nichilominus circa ipsum iuxta debitum officii pastoralis.

XLIV.

DE OCCULTIS ET GRAVIBUS EXCESSIBUS.

Episcopo Parisiensi. Casum suum lator presentium non breui lamentatione depromit, plorans longe lateque diffuso cinctu terrarum labores subiectus itineris, periculisque maris expositus, usque in terram sanctam sue penitentie signa pretendit, aliquanto tempore peregrinatus ibidem. Qui tandem cepte peregrinationis consummato proposito apostolice sedis adiuit clementiam sperans apud illius uicarium, qui cum iratus fuerit non obliuiscitur misereri, sibi misericordie ianuam apereri, ut uulnera eius que penitentie rigor

---

[1] This is probably meant for Tréguier, though it may possibly be Tricarico.

exasperauerit dispensationis oleum deliniret. Clamauit siquidem diu, pulsauit supplicationibus et lacrimis supplicauit sed frequenti eius instantie frequentem opposuit qualitas offense repulsam, ne facilitas uenie incentiuum forte tribueret delinquenti. Sane uinci uoluit dominus supplicatione humili cananee, uinci uoluit et eius uicarius supplici humilitate peccantis, petitionem eius multorum interuentione suffultam, ad gratiam exauditionis admittens, presertim cum culpam eius manifesta notitia non producat in scandalum, nec attulerit preiudicium alii utcumque suscipiens de minoris etatis indiscretione leuamen. Quia uero in archa federis et uirga continebatur et manna, ut dictus ——— post correptionis uirgam consolationis manna degustet, prouidentie uestre de speciali domini pape mandato committitur, quatenus considerato quid liceat, quid deceat, et quid expediat, cum ipso prout eius saluti expedire uideritis dispensetis.

XLV.

DE MANIFESTIS EXCESSIBUS.

Episcopo Beluacensi. Litteras uestras pro ——— presbitero presentium latore recipimus quarum tenor et portitoris excessum et zelum correctoris expressit; de preterita igitur sollicitudine colligentes quid de futura speremus, dictum cum eisdem litteris nostro inclusis sigillo ad nos duximus remittendum, auctoritate domini pape uestre prouidentie consulentes quatenus considerato quid liceat, quid deceat, et quid expediat de manu uestra non solum uini rigorem percipiat sed etiam olei lenitatem.

DE EODEM. (2).

Episcopo ———. Casum et causam ——— latoris presentium cedula continet presentibus interclusa, cuius tenor et portitoris excessum et zelum correctionis expressit, de preterita igitur diligentia colligentes quid de futura speremus, ipsum ad nos duximus remittendum, auctoritate domini pape etc. quatenus considerato quid liceat usque lenimentum.

DE EODEM. (3).

Episcopo Pragensi. Culpam et culpe circumstantias ———— latoris presentium uestra sicut pagina continet interclusa presentibus manifesta notitia apprehendit: de circumspectionis igitur uestre moderamine confisi ipsum ad uos duximus remittendum auctoritate summi pontificis uestre prouidentie committentes quatenus post uinum condigne penitentie oleum competentis misericordie sauciati uulneribus per dispensationis gratiam infundatis.

DE EODEM. (4).

Archiepiscopo Rothomagensi. Litteras uestras quas pro ———— latore presentium ad sedem apostolicam destinastis intelleximus diligenter, quarum tenor etc. usque expressit. Ut igitur ibi moriatur delictum ubi scandalum est exortum, ipsum cum eisdem litteris presentibus interclusis ad uos duximus remittendum quatenus iniuncta sibi penitentia etc. demum exequamini circa ipsum debitum officii pastoralis, non immemores olei cum uinum profuerit uulneribus sauciati.

XLVI.

DE OCCULTIS ET DUBIIS EXCESSIBUS.

Episcopo ————. Intellectis litteris uestris quas pro ———— latore presentium ad sedem apostolicam destinastis, et eius confessione diligenter audita ipsum ad uos auctoritate domini pape duximus remittendum prouidentie uestre presentibus declarantes quatenus si continentie litterarum ueritas suffragatur ideo ———— presbiter ob casum quem littere continent presentibus intercluse notam homicidii uel irregularitatis maculam non incurrit.

DE EODEM. (2).

Archiepiscopo Remensi. Intellectis litteris uestris quas pro ———— latore presentium ad apostolicam sedem misistis et eius confessione diligenter audita, ipsum ad uos auctoritate domini pape duximus remittendum, prouidentie uestre presentibus intimantes quod cum de morte illius hominis quem littere continent ad cautelam presentibus intercluse, idem presbiter non sit conuictus, nec inde habeat probabiliter conscientiam remordentem, si aliud canonicum non obsistat permittatis eidem in suis ordinibus libere ministrare.

XLVII.

De Monacho qui Fecit se Circumcidi.

Episcopo ———. Non auster sed aquilo flare uidetur in austria, quia iam non plantas humiles sed arbores altas, uiros scilicet religiosos proceros in fructu demolitur et foliis, nichilominus radices euertens. Sane in dicta prouincia usque adeo perfidia iudeorum intumuit quod non solum laycos sicut asseritur subuertere nititur sed etiam religiosos supplantare conatur. Ecce ——— lator presentium monachus quondam cisterciensis ordinis qui relictis seculi uanitatibus uidebatur macerare domino carnem suam, iudayca prauitate seductus, abnegatis articulis fidei orthodoxe, per interdicte circumcisionis cauterium consignari noluit cum dampnatis. Sed manus altissimi opem tulit, dum cetus grandis illum quem in mare iudayce infidelitatis obsorbuit, nomere cogitur iuxta littus fidei christiane. Cum igitur recurrat ad matrem, pulsat lacrimis, instat gemitibus ut prodigo redeunti uenie ianua non claudatur. Ne igitur panis omnino negetur et aqua fugienti a facie aquilonis, ipsum ad uos duximus remittendum de speciali mandato domini pape uestre prouidentie committentes quatenus prefatum ——— abiurato iudayce superstitionis errore, prout moris est et expedire uideritis reconciliatum ecclesie demum in reclusorio iuxta monasterium aliquod uestre diocesis recludatis ut satisfactione condigne penitentie diluat orrendi criminis maculas quas contraxit.

DE EODEM. (2).

Abbati ——— Cisterciensis ordinis. Dum ignominiam casus monachi uestri ——— presentium portitoris attendimus, dum reatum aduertimus in religionis professore maiorem, et uerba pudore intercipit et factum litterarum nestrarum uix admittit proloqui. Idem monachus quorundam iudeorum prauitate seductus, bis per interdicte circumcisionis cauterium consignari uoluit cum dampnatis : sed manus altissimi opem tulit dum cetus grandis etc. sicut alia usque contraxit, nulla sibi spe circa execntionem suorum ordinum reseruata.

XLVIII.

De Falsariis.

Archiepiscopo Rothomagensi. Accedens olim ad apostolicam sedem H. pauper diaconus lator presentium humiliter est confessus quod ipse non ex malitia sed simplicitate potius in quibusdam litteris bone memorie H. pape[1] ad instanciam cuiusdam socii sui rasuram faciens quarto posuit ubi fuerat scriptum quinto. Postmodum ignorans esse prohibitum ac se propter hoc in excommunicationis sententia incidisse ad subdiaconatus et diaconatus ordines est promotus, et ministrauit in ipsis, absolutionis beneficio non obtento. Tandem apertis intelligentie oculis, cognita culpa, sedis apostolice clementiam adiit, sperans apud illius uicarium, qui cum iratus fuerit non obliuiscitur misereri, sibi misericordie ianuam aperiri. Clamauit siquidem diu, pulsauit supplicationibus et lacrimis supplicauit, sed frequenti eius instantie frequentem opposuit qualitas offense repulsam ne facilitas uenie incentiuum forte tribueret delinquenti. Sane uinci noluit dominus supplicatione humili canance ; uinci uoluit et eius uicarius supplici humilitate peccantis, per nos mandans dicto diacono absolutionis beneficium impertiri, et per nos inquiri de ipsius uita et moribus et quod inueneritis eidem per uestras litteras mitteretis ut inde si posset assumeret causam fauorabilem miserendi. Consideratis igitur que super fame ac uite testimonio ipsius H. uestre littere continebant prouisum est ut penitenti misericordia omnino non desit et peccatum non destituatur penitus disciplina. Quocirca de speciali mandato domini pape committimus ut, si culpam eius manifesta notitia non producit in scandalum in partibus uestris, cum ipso sic in susceptis iam ordinibus dispensetis quod ad suscipiendum ei prorsus interdicatis ascensum.

[1] Probably Honorius III. (1216-27).

XLIX.

De eo qui Falsas pro Veris Litteras Reportavit.

Habet relatio J. diaconi presentium portitoris quod olim ad apostolicam sedem accedens falsas pro ueris cuiusdam commento litteras reportauit, propter quod ipsum officio et beneficio suspendistis iniungentes eidem ut terram sue natiuitatis egrediens non reuerteretur ad eam sine licentia sedis apostolice speciali. Ipse uero super premissis ignoranciam iuris et facti pretendens cum id sufficientis excusationis non afferret remedium diu pro misericordia institit, diu pro clementia supplicauit. Tandem uero pulsanti cum instantia ianua pietatis aperta, cum ad uos de speciali gratia domini pape remittimus iuxta formam ecclesie absolutum, nestre prouidentie committentes ut super usu litterarum huiusmodi eidem iniuncta penitentia competenti ipsum ad ultimum, si ei alias et uite meritum ac fidei testimonium suffragetur, alio canonico non obstante ad dispensationis gratiam admittatis.

L.

De Suspitione Falsitatis.

Abbati ———. Transmissa nobis R. concanonici nestri petitio continebat quod ipse olim existens in seculo usus fuit cum quibusdam aliis sacerdotibus de Lauduno priuilegio quodam ab apostolica sede concesso, non credens illud in parte aliqua uitiosum. Verum cum ipsius conscientiam dubitationis scrupulus urgeat ex eo quod post religionis ingressum audiuerit idem priuilegium argui falsitatis fuit humiliter supplicatum sibi super huiusmodi dubio per absolutionis beneficium ad cautelam de misericordia sedis apostolice subueniri. Nos autem de speciali mandato domini pape discretioni nestre committimus quatenus, ne predicto in hoc desit cautele remedium, impendatis ei absolutionis beneficium ad cautelam, dispensantes nichilominus cum eodem si forsan aliquid ex hoc irregularitatis timeat incurrisse.

DE EODEM. (2).

Episcopo Parisiensi. Auditis que lator presentium proposuit coram nobis, ipsam ad uos duximus remittendam auctoritate domini pape uestre prouidentie committentes quatenus confessione ipsius diligenter audita si ex hiis que cedula continet interclusa presentibus sententiam excommunicationis in falsarios promulgatam incurrit, de absolutionis beneficio iuxta formam ecclesie prouideatis eidem, iniuncto ei quod uideritis iniungendum, sententiam nichilominus uestram circa ipsam prout expedire uideritis misericorditer relaxantes.

DE EODEM. (3).

Abbati ——— saucte Catherine de monte extra muros Rothomagi.[1] ——— presentium lator monachus uester proposuit coram nobis quod cum olim ipse ac quidam alius monachus contra predecessorem uestrum inquisitionis litteras a sede apostolica impetrasset, ipsas in eius manibus resignauit, nullo processu habito per easdem. Verum quia ex eo solo culpam asseritur contraxisse quod procurator eiusdem abbatis existens in curia predictas litteras in audientia publica non audiuit, quamuis uere essent et nulla falsitate notabiles, ipsum ad sedem apostolicam transmisistis salutare consilium petiturum. Quia uero ex impetratione predicta in prefato B. non inuenimus culpam ei non intulimus penam, eundem ad suum monasterium remittentes.

DE EODEM. (4).

Archiepiscopo et Abbati sancti Catherine Rothomagi. Audita confessione ——— diaconi monachi latoris presentium, ipsum ab excommunicatione iuxta formam ecclesie absolutum ad uos duximus remittendum auctoritate domini pape, uestre prouidentie committentes quatenus si dictus falsitatis litterarum quas a sede apostolica

---

[1] The abbey of St. Catherine, or Sainte Trinité du Mont was founded in 1030, and was destroyed towards the close of the sixteenth century during the wars of the League (Fisquet, Le France Pontificale, Rouen, p. 371). It was a foundation of some importance. An abbot of St. Catherine, in 1222, figures as one of the prelates concerned in the examination of Thibaut d'Amiens, archbishop elect, preliminary to his confirmation by Honorius III. (Bessin, Concil. Rotomagens. II. 45).

per quendam clericum impetrauit extitit non ignarus, executionem sacrorum ordinum, concessis minoribus, interdicatis eidem, quousque uberiorem gratiam ualeat optinere. Alioquin iniuncta ei penitentia competenti super hiis que scripta cedula continet presentibus interclusa, eoque ad tempus prout expedire uideritis a suorum ordinum executione suspenso, demum etc. usque admittatis.

DE EODEM. (5).

Episcopo Rigil. [?] W. clerici latoris presentium relatio continebat quod cum olim de certa scientia cuiusdam amici sui cui subdelegari obtinuerat causam suam sigillo eius in nomine fabricato quosdam aduersarios suos preter ipsius subdelegati notitiam ad certum diem citari fecerit; tamen post paulum penitentia ductus quod in hac parte minus prouide fecerat reuocauit. Super quo tam anime sue quam fame sibi petiit misericorditer prouideri. Nos igitur etc. usque iniuncta sibi penitentia salutari ipsius desiderium admisimus ad petita.

LI.

DE EO QUI VEXAT ALIQUEM PER LITTERAS APOSTOLICAS ALTERIUS NOMINE IMPETRATAS.

Episcopo ———. Transmissa nobis Symonis canonici ordinis sancti Augustini petitio continebat quod ipse olim habitu et actibus clericus secularis existens accepit mutuo a quodam socio suo litteras apostolicas Nicolai nomine impetratas et per eas procurauit citari quendam qui uocabatur nomine impetrantis, fide nichilominus data quod contra illum Nicolaum fuerant impetrate. Super quo petitum est etc. Nos autem etc. quatenus prefato S. de absolutionis beneficio prouidentes, iniungatis ei penitentiam et alia que uideritis expedire.

DE EODEM. (2).

Archiepiscopo Turonensi. Petrus Gauenardi clericus uestre diocesis lator presentium proposuit coram nobis quod cum ipse olim quasdam litteras in communi forma a sede apostolica impetrasset eas accommodauit alii clerico qui ——— nomine uocabatur.

Cumque misisset eundem ad iudices delegatos ut pro eo citatorium impetraret edictum clericus idem quasdam citatorias litteras preter eius notitiam falso composuit, ac sigillo falso signauit nec processum extitit per easdem, cum illico notarentur de uicio falsitatis. Super quibus apostolice sedis clementiam adiit petens humiliter eius sibi prouidentia subueniri. Nos autem prefatum at nos remittimus absolutum auctoritate domini pape, nestre prouidentie committentes quatenus, consideratis diligenter que consideranda uideritis si res ita se habeat iniungatis ei penitentiam salutarem preter penam in nouo iure editam contra tales.[1]

LII.

DE SENTENTIA EXCOMMUNICATIONIS.

Archiepiscopo Compsano. ——— presbiter lator presentium proposuit coram nobis quod in quendam presbiterum qui bis ipsum percusserat manum repercussionis extendit et ultionis, prosecutus effectum appellum, ut suo utamur uocabulo, inmisit in illum, et licet presbiterum ictus preteriret in casum in quendam tamen conuersum preter intentionem mittentis impegit. Sane cum circa presbiterum percussorem licite defensionis licentia se crederet excusatum, et in percussione conuersi casum fortuitum in culpam suo iudicio intentio peregrina non traheret, non credens ex hiis imminere periculum, ad ordinem presbiteratus accessit et in eodem aliquandiu ministrauit. Verum quia aliquorum opinio conscientie

---

[1] The "novum jus" here alluded to is evidently the Decretals of Gregory IX. issued in 1234, and the special provision cited is probably Can. 37 of the Lateran Council of 1215.—"Cum autem lites restringende sunt potius quam laxande hac generali constitutione sancimus ut si aliquis super aliqua questione de cetero sine speciali mandato domini litteras apostolicas impetrare praesumpserit, et littere ille non valeant et ipse tanquam falsarius puniatur, nisi forte de illis personis extiterit a quibus non debet exigi de jure mandatum" (C. xxviii. Extra Lib. i. Tit. iii.).

The above cases illustrate the unscrupulous use made of these letters which were one of the sore abuses with which the curia afflicted Europe. The popes were constantly complaining of them and threatening punishments, but never applied the only remedy of refusing to issue them. They seem to have been sold without scruple to all purchasers and were a source of profit to the vendors which no pope was hardy enough to suppress.

sue contrarium ingerebat eo quod iniuriandi affectus ad iniuriarum peruenit effectum, supplicauit humiliter sibi et beneficium absolutionis impendi et dispensationis ianuam aperiri. Nos igitur prefatum —————— iuxta formam ecclesie absolutum ad nos duximus remittendum auctoritate domini pape nestre prouidentie committentes quatenus iniuncta ei pro culpe modo penitentia competenti ac eo ad tempus etc. usque admittatis.[1]

DE EODEM. (2).

Episcopo ——————. Sicut ex litteris uestris accepimus B. presbiter in monachum diaconum nepotem suum manus uiolentas iniecit et cum inde non crederet se teneri, iuris ignarus, diuina officia celebrauit. Super quo cum propter senectutem et debilitatem proprii corporis nequeat [se presentare], idem presbiter sedis apostolice misericordiam supplicauit absolutionis beneficium et dispensationis gratiam sibi misericorditer impertiri. Nos autem etc.

DE EODEM. (3).

Abbati de ——————. H. presbiter monachus uester lator presentium humili nobis confessione monstrauit quod idem olim in minoribus ordinibus constitutus in quosdam monachos socios suos manus uiolentas iniecit et ante absolutionem obtentam iuris ignarus factique immemor ad sacros ordines est promotus, ministrans nichilominus in eisdem. Cum autem ab excommunicatione sit iuxta formam ecclesie absolutus, super irregularitate quam contraxerat sibi petiit ex dispensationis gratia submeniri. Nos autem ex fauore qui religioni debetur, discretioni uestre auctoritate domini pape committimus quatenus iniuncta sibi penitentia competenti et eo ad

---

[1] Violence offered to an ecclesiastic entailed excommunication reserved exclusively to the Holy See.—"Item, placuit ut si quis suadente diabolo hujus sacrilegii reatum incurrit quod in clericum vel monachum violentas manus injecerit anathematis vinculo subjaceat et nullus episcoporum illum præsumat absolvere, nisi mortis urgente periculo, donec apostolico conspectui presentetur et ejus mandatum accipiat."—Concil. Lateranens. II. ann. 1139 c. 15. This was confirmed by Eugenius III. at the Council of Reims (cap. 13) in 1148 and was embodied by Gratian in the canon law, Caus. XVII. Q. iv. c. 29. Many cases in the Formulary show how strictly this was construed; how useful it proved to check the endless bickerings of conventual life, and what an advantage this sacred immunity gave to the clergy in their frequent broils with the laity.

tempus iuxta quod expedire uideretis a sacrorum ordinum executione suspenso, postmodum si talis extiterit quod dispensationis gratiam mereatur cum ipso super predictis misericorditer dispensetis.

DE EODEM. (4).

Abbati et conuentui de ———. M. lator presentium monachus nester nobis humiliter est confessus quod ipse olim canonicus secularis existens monialem quandam quam incestuose cognouerat graniter uerberauit, et postmodum in monasterio nestro habitum monachalem recipiens iuris ignarus ad subdiaconatus, diaconatus et presbiteratus ordines est promotus et in eisdem ministrauit ordinibus absolutionis beneficio non obtento. Quare humiliter supplicauit domino pape ut super executione suorum ordinum taliter susceptorum dispensare secum misericorditer dignaretur. Nos igitur auctoritate domini pape predictum M. ab executione ordinum taliter susceptorum per triennium suspendentes eundem ad uos ab excommunicatione iuxta formam ecclesie remittimus absolutum. Quia uero misericordia superexaltat iudicium et religioni fauor est proximus, aperientes ei ianuam pietatis misericorditer indulgemus ut uos expleto triennio si cum uideritis honeste connersationis et uite et aliud canonicum non obsistat, cum ipso in executione suorum ordinum dispensetis.

LIII.

DE EO QUI ABSOLUTUS AB EXCOMMUNICATIONE ET NON OPTEMPTA DISPENSATIONE PROMOVETUR AD ORDINES.

Episcopo ———. Diaconus lator presentium humili nobis confessione monstrauit quod ipse pro uiolenta iniectione manuum in quendam clericum uinculo excommuncationis astrictus, iuris ignorantia et simplicitatis errore laborans in acolitum est promotus; qui postmodum excommunicationis uinculo relaxato sed super ordine sic suscepto dispensationis gratia non obtenta, quam per imperitiam esse necessariam non credebat ad ordines subdiaconatus et diaconatus accessit, ministrans nichilominus in eisdem. Super quibus apostolice sedis clementiam adiens ad ianuam misericordie eius instantia supplici et instanti supplicatione pulsauit. Quia uero nonnunquam simplicitas coaptat se uenie temperatque rigorem, predictum iuxta formam ecclesie absolutum ad uos duximus remittendum auctoritate domini pape etc. quatenus iniuncta ei pro culpe modo penitentia competenti eoque ad tempus etc. usque admittatis.

DE EODEM. (2).

Abbati ———. Innotuit nobis uestrarum intellecta serie litterarum quod D. monacho latore presentium iniiciente in quendam diaconum manus temere niolentas, et absolutionis beneficio non obtento diuina postmodum celebrante, ipsum pro absolutione obtinenda ad venerabilem patrem dominum R.[1] sancti angeli diaconus cardinalis tunc apostolice sedis legatum cum uestris litteris destinastis. Tandem ab ipso cardinali ab iniectione manuum absoluto, quia in litteris quas nobis detulit de irregularitate quam incurrerat mentio non fiebat, eundem ad optinendam dispensationem super irregularitate sua ad sedem apostolicam transmisistis. Nos autem ipsum ——— ad uos duximus remittendum nobis auctoritate domini pape mandantes quatenus eum ab executione suorum ordinum usque ad biennium suspendatis, postmodum si aliud canonicum non obstiterit et eum per penitentiam uideris emendatum, ipsum ad executionem dictorum ordinum restituatis et permittatis in eisdem libere ministrare.

LIV.

DE EO QUI EXCOMMUNICATIONIS IMMEMOR PROMOTUS EST AD ORDINES.

Episcopo Barchinonensi. ——— presbiter monachus lator presentium humili nobis confessione monstrauit quod ipse olim in minoribus ordinibus constitutus in quosdam monachos socios suos manus niolentas iniecit et ante absolutionem obtentam iuris ignarus factique immemor ad omnes sacros ordines est promotus, ministrans

---

[1] This is in all probability Ricardo de' Annibali, created cardinal deacon of Sant' Angelo by Gregory IX. in 1240. He was a warm friend and patron of St. Thomas Aquinas and died at the council of Lyons in 1274.—Ciacconii Vit. Pontif. et Cardinalium, II. ss.

nichilominus in eisdem. Cum autem ab excommunicatione sit iuxta formam ecclesie absolutus super irregularitate quam inde contraxerat sibi petiit ex dispensationis gratia subueniri. Nos autem ex fauore qui religioni debetur discretioni uestre auctoritate domini pape committimus quatenus iniuncta ei etc. usque suspenso. Postmodum si talis extiterit quod dispensationis gratiam mereatur cum ipso super predictis misericorditer dispensetis.

LV.

De eo qui Dubitat Utrum sit Absolutus ab Excommunicatione.

Abbati Bellilocensi. Ex confessione J. presbiteri monachi monasterii uestri presentium latoris accepimus quod ipse in quendam presbiterum qui sibi contumeliosa dixerat uerba circa effusionem sanguinis manus uiolentas iniecit, et quia ―――― prior suus presens non erat, ad quendam fratrem ipsius ordinis penitentiarium ―――― episcopi Andegauensis accedens sibi hec et alia fuit confessus: qui eius audita confessione circa ipsum absolutionis usus est forma. Qui de tali facto confisus diuina misteria celebrauit. Verum uos postmodum dubitantes an dictus frater premissis habuit potestatem et timentes ne idem monachus notam irregularitatis incurrerit, ipsum ad sedem apostolicam destinastis. Quia uero in dubiis uia est eligenda securior prefatum iuxta formam ecclesie duximus absoluendum et ad uos remittimus absolutum auctoritate domini pape etc. quatenus iniuncta ei etc. usque admittatis.

LVI.

De Eodem et de eo qui Participauit Excommunicatis.

Episcopo ――――. Ex confessione ―――― presbiteri presentium latoris accepimus quod idem olim in quosdam clericos leniter manus uiolentas iniecit: participauit excommunicatis aliquibus non ex malitia uel contemptu, et absolutionis exinde beneficio non obtento, cum non crederet se teneri iuris ignarus, diuina officia celebrauit. Cum autem intellexit processu temporis se in hiis deliquisse a diuinis abstinuit reuerenter, super quibus sibi petiit salutari consilio prouideri. Nos autem prefatum ―――― auctoritate domini pape ab excommunicatione quam propter predicta incurrerat iuxta formam ecclesie duximus absoluendum et ad uos remittimus absolutum uestre prudentie committentes quatenus iniuncta ei etc. usque admittatis.

LVII.

De Eodem et de Beneficio Absolutionis ad Cautelam.

Episcopo ――――. Ex parte R. presbiteri de ―――― fuit propositum coram nobis quod licet ipse non dubitet quod pro uiolenta manuum iniectione in clericos uinculo excommunicationis astrictus ordines acceperit non solutus et ministrauit etiam in eisdem, tamen quia bonarum mentium est ibi culpas agnoscere ubi culpa non est, supplicauit humiliter sibi ad cautelam et beneficium absolutionis impendi et dispensationis ianuam aperiri. Nos autem prudentie uestre auctoritate domini pape committimus quatenus si aliquid canonicum non obsistat ad petita prefati R. desiderium admittatis.

LVIII.

De eo qui Credens Percutere Laycum Percutit Clericum.

Episcopo ――――. Fuit propositum coram nobis quod manus quam extendebat in laycum lubrico improuidentie dilapsa in monachum in casum incidit quem non preuidit: super quo siquidem dubium conscientiam premat, petiit prouidentie remedio releuari. Quia uero in talibus nonnunquam animi iudicio statur, et facta intentioni deseruiunt, non reputamus prefatum G. in casu premisso excommunicationis uinculum incurrisse, cum non intenderet illum impetere quem canon priuilegiat sententie promulgate: manus enim deuiatio non condempnat quem intentionis directio non accusat.

LIX.

De eo qui Contra se Excommunicationis Sententiam Promulgavit.

—— presbiteri petitio continebat quod cum idem nimia paupertate grauatus ipsius ecclesie librum furtiue receptum pignori obligasset, ad instantiam populi repetentis eundem in actorem furti excommunicationis sententiam promulgauit et nichilominus se celebrationi inmiscuit diuinorum : quod cum ad notitiam sui archipresbiteri peruenisset interdixit eundem. Sane cum restitutus sit liber ecclesie et propter uiarum pericula sedem apostolicam adire non possit, fuit humiliter postulatum sibi super hiis misericorditer pronideri. Cum igitur nemo seipsum absoluere ualeat uel ligare circumspectioni uestre committimus quatenus si est ita, relaxata circa prefatum N. interdicti sententia et iniuncta ei penitentia salutari, demum si aliud canonicum non obsistat ipsum ad dispensationis gratiam admittatis.

LX.

De eo qui non Confitetur Excommunicationem et Petit Absolvi.

Archiepiscopo Barensi. Inuenimus alterum presbiterum —— archidiaconatus Salpensis[1] presentium portitorem qui non ut oraret sed ut se iustificaret ascendens in templum, id dumtaxat in confessionem deduxit quod manus in episcopum proprium non iniecit, uerum licet ut asserit hoc eidem inpingatur ab emulis, in foro tamen sui arbitrii contra inimicum et defensorem se sane conscientie exceptionem opponit. Verum cum alto et occulto iudicio conscientia reseruetur, et humane aures talia uerba recipiant qualia foris sonant, importune instantie reuertentis dicti non innocentie testes sumus.

---

[1] The suppressed see of Salpi was in the thirteenth century suffragan to the province of Bari.

LXI.

De eo qui Habitus est pro Excommunicato cum non sit.

Episcopo Aquinati. Relationem magistri G. cedula continet presentibus interclusa. Sane narratio facti offensum non continet qua excommunicationis uinculum consueuit incurri. Verum propterea predictus magister pro excommunicato est habitus et sic ad nos remittitur absolutus. Vos autem si placet sic tractetis eundem ut non plus excedat uindicta quam inueniatur in excedente delictum.

LXII

De eo qui Defendendo Seipsum Effudit Sanguinem in Clerico vel Regulari.

Abbati ———. Ex tenore litterarum uestrarum et confessione ——— presentium latoris accepimus quod cum quidam prior socius suus duris uerberibus ipsum affligeret et eius digitum constringeret dentibus ipse dum uim ui legitima defensione repelleret non inferens iniuriam sed propulsans, sanguis e naribus predicti prioris effluxit, propter quod nos prefatum monachum de monasterio amouentes ipsum occasione cuiusdam constitutionis edite contra monachos eiusdem monasterii percussores iuramento firmate, recipere denegatis. Super quo etc. Quia uero non credimus ad illos predictam constitutionem extendi qui seruato moderamine inculpate tutele ad defensionis remedium manus repercussionis opponunt, predictum monachum potestis recipere absque transgressione sic prestiti iuramenti.[1]

LXIII.

De Sententiis Legatorum.

Archiepiscopo Tyrensi. P. capellanus ecclesie Tyrensis transmissa nobis petitione monstrauit quod cum idem ad custodiam

---

[1] With some inconsiderable verbal differences this is a repetition of case 14 of No. XXV.

Sydoniensis ecclesie pastore uacantis fuisset de mandato nostri capituli deputatus uenerabilis pater —— Archiepiscopus Rauennas in transmarinis partibus legationis fungens officio, in ipsum pro eo quod ad mandatum eius equum et quasdam res ipsius ecclesie post resignationem administrationis sue —— decano et —— thesaurario eiusdem ecclesie non donauit excommunicationis sententiam promulgauit. Super quo sibi petiit apostolice sedis misericordia subueniri. Nos autem de speciali mandato domini pape nobis facto per uenerabilem patrem dominum Thomam tituli sancte Sabine presbiterum cardinalem nobis committimus quatenus predictum P. ab excommunicatione huiusmodi iuxta formam ecclesie absoluentes iniungatis ei penitentiam et alia que uideritis expedire.[1]

LXIV.

DE EISDEM ET DE JURAMENTO RELAXATO.

Adgaro Nuncio apostolice sedis in partibus Romanie. —— abbas sancte Marie de Calabrica premonstratensis ordinis lator presentium domino pape proposuit quod cum magister Philippus eiusdem domini clericus sibi apostolica auctoritate mandaret ut tertiam partem prouentuum et aliorum mobilium ecclesie supradicte conferret eidem pro subsidio imperii Romanie, ipse priuilegium libertatis allegans ordini suo ab apostolica sede concessum de quo in rescripto apostolico mentio non fiebat, eius mandato non paruit in hac parte, et cum timeret ne ipsum et ecclesiam suam indebite aggrauaret, presertim cum alii religiosi qui in partibus illis simili priuilegio gaudent huiusmodi mandati uidentur exsortes, cum quibus paratus esset ipsius domini obedire mandatis duxit ad sedem apostolicam appellandum. Ipse uero predicti abbatis appellatione contempta cum iurare coegit inuitum quod infra certum tempus tertiam solueret memoratam: et quia prosecutus est appellationem quam fecerat excommunicationis in eum sententiam promulgauit. Super quibus

---

[1] The Archbishop of Ravenna alluded to in the above was Thierri, who was sent in 1234 by Gregory IX. to the Holy Land as his legate, with full powers (Rubei Hist. Ravennat. p. 407). The cardinal to whom the case was referred was Thomas of Capua, created cardinal priest of S. Sabina by Innocent III. in 1198. He survived till 1243 (Ciacconius, II. 36). He was frequently concerned in the affairs of the archbishops of Ravenna (Rubeus, pp. 389, 392, 398).

sibi petiit apostolice sedis misericordia subueniri. Nos autem de speciali mandato domini pape nobis facto per uenerabilem patrem dominum J. de Columpna tituli sancte Praxedis presbiterum cardinalem,[1] prefatum ———— abbatem ab huiusmodi iuramento et excommunicationis sentencia duximus absoluendum et ad uos remittimus absolutum prouidentes de gratia dispensationis eidem si forsan medio tempore celebrando aliquid irregularitatis incurrit.

LXV.

DE SENTENTIIS JUDICUM PROPTER CONTUMACIAM PROMULGATIS.

Archiepiscopo Remensi. Pro magistro J. subdiacono Remensi fuit propositum coram nobis quod cum olim layci quidam coram ———— officiali uestro de ipso querimoniam detulissent, priusquam ad eum citationis peruenerit edictum parisius adiit in studio moraturus. Sane cum sacerdos suus parochialis ad mandatum ———— officialis eiusdem ipsum absentem citaret in publico nec pro eo aliquis compareret contra eum ut dicitur excommunicationis sententiam promulgauit. Cumque lapsu temporis reuersus ad propria facti cepisset habere notitiam, quibusdam religiosis et discretis uiris cum credentibus et dicentibus predicta sentencia non teneri, sollempniter epistolam legit in missa; demum prudentiorum usus consilio ab executione suorum ordinum abstinuit reuerenter. Verum cum ab huiusmodi excommunicationis sententia sit ut dicitur absolutus et de hiis propter que lata fuerat satisfecerit competenter, petitum est humiliter sibi super aliis de misericordia sedis apostolice prouideri. Nos autem etc. quatenus si est ita iniuncta ei penitentia etc. usque admittatis.

---

[1] This is Giovanni Colonna, created cardinal priest of S. Prassede by Honorius III. in 1216, who survived till 1245 (Ciacconius, II. 58).

The levy alluded to in the above was made in 1238 by Gregory IX. on the churches of Greece for the benefit of the struggling Latin empire of Constantinople—"Philippum clericum pontificium in Græciam misit ut ex omnibus viris ecclesiasticis Patracensis, Corinthiensis, Thebani atque Atheniensis archiepiscopatuum tertiam vectigalium ac bonorum mobilium convertendum colligeret."—Raynald. Annal. ann. 1238 n. 3.

DE EODEM. (2).

Episcopo ———. Fratris Symonis canonici sancti Quintini Beluacensis ordinis sancti Augustini transmissa petitio continebat, quod ipse olim clericus secularis existens, cuidam excommunicato cum suis participantibus communicauit in missa, et cum ex hoc non crederet se teneri ad ordines subdiaconatus et diaconatus accessit in seculo, et in religione ordinem presbiteratus assumpsit et ministrauit nichilominus in eisdem. Super quibus fuit humiliter postulatum etc. Nos autem etc. quatenus prefato S. ab excommunicatione huiusmodi iuxta formam ecclesie absoluto et iniuncta ei penitentia etc. usque admittatis.

DE EODEM. (3).

Episcopo Troianensi. Humili nobis ——— monachi monasterii Turremaioris latores presentium confessione monstrauerunt quod cum G. abbas eorum uillam sancti Seue[rini?] et castrum sancti Andree ad ipsum monasterium pertinentes in manus imperatoris alienare illicite presumpsisset, ipsi metu perterriti ac per abbatem compulsi alienationi huiusmodi consenserunt. Verum cum per nos et collegam uestrum ex delegatione apostolica fuissent postmodum uinculo excommunicationis astricti, ab eodem abbate coacti per subtractionem necessariorum et uictus diuina officia celebrarunt. Super quibus apostolice sedis misericordiam implorarunt, sperantes apud illius uicarium qui cum iratus fuit non obliuiscitur misereri, sibi misericordie ianuam aperiri. Clamauerunt siquidem diu, propulsarunt supplicationibus et lacrimis supplicarunt, sed frequenti eorum instancie frequentem opposuit qualitas offense repulsam, ne facilitas uenie incentiuum tribueret delinquendi. Sane uinci uoluit dominus supplicatione humili cananee discipulorum adiuta suffragiis; uinci uoluit et eius uicarius supplici humilitate peccantium, petitionem eorum nobilium plurium interuentione suffultam ad gratiam exauditionis admittens, presertim cum ipsorum culpa processisse credatur ex iniuria presidentis. Quia uero in archa federis et uirga continebatur et manna, ut dicti ——— post correptionis uirgam absolutionis mannam degustent, ipsos de speciali mandato domini pape ab excommunicatione huiusmodi iuxta formam ecclesie absolutos ad uos duximus remittendos uestre prouidentie committentes quatenus iniuncta eis pro modo culpe penitentia competenti infra claustrum eiusdem monasterii peragenda, et ipsos ad tempus etc. usque obsistat etc. per dispensationis gratiam misericordie ianuam aperiatis eisdem.[1]

DE EODEM. (4).

Judicibus ———. Abbatis sancte Euphemie transmissa petitio continebat quod cum inter ipsum et quendam laycum coram nobis super quibusdam possessionibus ex delegatione apostolica questio uerteretur, et idem laycus obtinuisset in causa, nos in eum excommunicationis sententiam protulistis nisi congrue satisfaceret illi super possessionibus memoratis. Sane licet iuxta uestri tenorem mandati eidem layco satisfecerit competenter, quia tamen dubitat ne notam irregularitatis incurrerit pro eo quod se diuinis immiscuit priusquam per nos esset predicta sententia relaxata, sedis apostolice misericordiam implorauit humiliter supplicans sibi super hiis de ipsius prouidentia subueniri. Nos autem etc. quatenus cum de satisfactione huiusmodi nobis constiterit ipsum a predicta sententia absoluatis et ininncta ei pro culpe modo etc. usque admittatis.

LXVI.

DE SENTENTIIS ORDINARII.

Archiepiscopo Remensi. Henricum de Bosco militem crucesignatum cathalaunensis diocesis profiscentem in terre sancte subsidium de speciali mandato domini pape nobis facto per uenerabilem patrem dominum Thomam tituli sancte Sabine presbiterum cardinalem, ob crucis reuerentiam et ne uotum retardaretur eiusdem, absoluimus ab excommunicationis sententia quam remense capitulum et officialis uester ad instantiam ipsius capituli promulgarunt, pro eo quod ipse cum fratre suo ceperat quendam burgensem P. dominum hierosolimitanum [?] qui de ipsorum iurisdictione consistit, ei ducentas libras prouentus forciarunt, de quibus idem H. lxiii habuit inique subtractis; mandantes eidem sub debito iura-

---

[1] This evidently refers to some incident in the quarrel between the Holy See and Frederic II. In 1239 the Emperor seems to be in possession of the fief of S. Severus or Severinus (Huillard-Bréholles, Hist. Diplom. Frid. II. T. V. p. 515). It had previously been the cause of some trouble to him for which he ordered its defences destroyed (Ib. T. III. p. 197).

menti ut infra duorum mensium spacium postquam redierit de partibus transmarinis predicto burgensi satisfaciat de subtractis. Quod si satisfacere forte contempserit ipsum in excommunicationis uinculum reducatis, facientes eam usque ad satisfactionem condignam inuiolabiliter obseruari.

DE EODEM. (2).

Episcopo Aquinati. A. canonicus Aquinas lator presentium proposuit coram nobis quod cum uos olim ipsum inuitum ac disciplinis[1] scholasticis insistentem, uelletis ad ordinem sacerdotii promoueri, idem ne renocaretur a studio quod inceperat sedem apostolicam appellauit. Verum cum ad nos postmodum litteras apostolicas impetrasset ut eidem studendi licentiam usque ad quinquennium preberetis nec interim ad susceptionem sacerdotalis officii cogeretis eundem, uos tam mandato quam precibus apostolicis obauditis id efficere non curastis. Super quibus apostolice sedis clementiam adiit humiliter supplicans eius sedis prouidentia subueniri. Nos autem de speciali mandato domini pape nobis facto per uenerabilem patrem dominum J. de Columpna tituli sancte Praxedis presbiterum cardinalem, predictum A. ab huiusmodi sententia duximus absoluendum et ad uos remittimus absolutum. Super absolutione sua etc.

DE EODEM. (3).

Episcopo Virdunensi. R. canonicus ecclesie sancti Mauri Antonis castri lator presentium proposuit coram nobis quod cum eadem ecclesia subsit immediate ——— decano et capitulo ecclesie Virdunensis et ——— archidiaconus de Riparia infra fines archidiaconatus sui eam asserens esse sitam, iurisdictioni sui uindicare contenderet, ipse ne indebite molestaretur, eundem ad sedem apostolicam appellauit. Sane cum predictus archidiaconus eius appellatione contempta excommunicationis in eum sententiam promulgasset, ipse de appellationis confisus suffragio in suis ordinibus ministrauit. Unde cum premisse appellationis negotium ad dictos iudices obtinuerit delegari supplicauit super aliis salutari sibi consilio subueniri. Nos autem prudentie uestre etc. quatenus postquam prefatus R. ab excommunicatione huiusmodi absolutus uel denuntiatus fuisset non teneri, iniuncta ei pro culpe modo etc. usque admittatis.

---

[1] Discipulis, MS.

LXVII.

DE SENTENTIA LATA POST APPELLATIONEM.

Priori sancti Laurentii de Spello. Sua nobis G. clericus lator presentium confessione monstrauit quod cum uenerabilis dominus R. sancte Marie in Cosmedin diaconus cardinalis[1] olim rector ducatus Spoleti sibi custodiam rerum monasterii sancti Silvestri Subasii commisisset, postmodum —— Abbas eiusdem monasterii mentionem non faciens de premissis ad —— Camerinensem episcopum et collegas eius contra eum apostolicas litteras impetrauit, qui post appellationem ad sedem apostolicam interiectam excommunicationis in eum sententiam promulgauit, et licet dictus —— administrationis sue reddita ratione per uenerabilem patrem dominum J. de Columpna tituli sancti Praxedis presbiterum cardinalem tunc eiusdem ducatus rectorem ab excommunicatione predicta fuit absolutus iterum tamen petebat absolui. Nos autem de speciali mandato domini pape ab excommunicatione predicta ipsum iterato absoluimus ad cautelam sibi super absolutione sua presentes litteras in testimonium concedentes, presertim cum paratus sit de predictis reddere rationem.

DE EODEM. (2).

Episcopo Tullensi. —— presbiter lator presentium proposuit coram nobis quod cum a nobis in quadam causa pro certo grauamine appellarit, uos ipsius appellatione contempta in eum excommunicationis sententiam promulgastis. Sed idem, tum quia late sententie certitudinem non habebat, tum quia de appellationis confitebat suffragio a sui executione officii non cessauit. Verum postquam ad eius notitiam per litteras nestras sententia predicta peruenit reuerenter abstinuit a diuinis. Sane cum circa ipsum sit per

---

[1] Rainerio Capoccio, created cardinal deacon of S. Maria in Cosmedin by Innocent III. in 1198. He is said to have lived until 1250 or 1251. His legation in the duchy of Spoleto occurred under the pontificate of Gregory IX. (Ciacconius, II. 34). Cardinal Colonna must have been his immediate successor as his government of the duchy was from 1228 to 1231 (Ib. p. 58). Spello is a village near Foligno.

uos huiusmodi sententia relaxata, supplicauit humiliter ut si pro eo quod sicut dictum est celebrauit aliquid irregularitatis incurrit per prouidentiam sedis apostolice tolleretur. Quocirca committimus quatenus si dictis veritas suffragatur ad petita prefati N. desiderium admittatis.

DE EODEM. (3).

Archiepiscopo Terraconensi. —————— prioris latoris presentium relatio continebat quod quidam iudices delegati in ipsum post appellationem ad sedem apostolicam legitime interiectam excommunicationis sententiam promulgarunt, et licet postmodum predicta sententia denunciata fuerit esse nulla et principalis questio apud sedem apostolicam rimata, quia tamen medio tempore in suis ordinibus ministrauit, supplicauit a sede apostolica salutari sibi consilio prouideri. Nos autem etc. usque quatenus si constat sententia ipsa tenuisse predicta [sic] non reputetis prefatum priorem ex huiusmodi administratione teneri; alioquin predicta sententia per eos qui tulerunt legitime relaxata, iniungatis ei penitentiam salutarem et ipsum ad tempus prout expedire uideritis suspensum etc. usque dispensetis.

DE EODEM. (4).

Archiepiscopo Tarantasiensi. Ex parte J. presbiteri uestre diocesis fuit propositum coram nobis quod cum inter ipsum et quendam priorem super reuocatione cuiusdam sententie coram J. eiusque collegis questio uerteretur, idem ex hoc sentiens se grauari quod predicti iudices rescripti copiam denegabant, ad sedem apostolicam appellauit. Cumque in eum nolentem ipsorum parere iudicio excommunicationis sententiam promulgassent. Ipse de appellationis confisus remedio diuina officia celebrauit. Sane cum sicut asseritur sit compositum inter partes et propter parochiam sibi commissam sedem apostolicam adire non possit dispensationis gratiam obtenturus, fuit humiliter postulatum sibi super hiis de ipsius misericordia subueniri. Nos autem etc. quatenus postquam dictus J. a sententia huiusmodi absolutus uel denunciatus fuerit non teneri, iniuncta ei etc. usque obsistat, dispensationis ianuam aperiatis eidem.

LXVIII.

De Monacho Appelante ab Abbate suo.

Abbati sancti Gregorii de Venetiis, ordinis sancti Benedicti. P. monachum uestrum latorem presentium quem post appellationem ad sedem apostolicam interiectam excommunicastis ut asserit pro eo quod quasdam obseruantias iniunctas a uobis preter ordinis instituta seruare nolebat, auctoritate summi pontificis ad nos duximus remittendum ut ipsum secundum formam ecclesie relaxetis, acturi misericorditer cum eodem.

LXIX.

De Abbatissa que Excommunicavit Moniales suas.

Penitentiario Rothomagensi. Ex parte monialium sancti Amandi Rothomagensis[1] fuit propositum coram nobis quod cum ——— abbatissa eiusdem loci in quasdam moniales excommunicationis uerbo sit usa et astrinxerit uinculo iuramenti ne ——— moniali auxilium et consilium impenderent aut fauorem; eedem predicte sorori ne ipsam egestas inclinaret ad turpia manum auxilii porrexerunt. Super quibus sedis apostolice misericordiam implorarunt, humiliter supplicantes ut earum fragilitati super hoc prouidere misericorditer dignaretur. Nos autem considerantes quod licet sexus conditio auctoritatem excommunicandi non habeat, tamen propter transgressionis affectum tam circa mandatum editum quam prestiti iuramenti, predictis monialibus iniungatis penitentiam salutarem, non immemores olei post rigorem.

LXX.

De Committenda Absolutione in Genere pro Monachis.

Etsi de iure possitis monachos uestros absoluere iniicientes manus uiolentas in seipsos, ut tamen salubrius uestre conscientie

---

[1] The abbey of Saint Amand de Rouen was a leading Benedictine nunnery, founded between 1030 and 1040 and existing until the Revolution of 1789. (Fisquet, *op. cit.* Rouen, p. 458).

consulatur, uobis auctoritate domini pape committimus quatenus post mutuam satisfactionem exhibitam sibi ipsis eos iuxta formam ecclesie absoluatis, iniungentes eis penitentiam salutarem.

LXXI.

DE EO QUI VOCATUS AD SINODUM NON VENIT ET EXCOMMUNICATUS ET SUSPENSUS PROPTER HOC CELEBRAVIT.

Episcopo Eduensi. M. presbiter lator presentium nobis humili confessione monstrauit quod idem suspensus a uobis pro eo quod uocatus ad synodum non accessit, ignorantia iuris diuina presumpsit officia celebrare. Super quo humiliter supplicauit apostolice sedis clementia sibi misericorditer subueniri. Nos autem predictum auctoritate domini pape ad uos duximus remittendum uestre prudentie committentes ut competentis satisfactione penitentie temerarie celebrationis culpa purgata et interdicti relaxetis sententiam et si aliud canonicum non obsistat cum eo misericorditer dispensetis.

DE EODEM. (2).

Episcopo Vesprimiensi.[1] Ex tenore litterarum uestrarum accepimus quod J. presbiter, lator presentium, excommunicatus a uobis pro eo quod uocatus ad synodum non accessit per dimidium annum diuina celebrare presumpsit, absolutionis beneficio non obtento, propter quod ipsum ad sedem apostolicam cum uestris litteris transmisistis dispensationis gratiam petiturum. Nos autem prefatum ——— ad uos qui de meritis eius potestis habere notitiam pleniorem duximus remittendum auctoritate summi pontificis uestre prudentie committentes quod predicto J. ab excommunicatione huiusmodi iuxta formam ecclesie absoluto ac iniuncta ei pro culpe modo penitentia competenti, ad tempus uestre discretionis arbitrio limitandum ab excentione officii suspendatis eundem. Demum si eidem et uite meritum et fame testimonium suffragabitur aliudque canonicum etc. usque admittatis.

[1] Veszprém, Hungary.

LXXII.

DE EO QUI EXCOMMUNICATUS ET SUSPENSUS AB ORDINARIO SUO CELEBRAVIT DIVINA.

Archiepiscopo Rothomagensi. F. presbiter lator presentium, qui sicut ex litteris uestris accepimus olim a suo decano suspensus et excommunicatus existens celebrare diuina presumpsit, domino pape humiliter supplicauit ut cum ipso circa quem suspensionis et excommunicationis sententias relaxastis, super irregularitate quam incurrerat dignaretur misericorditer dispensare. Quia uero pulsanti sic decet misericordie ianuam aperiri, quod non soluatur omnino uinculum ecclesiastice discipline, prudentie uestre auctoritate domini pape committimus quatenus prefato pro modo culpe iniuncta penitentia competenti eoque ad tempus etc. usque suspenso. Demum si idem bone uite fuerit et conuersationis honeste, alio canonico non obstante, ipsum admittatis.

LXXIII.

DE EO QUI IGNORAT SENTENTIAM LATAM AB EPISCOPO SUO CONTRA EUM ET CELEBRAT.

Episcopo Mutinensi. ——— diaconus lator presentium humili nobis confessione monstrauit quod cum olim uicarius uester in ipsum auctoritate nostra excommunicationis sententiam promulgasset, ipse antequam ad eius peruenisset notitiam facti nescius in diaconatus officio ministrauit. Verum ne alicuius emuli lingua in ipsum alicuius occasionem detractionis assumat petiit ad cautelam sue innocentie a sedis apostolice prouidentia subueniri. Nos autem prefatum ——— auctoritate domini pape ad uos duximus remittendum uestre prudentie committentes quatenus si est ita huius excommunicationis sententia iuxta formam ecclesie relaxata et iniuncto ei quod fuerit iniungendum ad petita prefati ——— desiderium admittatis.

LXXIV.

DE EXCOMMUNICATIS IN GENERE PROPTER CULPAM SUAM.

Abbati ———. Intelleximus per litteras uestras ad sedem destinatas quod F. et P. monachi uestri a bone memorie predecessore uestro exigentibus culpis suis excommunicationis uinculo innodati, absolutionis beneficio non adepto, in sacerdotali ordine ministrarunt. Verum cum iidem sint a uobis ab excommunicatione ipsa iuxta formam ecclesie absoluti ac iniuncta eis penitentia ab exccutione officii duxeritis suspendendos, sedem pro ipsis humiliter supplicastis ut super exccutione officii cum F. P. et P. [*sic*] qui propter infirmitatem ad apostolicam sedem laborare non possunt dominus papa misericorditer dispensaret. Quia uero irregularibus qui conuersationi publice subtrahuntur in talibus minus scandali consueuit oriri, auctoritate domini pape committimus quatenus predictis F. et P. ad tempus prout expedire uideritis in sui officii suspensione retentis, demum si alias etc. usque admittatis.

LXXV.

DE EO QUI COMMUNICAVIT EXCOMMUNICATIS A DOMINO PAPA, ET PROMOVETUR NON ABSOLUTUS.

Episcopo ———. G. presbiter lator presentium nobis humiliter est confessus quod ipse acolitus olim existens quondam L. Varmatiensi episcopo auctoritate apostolica excommunicationis uinculo innodato,[1] quia cum exercitu hostiliter intrauerat marchiam, adherere presumpsit et aliquandiu mansit in ipso exercitu simili excommunicatione ligato, ut sibi necessaria uite acquireret in eodem non bellatoris gerens officium sed citoris [?], et postmodum iuris ignarus ad omnes sacros ordines est promotus et longo tempore ministrauit in ipsis, absolutionis beneficio non obtento. Tandem ipsius ignorantia per alterius reuelata prudentiam, culpam propriam ex aliena doctrina

---

[1] This is no doubt Lupold von Schönfeldt Bishop of Worms, a bellicose prelate who was excommunicated in 1204 for adhering to Philip of Suabia against Otho IV. He died in 1217 (Schannat, Hist. Episcopatus Wormatiensis, I. 364). The above case is apparently considerably posterior to the latter date.

cognoscens, absolutus a nobis apostolice sedis clementiam adiit, misericordiam petiturus. Quia uero nonnunquam simplicitas coaptat se uenie temperatque rigorem, Nos eundem presbiterum ad uos duximus remittendum auctoritate domini pape uestre prudentie committentes quatenus iniuncta ei etc. usque admittatis.

LXXVI.

De eo qui Celebrat Excommunicatis Presentibus.

Episcopo Noruicensi.[1] Thomas presbiter canonicus Sancte Trinitatis de ——— nobis humili confessione monstrauit quod idem olim ad mandatum cuiusdam inclusi cui de suo sacerdotio seruiebat, quosdam barones excommunicatos in genere pro eo quod illustri regi Anglie rebelles extiterant ad audientiam diuinorum recepit, et iuris ignarus eis presentibus celebrauit. Super quo apostolice sedis clementiam adiit et ad hostium misericordie eius multa pulsauit instantia diu et humiliter supplicans sibi dispensationis ianuam aperiri. Nos autem auctoritate domini pape etc. quatenus considerato quid liceat, quid deceat et quid expediat cum predicto T. de misericordia que superexaltat iudicio, alio non obstante canonico, dispensetis.

DE EODEM. (2).

Episcopo Varadiensi. Ex tenore litterarum uestrarum accepimus quod cum nobilis uir ——— esset, auctoritate uenerabilis patris

---

[1] This is evidently the well-known Legate Pandulph, who was elected bishop of Norwich in 1218, was consecrated in 1222 and died there in 1226. (Le Neve, Fast. Eccles. Anglic. II. 460). He was not a cardinal as frequently erroneously assumed (Ciacconius, I. 1114).

The above case is probably an incident in the disturbances of the opening years of Henry III., when the Legate Guala distributed excommunications with a lavish hand. "Non cessabat legatus comminari, excommunicare, interdicere, sed pro nihilo reputabatur apud illos ejus sententia. Objiciebant non solum illi sed etiam domino Pape quod, muneribus excecatus et cupiditate devictus, supplantaret judicium et quod rectum est perverteret." (Rogeri de Hoveden Contin. ann. 1216, ap. Dom Bouquet, XVIII. 183.) At the capture of Lincoln in 1217 (the Fair of Lincoln as it was called) the churches afforded no asylum to those who had sought refuge there. "Dicebatur hoc ex conscientia factum legati qui in exercitu regio aderat, eo quod clerici civitatis rebelles ei extiterant, et ob hoc et ipsae ecclesiae contaminate et ipsi nihilominus qui ad ecclesiae immunitatem confugerant excommunicati."—(Ibid. ann. 1217, p. 184).

———— episcopi Prenestrini electi,[1] tunc apostolice sedis legati, exigente ipsius contumacia excommunicationis uinculo innodatus, latores presentium eiusdem excommunicationis incerti eo presente celebrauere diuina. Sed postquam late sententie plenam apprehendere notitiam a prefati nobilis communione cessarunt. Verum quia dubii incertum iudicium eorum cordibus scandalum ingerit, supplicarunt humiliter eorum conscientiis misericorditer prouideri. Nos autem ———— prefatis consuete absolutionis remedio prouidentes, ipsos ad uos duximus remittendos auctoritate domini pape uestre prudentie committentes quatenus iniuncta eis etc. usque admittatis, prouiso tamen ut plus contemptus seu malitia quam negligentia puniatur.

LXXVII.

DE EO QUI EXCOMMUNICATUS IN GENERE EST PRO FURTO ET CELEBRAT.

Episcopo ————. D. presbiteri latoris presentium petitio continebat quod quibusdam rebus ab ecclesia quadam furtiue subtractis, a uobis sub quodam generalitatis inuolucro uinculo excommunicationis astrictus, iuris [ignarus] et simplicitate errore laborans non abstinuit a diuinis. Verum cum furtum congrua satisfactione purgauerit et a uobis absolutionis beneficium sit adeptus super presumptione celebrationis huiusmodi sedis apostolice clementiam adiit, supplicans humiliter sibi misericordie ianuam aperiri. Quia uero nonnunquam simplicitas coaptat se uenie, et consueuit interdum ignorantia temperare rigorem, circumspectioni uestre auctoritate domini pape committimus quatenus prefato ———— presbitero pro culpe modo iniuncta penitentia competenti ac eo ad tempus etc. usque admittatis.

DE EODEM. (2).

Episcopo Regñ. Sicut ex litteris uestris accepimus, R. presbiter lator presentium excommunicationem a uobis in illos qui librum

[1] This may possibly be Giacomo de Pecorario, created cardinal bishop of Palestrina by Gregory IX. in 1231, who was sent as papal legate to Hungary (Ughelli Italia Sacra I. 237; Ciacconius, II. 86). Or it may be Stephen Archbishop of Gran who in 1252 or 1253 was raised to the same dignity by Innocent IV. (Ughelli I. 239; Ciacconius II. 131) and performed the functions of legate. He distinguished himself by excommunicating King Bela IV.

quendam furati fuerint generaliter promulgatam incurrit, et ignarus iuris diuina celebrauit officia non solutus. Sane cum circa ipsum per nos fuerit predicte sententie uinculum relaxatum super aliis domino pape humiliter supplicastis ut secum dignaretur misericorditer dispensare. Quocirca discretione uestre etc. quatenus iniuncta ei etc. usque admittatis.

DE EODEM. (3).

Episcopo ———. Ex tenore litterarum uestrarum et confessione B. presbiteri latoris presentium diocesis uestre accepimus quod cum essent in parochia cuiusdam ecclesie in qua ipse presbiter seruiebat quedam furto sublata, persona illius ecclesie omnes illos qui haberent predicta, monitione premissa, excommunicationis laqueo innodauit. Verum cum ad manus ipsius huiusmodi peruenissent idem A. [sic] ea scienter retinens in sacerdotali ordine tanquam simplex et iuris ignarus diuina misteria celebrauit. Qui tamen bis propter hoc apostolorum limina uisitans absolutionis beneficium et dispensationis gratiam instanter et humiliter postulauit. Volentes igitur pulsanti tociens sic misericordie ianuam aperire quod non soluatur omnino uinculum ecclesiastice discipline auctoritate domini pape prouidentie uestre committimus ut ipso secundum formam ecclesie absoluto ab execcutione ordinum suorum ad tempus iuxta uestrum arbitrium limitatum suspendetis eundem, et alias iniuncta ei penitentia competenti, si honeste uite et laudabilis conuersationis etc.

LXXVIII.

DE EO QUI DUBITAT EXCOMMUNICATIONE TENERI CUM NON SIT EXCOMMUNICATUS.

Episcopo Cremonensi. Proposuit coram nobis magister J. canonicus plebis de Supertino lator presentium quod in ——— archipresbiterum et capitulum plebis eiusdem lata fuit excommunicationis sententia pro eo quod clericum ——— ad mandatum apostolicum nolebant recipere in canonicum et in fratrem. Sane licet idem J. non affuisset in huius receptione mandati nec in proposito gereret iussioni apostolice contraire imo prout potuit cum sciuit clericum memoratum recepit, quia tamen ipsius conscientiam dubitationis urgebat aculeus ne predicta sententia ligaretur, cum esset de capitulo unus, postulauit in hoc dubio per absolutionis beneficium ad cautelam sibi de misericordia subueniri. Nos autem de speciali mandato domini pape ne in huiusmodi causa ei cautele deesset remedium predictum J. absoluimus ad cautelam prouidentes de gratia dispensationis eidem si forsan in dubio aliquid irregularitatis incurrit.[1]

---

[1] This case illustrates the vain resistance made by the local churches to the absorption of their benefices by the popes in favor of the creatures of the curia. At this period it was an abuse of recent origin but of constantly increasing proportions. In 1237 Robert Grosseteste, in vigorously remonstrating with the legate, Cardinal Otto, who demanded for an appointee of his own a prebend in the church of Lincoln which had already been filled, points out that another of his best prebends had already been grasped by a nephew of Pope Gregory IX. He admits however the power of the Holy See—"Scio et veraciter scio domini papæ et sanctæ Romanæ ecclesiæ hanc esse potestatem ut de omnibus beneficiis ecclesiasticis libere possit ordinare." Continued battling with such intrusions however hardened Grosseteste's temper and when in 1253 Innocent IV. claimed another prebend in Lincoln for his nephew Frederic, still a child, with a dispensation for non-residence, he rebelled. The pope sent a mandate to Boniface Archbishop of Canterbury to seize the prebend for Frederic and excommunicate any one who should resist, which led to Grosseteste's celebrated letter defying the pope. His reverence for the Holy See, he said, was too great for him to obey an order which was akin to the doings of Antichrist and Lucifer, and he endured philosophically the consequent excommunication until his death shortly afterwards. (Rob. Grossetest Epist. 49, 128, M. R. Series, 144, 432.)

Perhaps he may have been strengthened in this by the spirited protest of St. Louis to Innocent IV. about 1247. In this the king states that this abuse had never been attempted before Innocent III. introduced it: his successors Honorius III. and Gregory IX. had developed it rapidly and now Innocent IV. was multiplying it without stint—"sed omnes prædecessores vestri, ut publice dicitur, non dederunt tot beneficia quot vos solus dedistis isto modico tempore quo rexistis ecclesiam vestram. Et si successor vester in tantum excederet vos in hoc sicut excessistis prædecessores vestros certe ipse conferret communia [omnia] beneficia .... Nunc autem quia contra omne jus præferuntur extranei indigenis et notis præferuntur ignoti, perit servitium Dei in ecclesiis, immo de multis eorum ignoratur utrum unquam nati fuerunt."—Gravam. Eccles. Gallican. (Fascic. Rer. Expetend. Ed. 1690, II. 240.)

It was in vain that St. Louis, finding remonstrance useless, endeavored to put a stop to this by his Pragmatic Sanction of 1268 (Isambert, Anc. Loix Franç. I. 339). The claim was too profitable to the Holy See not to be extended and in 1319 John XXII. boldly assumed to himself the patronage of all the prebends in every collegial church in Latin Christendom (Villani Chronica Lib. XI. c. 20). Papal acquisitiveness however was not satisfied with the prebends but extended itself over all benefices and emoluments of every kind. In 1385 Charles V. declared in an Ordonnance that the cardinals had seized all the preferment in the

LXXIX.

De eo qui Portat res Vetitas Saracenis.

Episcopo Castellanensi. V. et M. presentium portitores qui sicut ex litteris uestris accepimus in Alexandriam cum rebus uetitis nauigarunt, per nobilem uirum ducem Venetorum in reditu lucro priuati, non habent in bonis unde satisfacere ualeant iuxta constitutionem concilii generalis,[1] pro quibus uestra paternitas postulauit

kingdom—benefices, abbeys, priories, orphanages, hospitals etc.—from which they exacted the last penny of revenue and carried it out of the kingdom, leaving the monasteries without monks, the churches without ministers sufficient for divine service, and allowing little or nothing for repairs of the fabrics, so that all were falling into ruin. Wherefore, after deliberating with his lieges, he ordered all these revenues to be seized and applied to the purposes for which they had been bestowed on the Church (Martene et Durand, Thesaurus, I. 1612-16). This may have checked the absorption of the benefices by the cardinals, but if so it only changed the methods of exaction, for in 1415 we find the Parlement of Paris deliberating on the abuse "sur ce que comme ceux qui vouloient estre pourveus à prélatures et dignitez et autres benefices transportoient pecunes et finances, et exigoient les gens du pape si grandes finances tant pour les vacances que aucunement et tellement que l'on disoit que ceux qui pouvoient plus finer de finances avoient plus grandes esperances d'estre pourveus, et en especial que dernierement puis un an à l'occasion de l'evesché de Beauvais vacant avoient esté levez et mis hors de ce royaume plus de trente ou quarante mil escus et ainsi d'autres biens selon leur qualité, en la grande oppression de ce royaume et esclandre de la saincte Eglise" (Preuves des Libertez de l'Eglise Gallicane, Paris, 1651, II. II. 159 . The curia was insatiable however and listened to no remonstrances. The French prelates at the Council of Siena in 1423 complained that all the benefices of the kingdom were sold by the curia so that the churches were ground to the earth and reduced to desolation.—(Jo. de Ragusio Init. et Prosec. Basiliens. Concil. ap. Acta et Monum. Concil. Sæc. XV. I. 32).

Germany was equally afflicted. See the *Articuli de Reformatione* presented to Martin V. in 1418 at Constance by the German Nation (Von der Hardt, I. xxII. p. 1000). In spite of concordats and pragmatic sanctions the abuse continued till the Reformation, as seen in the *Gravamina Germanicæ Nationis* in 1510 and the *Oratio in Comitiis Augustanis* in 1518 (Freher et Struvius, II. 667, 702). That their complaints were not exaggerated is visible in the registers of Leo X. which are full of presentations to benefices throughout Europe, and of pensions assigned to papal officials on churches and religious houses (Hergenröther, Regest. Leon. X. *passim*).

[1] Excommunicamus preterea et anathematizamus illos falsos et impios Christianos qui contra ipsum Christum et populum Christianum Saracenis arma, ferrum et lignamina deferunt galearum: eos etiam qui galeas eis vendunt vel naves, quique in piraticis Saracenorum navibus curam gubernationis exercent, vel in machinis

misericordie sibi ianuam aperiri. Nos autem ipsos ad uos iuxta formam ecclesie absolutos duximus remittendos auctoritate domini pape uestre prudentie committentes quatenus pensatis facultatibus ipsorum faciatis eos satisfacere sub debito iuramenti prestiti prout possunt, supplentes nichilominus facultatum defectum adiectione penitentie salutaris.

LXXX.

DE EXCOMMUNICATO A DELEGATO PROPTER CONTUMACIAM ET EXPIRAT EIUS AUCTORITAS.

Episcopo Veronensi. T. presbiteri monachi sancte Marie de Organ. in Verona latoris presentium petitio continebat quod olim excommunicatus ab Ubaldo canonico Mantuanensi iudice a sede apostolica delegato pro eo duntaxat quod prefixa die non comparuit coram eo, ex ignorantia iuris diuina officia celebrauit. Sane cum sopita sit questio propter quam fuerat ad iudicium euocatus, et predicte delegati auctoritas sicut asserint expirarit, humiliter petiit sibi super hiis ab apostolica sede misericorditer subueniri. Nos autem de speciali mandato domini pape etc. quatenus si est ita prefatum ——— ab huiusmodi sententia iuxta formam ecclesie absoluatis et iniuncta ei pro culpe modo penitentia competenti etc. usque admittatis.

LXXXI.

DE EO QUI EXCOMMUNICATUS FUIT PROPTER VICESIMAM DETENTAM ET DECESSIT ANTEQUAM PERVENIANT AD EUM LITTERE ABSOLUTIONIS.

Episcopo Segobiensi. Olim sicut meminimus M. Jo. clericus Segobiensis a nobis pro absolutione litteras impetrauit, super eo quod

aut quibusdam aliis aliquod eis impendunt consilium vel auxilium in dispendium terræ sanctæ, ipsarum rerum privatione mulctari et capientium servos fore censemus. .... Et talibus gremium non aperiatur ecclesiæ nisi totum quod ex substantia tam damnata perceperint et tantumdem de sua in subsidium predictæ terræ transmiserint ut æquo judicio in quo delinquerint puniantur.—Conc. Lateran. IV. ad calcem (Harduin. VII. 75.—Lib. v. Extra Tit. vi. cap. 17).

Evidently the clause enslaving the transgressor was not expected to be enforced.

cum bone memorie dominus Sabinensis excommunicationis tulisset sententiam in eos qui uicesimam detinerent, ipse ignarus sententie promulgate uicesimam detinuit et ministrauerat non solutus. Verum quia idem M. cessit in fata et de uicesima satisfecit ad plenum priusquam ad eum huiusmodi littere peruenirent, petitum est pro eo de absolutione prouideri post mortem quia non contemptus sed necessitas retardauit in uita. Quia uero talis apud deum creditur non ligatus ut in hoc ecclesie militantis iudicium concordet sententie triumphantis et anima supradicti M. orationibus et aliis consuetis suffragiis non fraudetur prouidentie uestre auctoritate domini pape committimus quatenus ad absolutionem eiusdem iuxta formam canonicam procedatis. Sane cum sicut asseritur aliorum conscientias latens culpa non leserit, sic super premissis discretio uestra prouideat ut sub confessionis sigillo conclusum absolutionis publice apertum in scandalum non perducat.[1]

[1] This case evidently alludes to the twentieth levied on the churches of Christendom in 1240 by Gregory IX. to carry on his quarrel with Frederic II. In that year his legate in France, Giacomo di Pecoraria, Cardinal of Palestrina, summoned a council at Senlis in which he forced the Gallican prelates to accede to it (Ciacconii Vit. Papar. II. 87), but St Louis intervened and relieved them from it. Then a horde of Franciscans was let loose upon the French churches who went around demanding in the name of the pope a seventh, or even a fifth, to be paid within fifteen days, under pain of excommunication and deprivation. The effect of all this, as St. Louis declared to Innocent IV., was to develop among all ranks so great a hatred for the Holy See that only the royal power kept them in the Roman obedience—"Non solum moventur super his dominus rex et magnates sed etiam generaliter omne regnum motum est et turbatum usque adeo quod devotio illa quam solebant habere ad Romanam ecclesiam jam quasi penitus est extincta, et non solum extincta sed conversa in odium vehemens et rancorem vehementem. Et si sciretis quid quasi jam sentiunt homines et quid dicunt et quomodo scandalizantur vos certe doleretis, et dolendum est omnibus Christianis et valde timendum ne istud odium quod conceptum est contra vos et [in] cordibus hominum fere omnium possit parere aliquod grande monstrum. . . . Nam de laicis non est dubium quod ipsi non obediant ecclesiae nisi quantum hoc faciunt timore regiae potestatis. De clericis vero scit Deus, et sciunt homines multi quo animo ipsi sustinent jugum istud."—(Gravam. Eccles. Gallican. (Fascic. Rer. Expetend. Ed. 1690, II. 238–41.)

St. Louis endeavored to put an end to this by Art. 5 of the Pragmatic Sanction of 1268 (Isambert, op. cit. I. 340), but the only effect of the royal intervention was eventually to force a division of the spoils between pope and king, and the Church continued to be relieved of its superfluous wealth by both.

LXXXII.

De Incendiariis.

Episcopo ——. Humili nobis —— presbiter lator presentium confessione monstrauit quod cuiusdam parochiani sui molestiis accensus ad iram domum molestatoris incendit, et uento flamma diffusa de propinquo incendio domus est uicina succensa. Licet enim incendiarii de consuetudine terre uinculo sint excommunicationis astricti, ipse tamen miscuit se diuinis, ne abstinentia diuinorum excessum proferret in publicum quem retinebat presumptio in occulto, et sic dum exteriori obsequi uoluit interiorem uidetur hominem persecutus. Nunc autem ad utriusque hominis salutem intendens ut asserit, supplicauit utique medelam, ut utrumque dispensatio releuet, et alterutrum desperatio non confundat. Quia uero et factum et facti circumstantias circumspectio uestra melius comprehendere poterit eum ad nos iuxta formam ecclesie remittimus absolutum auctoritate domini pape nostre prudentie committentes quatenus post congruam satisfactionem dampnorum et penitentiam competentem ipsum si ei uite meritum et fame testimonium suffragabitur aliudque canonicum non obsistat ad dispensationis gratiam admittatis; quod si forte de dampnis non satisfecerit ut tenetur, eundem in excommunicationis uinculum reducatis.

LXXXIII.

De Concubinariis Excommunicatis a Legatis.

Episcopo ——. —— presbitero accepimus intimante quod cum bone memorie dominus Guala tituli sancti Martini presbiter cardinalis in partibus gallicanis legationis fungens officio in concubinarios presbiteros excommunicationis sententiam promulgasset, idem tunc temporis in huiusmodi lubricum carnis est lapsus et ignarus sententie promulgate non abstinuit a diuinis. Cum autem casus eiusdem ad uestram notitiam peruenisset, ipsum a sui executione officii suspendistis. Verum cum idem ad frugem melioris uite conuersus continentie cingulo strinxerit lumbos suos, supplicasti summo pontifici ut cum eo super hiis misericorditer agere dignaretur. Nos autem sic uolentes misericordie ianuam aperiri quod non soluatur omnino uinculum ecclesiastice discipline committimus quatenus prefatum ——— ab eiusdem legati sententia iuxta formam ecclesie absolutus et iniuncta ei pro culpe modo penitentia competenti, eoque ad tempus prout expedire uideritis in sui officii suspensione retento, demum sufficienti ab eo cautione recepta quod in sua uel aliena domo non teneat de cetero concubinam, cum future uite meritum culpam preterite redimat, alio canonico non obstante, ipsum ad dispensationis gratiam admittatis.[1]

---

[1] Giacomo Guala de Becaria was created cardinal deacon of S. Maria in Porticu by Innocent III. in 1198, and subsequently cardinal priest of SS. Sylvester and Martin. We have seen him busy in English affairs as legate in 1217. He died under the pontificate of Gregory IX. after 1227 (Ciacconius, II. 25). He was sent by Innocent as legate to France in 1208 to aid in repressing the Cathari, and while there issued the constitution against the concubinary clergy which long continued to be cited against them. It is in Hardouin, T. VI. P. II p. 1975. It is worthy of note that the above case, occurring after the death of Guala, must have slumbered for more than twenty years before the offender sought dispensation and absolution. Curiously enough, moreover, there is no mention in the brief of a faculty conferred in 1212 by Innocent III. on all the French bishops to grant absolution and dispensation in such cases, only reserving for papal dispensation those whose public immorality had been especially scandalous (Innoc. PP. III. Regest. Lib. xv. Ep. cxiii.). There is significance in the fact that the whole legislation is directed, not against simple lapses of the flesh, but only against the permanent connection of concubinage. This is seen in the security required of the offender, which does not bind him to observe chastity. The distinction is clearly defined in some of the following cases, which show how offenders availed themselves of it to escape the penalties decreed against concubinarians.

In 1259 Alexander IV. stimulated the prelates of Christendom to more earnest effort to repress this universal vice and promised that in such cases their labors should not be nullified by the customary device of appeals to Rome and that all papal letters restoring culprits should specify the character of guilt—"Ad inquirendos aut ad puniendos subditorum vestrorum excessus et maxime incontinentiæ fœditatis in clericis, præsertim concubinariis manifestis qui odorem fœtere faciunt domus Dei, tanto ferventius assurgatis quanto damnabilius præteriretis eorum contagia incorrecta. Verum ut adversus concubinarios hujusmodi officii nostri debitum tam auctoritate nostra quam vestra liberius exequi valeatis, nos predecessorum nostrorum attendentes vestigia et plenius exprimentes super hoc processus vestras per appellationis objectum nolumus aliquatenus impediri. Si vero hujusmodi concubinarii, quorum culpas contigerit canonica districtione feriri, super appellatione aut absolutione vel restitutione sua litteras apostolicas reportarint, illas nisi forsitan in eis appellationis aut excommunicationis seu amotionis suæ hujusmodi causam expresserint manifeste, decernimus nullius esse momenti; sed

DE EODEM. (2).

Decano Ebroicensi. ——— diaconi latoris presentium petitio continebat quod cum bone memorie dominus G[uala] in partibus gallicanis legationis fungens officio in concubinarios clericos excommunicationis sententiam generaliter promulgasset, idem mulierem quandam aliquando in aliena domo et aliquando in propria domo per aliquot dies retinuit, in quibus carnis lubricum non uitauit. Verum cum per hoc illam non crederet concubinam non opinabatur predicte sententie uinculum incurrisse, et conscientie sue huiusmodi credulitate blanditus ad ordines sacros accessit et ministrauit in ipsis absolutionis beneficio non obtento. Super quo supplicauit etc. Nos autem prefatum ——— ab huiusmodi sententia iuxta formam ecclesie absolutum ad uos duximus remittendum etc. quatenus iniuncta ei etc. usque admittatis.

DE EODEM. (3).

Episcopo Palentino. Litteras quas pro G. diacono latore presentium ad sedem apostolicam destinastis et confessionem ipsius scriptam nobis mittimus presentibus interclusas auctoritate domini pape uestre prudentie committentes quatenus si mulierem ipse pro concubina retinuit de qua fecistis in uestris litteris mentionem eundem a sententia in concubinarios clericos promulgata iuxta formam ecclesie absolutum et iniuncta sibi penitentia etc. usque dispensetis. Si uero matrimoniali copula sint coniuncti super hoc ordinario iure poteritis prosequi debitum officii pastoralis.

LXXXIV.

DE SENTENTIA ORDINARII CONTRA CONCUBINARIOS.

Episcopo Vlixibonensi. F. subdiaconus lator presentium proposuit coram nobis quod cum uos olim in concubinarios cleri-

eis vel processibus per eas habitis nequaquam obstantibus, censura vestre animadversionis in tales inviolabilem obtineat firmitatem."—Dalham Concil. Salisburgens. p. 104.

A sufficiently humiliating confession that the Roman curia was substantially the chief source of corruption throughout the Church! The present cases in fact show how readily absolution and dispensation could be obtained.

cos uestre diocesis excommunicationis sententiam tulissetis idem mulierem quandam quando in domo propria quando in domo patris eiusdem retinuit carnis lubricum non declinans. Verum cum ei concubine nomen non dederit eo quod non continue ipsam in domo propria retinebat predicte sentencie non credebat uinculum incurrisse, et conscientie sue huiusmodi credulitate blanditus diuina celebrauit officia non solutus. Super quo supplicauit humiliter sibi apostolice sedis prouidentia subueniri. Nos autem etc. quatenus predicta sentencia iuxta formam ecclesie relaxata ac iniuncta ei etc. demum sufficienti ab eo etc. usque admittatis.

DE EODEM. (2).

Episcopo Cabilonensi. ———— presbiter lator presentium humili nobis confessione monstrauit quod cum uos olim in presbiteros uestre diocesis habentes in domibus propriis concubinas excommunicationis sententiam tulissetis idem quandam quam per septennium ante dimiserat per quatuor dies in propria domo retinuit, in quibus carnis lubricum non uitauit. Verum cum ei nomen etc. usque non solutus. Super quo supplicauit etc. Nos autem etc. quatenus prefato ———— ab huiusmodi sententia iuxta formam ecclesie absolutus et iniuncto ei quod talibus consueuit iniungi, ipse si presentis uite meritum culpam preterite redimet aliudque canonicum non obsistat, ad dispensationis gratiam admittatis.

LXXXV.

DE EO QUI RESUMPSIT CONCUBINAM QUAM ABIURAVIT.

Episcopo ————. Lator presentium humili nobis confessione monstrauit quod ipse olim, post sententiam bone memorie domini G[uale] in concubinarios promulgatam, concubinam quam abiurauit ad thorum illicite commixtionis admisit, et ignarus iuris diuina celebrauit officia non solutus. Sane cum circa ipsum sit predicte sentencie uinculum iuxta formam ecclesie relaxatum et ad frugem melioris uite conuersus continentie cingulo astrinxerit lumbos suos, humiliter petiit secum super irregularitate contracta misericorditer dispensari. Nos autem etc. quatenus iniuncta ei pro culpe modo penitentia competenti eoque ad tempus etc. usque suspenso. Demum sufficienti ab eo etc. usque admittatis, prouiso prudenter ut dispensatio credita sic releuet penitentiam quod etsi laxet non tamen rumpat neruum ecclesiastice discipline; uel sic prouiso ut prout intentio culpam exaggerat, exasperet disciplina uindictam et dispensatio credita etc.

LXXXVI.

De eo qui fuit Suspensus Perpetuo Propter Concubinam et est Restitutus.

V. Trasiluano episcopo. R. presbiter lator presentium proposuit coram nobis quod cum olim ——— archidiaconus suus ipsum falso de incontinentie uitio coram uenerabilem patrem ——— episcopo Prenestino apostolice sedis legato in partibus Ungarie detulisset, idem episcopus archidiaconi delationi simpliciter credens, nulla inquisitione premissa, ipsum perpetuo ab officio beneficioque suspendit. Tandem cum per quosdam de fratribus ordinis predicatorum de ipsius uite meritis inquisitum fuisset et profecto liqueret predictum archidiaconum contra eum perperam processisse, duobus connuentibus testimonium perhibentibus pro eodem, memoratus legatus dictam suspensionis sententiam relaxauit, et licet super relaxatione huiusmodi suas ei litteras concessisset nichilominus tamen eodem archidiacono confringente litteras ipsas preter legati conscientiam processisse executionem officii interdixistis eidem. Super quibus apostolice sedis clementiam adiit petens etc. Nos autem de speciali mandato domini pape etc. quatenus si est ita penam quam culpa non meruit uestra prouidentia releuet, ne innocentie puritas malitie contacto succumbat.

LXXXVII.

De eo qui Retinuit Concubinam quam Abiurauit non ad Lubricum Carnis.

Episcopo Taruisino. Ex litteris uestris et confessione ——— presbiteri latoris presentium accepimus quod cum prolata esset a uobis in concubinarios clericos et cohabitantes illas quas pro concubinis habuerant sententia generalis, ipse destitutus seruitutis obsequio quandam quam abiurauerat ad domestici familiaritatem obsequii non ad usum carnalis commixtionis admisit, diuina postmodum minus prouide celebrans non solutus. Super quo etc. Nos autem etc. usque admittatis.

LXXXVIII.

De eo qui Confitetur Aliud quam Contineant Littere Impetrate.

Episcopo Niuernensi. Recepimus litteras quas abbas sancti Martini Niuernensis ordinis sancti Augustini pro R. eiusdem loci canonico ad sedem apostolicam destinauit. Verum quia eius confessio huiusmodi litteris uidetur esse contraria predictum R. cum eisdem litteris et confessione sua nostro inclusis sigillo ad uos duximus remittendum auctoritate domini pape nestre prudentie committentes quatenus si relationi eiusdem confessionis ueritas suffragatur iniuncta ei penitentia etc. eoque ad tempus etc. usque admittatis.

De eodem. (2).

Episcopo ———. Litteras uestras presentibus interclusas pro ——— latore presentium recepimus eiusque confessionem audiuimus diligenter. Verum quia ipsius confessio non exprimebat casum quem litterarum series pretendebat, alium tamen expressit nobis propter quem ipsum non credimus irregularitatis impedimento teneri.

LXXXIX.

De eo qui per Falsos Testes est Conuictus.

Episcopo Ripensi. Ex tenore litterarum uestrarum accepimus quod cum presbiter lator presentium de morte cuiusdam hominis infamatus, indicta sibi purgatione defecit, ac quidam coram uobis iurantes ipsum peccati homicidii reum esse uos eundem sententialiter officio beneficioque priuatum ad sedem apostolicam destinastis super eo consilium petiturum, quod de predicto crimine recipere penitentiam recusabat. Verum cum ipsius presbiteri confessio contraria uestris litteris uideatur eo quod dicit se illorum testimonio condempnatum qui ipsum odio persecuntur antiquo, quos uos, suis compurgatoriis ydoneis non admissis, contra ipsum tanquam compurgatores sicut uobis placuit induxistis, ac se asserat obiecti criminis lesam conscientiam non habere. Super etc. Nos igitur etc. usque remittimus, ut si relationi confessionis eius ueritas suffragatur, per uos reuocato prudenter iniusto illato grauamine pena penitentiaria non prematur quem secura conscientia non accusat.

XC.

De eo qui Celebrat in Ecclesia Interdicta.

Episcopo Wigornensi. Pro magistro R. de ——— fuit propositum coram nobis quod cum ecclesia quedam post appellationem ex causa probabili ad apostolicam sedem emissam esset ecclesiastico supposita interdicto, idem magister euangelium legit in ipsa. Super quo petitum est humiliter sibi de prouidentia sedis apostolice subueniri. Nos autem auctoritate domini pape etc. quatenus ininncta ei etc. usque obsistat, dispensationis gratiam aperiatis eidem.

XCI.

De eo qui Violat Apostolicum Interdictum.

Archiepiscopo Bracarensi. Transmissa nobis ——— prioris sancti Bartholomei de Colimbria petitio continebat quod cum eo tempore quo uiolauerat interdictum positum in locis ad que Rex Portugalensis ueniret[1], sua beneficia percepisset, et uos auctoritate apostolica mandassetis huiusmodi uiolatoribus interdicti quod infra certum tempus beneficia restituerent sic percepta, in transgressores mandati excommunicationis sententia nichilominus promulgata. Idem, restitutis quibusdam et beneficio absolutionis

---

[1] Sancho II. of Portugal was excommunicated by Gregory IX. in 1238 (Raynald. Annal. ann. 1238 n. 48). The next case refers to the same events: Sancho endeavored to prevent the bishop elect of Lisbon from occupying his see and treated him with much harshness. (Ibid. n. 50).

obtento, quedam minuta ultra prefixum tempus retinuit, et ante absolutionem obtentam in suis ordinibus ministrauit. Super quibus humiliter petiit etc. Nos autem etc. quatenus postquam idem ―――― prior competenter satisfecerit de retentis et absolutus fuerit a sententia memorata, iniuncta ei pro culpe modo penitentia competenti etc. usque expedire uideritis et ecclesiasticam decuerit honestatem.

DE EODEM. (2).

Vicario Vlixbonensi. S. Pel. de Abuil. presbiter lator presentium humili nobis confessione monstrauit quod cum olim occasione controuersie que inter ―――― Regem Portugalensem et bone memorie Vlixbonensem episcopum uertebatur, loca ad que Rex idem accederet per uenerabilem patrem Auriensem episcopum eiusque collegas auctoritate apostolica essent supposita interdicto, ipse temeritate propria ipso Rege presente diuina non diuine presumpsit officia celebrare. Verum cum iam per plures annos cessauerat a diuinis et confractus senio ac multis laboribus fatigatus duxerit ad sedem apostolicam laborandum instanter et humiliter supplicauit sibi super premissis per dispensationis gratiam misericordie ianuam aperiri. Nos autem senectuti ac paupertati compatiens ipsius predictum S. ad nos cum Vlixbonensis uacet ecclesia duximus remittendum de speciali mandato domini pape nestre prudentie committitentes quatenus iniuncta ei pro culpe modo penitentia competenti eoque ad tempus prout expedire uideritis in sui officii suspensione retento, demum etc. usque uideritis et ecclesiasticam decuerit honestatem.

XCII.

DE PRELATIS QUI CONCEDUNT LITTERAS SUAS DE MUTUO CONTRAHENDO.

Episcopo Abrincensi. Ex parte ―――― abbatis sancti Michaelis de periculo maris fuit propositum coram nobis quod ipse olim nobili uiro Fulconi Paganello crucesignato litteras sub sigillo suo de mutuo contrahendo concessit, sufficienti ab eo cautione recepta quod et litteras ipsas redderet ei ac de mutuo dampnis et expensis, si quas incurreret, eius monasterium conseruaret indempne, et nichilominus ignarus constitutionis edite coram [contra] tales in officio suo postmodum ministrauit. Sane cum sit satisfactum de mutuo et eidem predicte sint littere restitute, fuit humiliter postulatum sibi super irregularitate contracta misericordia sedis apostolice subueniri. Nos autem prouidentie uestre etc. quatenus si est ita prefatum abbatem a sententia quam ex premissis incurrit iuxta formam ecclesie absoluatis et iniuncta ei pro culpe modo penitentia competenti ac eo ad tempus prout expedire uideretis a sui officii executione suspenso, demum si aliud canonicum non obsistat ad dispensationis gratiam admittatis.

DE EODEM. (2).

A. priori predicatorum carnotensium. ——— Abbatis de Josaphat ordinis S. Benedicti carnotensis diocesis petitio continebat quod ipse quibusdam nobilibus monasterium suum illesum promittentibus conseruare concessit litteras ad mutuum contrahendum timore potius quam amore, et ignarus constitutionis edite contra tales aliquos recepit in monachos, quibusdam munus benedictionis impendit, aliquibus clericis beneficia contulit, ac in suis ordinibus ministrauit. Sed statim cum noticia constitutionis peruenit ad eum a predictorum executione cessauit. Super quibus etc. Nos igitur etc. usque quatenus iniuncta predicto abbati penitentia et eo ad tempus etc. usque tandem cum cessate fuerint littere, mutuo persoluto, ipsum si aliud canonicum non obsistat prout melius conuenit expedire ad dispensationis gratiam admittatis.[1]

XCIII.

DE ABSOLUTIONIS BENEFICIO PRELATIS IMPENSO AD CAUTELAM.

Archiepiscopo Rothomagensi. Venerabilis patris ——— episcopi Sagiensi confessio continebat quod ——— de ——— presbiterum

---

[1] Of the numerous constitutions against usury in all its forms issued by the Church I cannot identify any one especially as referred to in the above cases. It seems probable however that the Decretals of Gregory IX. collected by Ramon de Peñafort in 1234, in which Lib. v. Tit. xix. is devoted to this subject, may have drawn fresh attention to the prohibitions and their penalties and thus have caused the scruples of conscience of these worthy abbots.

sue diocesis uinculo excommunicationis astrictum, ipsius contumacia exigente, manu layca fecit in compedibus detineri donec de stando mandato ecclesie prestitit cautionem, et —— presbitero uicario ecclesie de —— inhibuit quod non sine licentia ipsius episcopi domum exiret nisi prius conquerenti aduersario responderet. Verum licet in his se crederet ut dicebat officii sui debitum prosecutum, quia tamen zeli feruor interdum metam in talibus omnimode temperantie non obseruat, ne conscientiam stimulus dubitationis urgeret, in hoc dubio per absolutionis beneficium ad cautelam sibi petiit prouideri. Nos autem de speciali domini pape licentia ne in hoc ei cautele deesset remedium desiderio satisfecimus petitoris, iniungentes eidem ut iuxta correctionis excessum passis iniuriam satisfaciat sicut debet.

XCIV.

SUPER EODEM PRO ABSENTIBUS.

Episcopo ——. Venerabilis patris Tarantasiensis archiepiscopi transmissa petitio continebat quod cum quidam canonicus regularis minister domus sue esset de periurio ac exactione conuictus et incorrigibilis haberetur capi iussit eundem et tamdiu detineri donec per ipsum ac suos de dampnis iam illatis in preterito indemnitate[2] dampnorum in posterum sibi et ecclesie sue sufficienti extitit cautione prouisum. Verum licet in hiis se crederet etc. usque prouideri. Nos autem etc. quatenus ne in hoc ei cautele desit remedium, satisfaciatis desiderio petitoris iniungentes eidem etc. usque sicut debet.

DE EODEM. (2).

Archiepiscopo Tarantasiensi [Tarraconensi?]. Venerabilis patris episcopi Gerundensis transmissa petitio continebat quod cum quidam clerici sue diocesis arma de nocte portantes multa commississent enormia et canonice moniti ab huiusmodi non cessarent, ipse ut quos Dei timor non reuocabit a malo arceret seueritas discipline, quosdam ex ipsis carcerali fecit custodie mancipari. Verum licet in hiis se crederet etc. ut supra.

[1] Idemtitate, MS.

XCV.

Super Eodem pro Magistris Absentibus.

Episcopo ———. Pro magistro ——— fuit propositum coram nobis quod in excedentium correctione clericorum scolarium metuit ne moderamen interdum correctionis excesserit, eo quod nonnumquam in talibus dum discipline zelus intenditur meta temperantie non seruatur. Unde ne conscientiam dubitationis scrupulus urgeat, in hoc dubio per absolutionis beneficium ad cautelam sibi petiit prouideri. Nos autem etc. quatenus ne in hoc prefato ——— desit cautele remedium, prudentia uestra absolutionis beneficio desiderio satisfaciat petitoris, et iniungentes eidem ut iuxta correctionis excessum satisfaciat competenter.

XCVI.

Super Eodem pro Presentibus.

Cum H. et J. canonici passauienses et ——— et ——— plebani passauiensis diocesis contra eorum episcopum super quibusdam criminibus inquisitionem fieri postularent, ——— canonicus regularis eius episcopi procurator quasdam nomine ipsius episcopi confectas ostendit litteras continentes quod prefatus episcopus nominatim in ipsos et quosdam eorum fautores propter inobedientiam et rebellionem et alios eorum enormes excessus in litteris eisdem nequaquam ex premissis [expressis?] excommunicationis sententiam promulgauit. Ostendit quoque litteras Ratisponensis episcopi et eius coniudicis qui auctoritate apostolica sententiam confirmarant eandem; et licet predicta sententia uideretur domino pape et fratribus esse nulla, Nos tamen de speciali domini pape mandato nobis facto per uenerabilem patrem dominum P. albanensem episcopum a domino papa concessum partibus auditorem, recepta iuratoria cautione ab ipsis ut si constiterit quod rite dicta sententia lata fuerit satisfaciant super hiis eidem episcopo pro quibus extitit promulgatam, predictos ab excommunicatione predicta et aliis excommunicationibus ab eodem episcopo promulgatis iuxta formam ecclesie absoluimus ad cautelam, licet protestati fuissent quod non essent ullatenus excommunicationis uinculo innodati. Super absolutionem ipsorum presentes litteras etc.

DE EODEM. (2).

Cum inter G. electum patrem priorem sancti Petri, Magistrum J. et quosdam alios monachos monasterii sancti Facundi ex parte una, et B. et eius fautores ex parte alia super diuersis electionibus in eodem monasterio celebratis coram domino papa questio uerteretur, et prefatus pater et pars eius alteri parti excommunicationem obiecerent ne per obiectiones et exceptiones huiusmodi posset ordinatio impediri, Nos de speciali domini pape mandato nobis per uenerabilem patrem dominum ——— episcopum Albanensem facto, predictos electum ——— priorem sancti Petri et ——— et ——— monachos dicti monasterii ab omnibus obiectis excommunicationibus et aliis si aliquibus tenebantur astricti iuxta formam ecclesie absoluimus ad cautelam.

XCVII.

SUPER EODEM ET DE SENTENTIIS LATIS POST APPELLATIONEM AD SEDEM APOSTOLICAM.

Judicibus ———. Nouerit discretio uestra quod nos de speciali mandato domini pape facto nobis per uenerabilem patrem dominum Sabinensem, Wilhelmum de ——— et socios eius latores presentium ab excommunicationis sententiis quas aduersarius eorum contra ipsos obiecit, et ab omnibus aliis si que late fuerunt in ipsos post controuersiam motam et appellationem ad summum pontificem interiectam et iter attemptum ad sedem apostolicam ueniendi absoluimus ad cautelam, et ad nos remittimus absolutos mandantes eisdem sub debito prestiti iuramenti ut de hiis pro quibus eosdem constiterit legitime fuisse ligatos satisfaciant competenter. Ceterum si ut premissum est satisfacere forte contempserint ipsos in excommunicationis uinculum reducatis.

DE EODEM. (2).

Decano ——— scolastico Coloniensis et ——— scolastico Xanthonensis Coloniensis diocesis. Nouerit discretio uestra quod nos, de speciali mandato domini pape nobis facto per uenerabilem patrem dominum Sabinensem, Contherum monachum sancti Laurentii Leodiensis latorem presentium negotium reformationis eiusdem monasterii prosequentem absoluimus ad cautelam ab excommunicationis sententiis quos F. maioris ecclesie et P. sancte Marie canonici Treverenses iudices delegati tulerunt in ipsum, et ad uos quibus de persona abbatis monasterii supradicti inquisitio est commissa remittimus absolutum, mandantes eis [ei] sub debito prestiti iuramenti ut de hiis pro quibus eundem ――― a predictis indicibus excommunicatum legitime fuisse constiterit satisfaciat competenter. Ceterum si satisfacere forte contempserit etc. ut supra.

XCVIII.

DE ABSOLUTIONE IMPENSA IN ARTICULO MORTIS SUPER SENTENTIA CANONIS ET ORDINARII.

Episcopo Caturcensi. Ad notitiam uestram presentium tenore perferrimus quod cum S. bodis rector esset de Papia nestre diocesis in egritudinis lecto mortis crederet imminere periculum. Nos quod necessitas ut pretendebatur exigebat remedium non nidimus denegandum, sic de absolutionis beneficio prouidentes eidem quod sub debito prestiti iuramenti precipimus ut super hiis propter que excommunicatus extiterat excommunicantis mandato pareret, per uos in excommunicationis sententiam si mandatum contempserit reducendus.

XCIX.

DE PROMOTIS CONTRA RITUM ROMANE ECCLESIE.

Archiepiscopo Antiuarensi. Auditis que Dirinastensis episcopus circa inordinatam ordinationem ――― abbatis et xxv. monachorum monasterii sancti Johannis de Riuastro imprudenter et inreuerenter obmisit prouidentie uestre de speciali mandato domini pape committimus ut iuxta modum culpe iniungatis ――― abbati et monachis supradictis penitentiam salutarem. Demum si eis et uite meritum et fame testimonium suffragabitur et scandalum nullum immineat faciatis eos denuo secundum formam quam sacrosancta Romana tenet ecclesia per dispensationis gratiam ad illos ordines promoueri in quibus memoratus episcopus ritum et ordinem generalis ecclesie non seruauit.

DE EODEM. (2).

Archidiacono Durrhachii. Super inordinata ordinatione G. presbiteri et aliorum xiii. clericorum litteras recepimus quas misistis. Sane dum non quid rigor sed quid misericordia patiatur attendimus, prudentie nestre auctoritate domini pape committimus quatenus prefato ——— presbitero et aliis xiii. iniuncta penitentia competenti ac ipsis ad tempus prout expedire uideretis a suorum ordinum executione suspensis etc. usque admittatis. Ceterum ne talis abusus transeat in exemplum clericis nestre cure commissis inhibeatis expresse illos episcopos adeant qui ritum sedis apostolice in collatione ordinum non obseruant.

DE EODEM. (3).

Archidiacono Durrhachii. Ex tenore litterarum nestrarum et confessione A. presbiteri latoris presentium accepimus quod ipse a quodam episcopo greco tunc diocesano suo ad omnes ordines more grecorum, obmissa inunctione manuum, est promotus, ac cum calice ligneo semel missarum solempnia celebrauit. Verum cum desideret cum latinis ad quos se transtulit iuxta ritum ecclesie Romane domino famulari, apostolice sedis clementiam adiit, supplicans sibi super premissis misericorditer prouideri. Nos igitur etc. usque quatenus iniuncta sibi penitentia etc. usque tandem si ei uite meritum ac fame testimonium suffragatur, alio canonico non obstante, per diocesis episcopum et manuum unctionem statuto tempore faciatis in eum rite suppleri quod fuit circa ipsum imprudenter obmissum, ac cum ipso misericorditer dispensetis.

C.

DE PROMOTIS PER SALTUM.

Episcopo Pampilonensi. M. subdiaconus lator presentium humile nobis confessione monstrauit quod ipse olim duos minores ordines tantum habens postmissis duobus aliis per iuris ignorantiam se fecit ad subdiaconatus ordinem promoueri, ministrans multotiens in eisdem [sic]. Super quo sibi petiit etc. Nos autem etc. quatenus iniuncta ei pro modo culpe penitentia competenti, eoque ad tempus etc. usque suspenso. Demum si bone uite fuerit et conuersationis honeste conferatis sibi ordines pretermissos, permittentes ipsum in suis ordinibus libere ministrare et ad altiores ascendere si ei aliud non obuiet de canonicis institutis.

DE EODEM. (2).

Archiepiscopo ———. L. diaconus lator presentium nestre diocesis humili nobis confessione monstrauit quod idem olim in minoribus ordinibus constitutus ad diaconatum [diocesim] Lauretanam se transferens cum episcopus in Lauretum uellet ordines celebrare, per quendam castellanum ut eum promoueret in subdiaconum sibi extitit presentatus, qui simplicitate potius quam industria se cum illis miscuit qui erant ad diaconatus ordinem promouendi, et sic pretermisso subdiaconatus ordine in diaconem fuit promotus, et ministrauit in ipso. Super quo sedis apostolice adiit clementiam petens sibi dispensationis ianuam aperiri. Nos igitur auctoritate domini pape nobis committimus quatenus si est ita iniuncta sibi penitentia competenti et eo ad tempus prout expedire uideritis a sic suscepti ordinis executione suspenso, post si ei alias uite meritum et fame testimonium suffragatur aliudque canonicum non obsistat, collato sibi rite ordine pretermisso eundem ad dispensationem gratiam admittatis.

DE EODEM. (3).

Episcopo ———. Subdiaconus lator presentium sua nobis confessione monstrauit quod ipse olim clericus tum existens minoribus ordinibus pretermissis se fecit per saltum ad subdiaconatus ordinem promoueri. Super quo sedis apostolice clementiam adiit humiliter supplicans eius sibi misericordia subueniri. Nos autem etc. quatenus iniuncta ei etc. usque suspenso. Demum si eidem etc. usque non obstante, super receptione ordinum obmissorum et aliorum executione maiorum cum ipso prout expedire uideretis misericorditer dispensetis.

CI.

De eo qui non Recordatur Utrum Receperit Ordines.

Vicario Pampilonensi. Ex litteris nostris et confessione M. presbiteri latoris presentium diaconi [diocesis] Pampilonensis accepimus quod non recolens se minores ordines accepisse, credens tamen uerbo patris dicentis quod eum ad ipsos fecerat promoueri, in subdiaconum et diaconem, tandem in presbiterum statutis temporibus est promotus. Licet autem credulitatem ingerat assertio genitoris, quia tamen tranquillitatem sue conscientie non inducit, ad apostolice sedis duxit subsidium recurrendum. Quocirca discretioni uestre rescribimus quatenus si probabilis eius credulitas pronidi patris assertioni se applicat, presertim si executionis testimonium impressioni characteris suffragatur, scrupulosi curiositas excitare non debet iniuriam sacramento.

De eodem. (2).

Abbati ――――. Mauricius presbiter monachus uester lator presentium humili nobis confessione monstrauit quod duobus de minoribus sicut credit obmisit [obmissis] ad sacros ordines fuit alias rite promotus. Cum autem de obmissione duorum in dubium reuocet supplicauit humiliter super hoc sibi sedis apostolice prouidentia subueniri. Quia uero non intelligitur iteratum quod nescitur esse factum discretioni uestre auctoritate domini pape committimus quatenus dicto M. a sacrorum ordinum executione suspenso donec recipiat quos credit obmissos, tandem si aliud canonicum non obsistat ipsum in executione debita suorum ordinum dimittatis.

CII.

De Furtive Promotis.

Episcopo ――――. Subdiaconus lator presentium humili nobis confessione monstrauit quod cum uelletis ordines celebrare, non presentatus ab aliquo uel uocatus, iuris ignarus se ordinandis immiscuit et in subdiaconum fuit promotus. Tandem ipsius ignorantia per alterius reuelata prudentiam, culpam propriam ex aliena doctrina cognoscens, apostolice sedis clementiam adiit, misericordiam petiturus. Quia uero simplicitas coaptat se uenie temperatque rigorem, auctoritate domini pape etc. quatenus iniuncta ei etc. usque admittatis.

DE EODEM. (2).

Archiepiscopo Remensi. Ex insinuatione uestrarum accepimus litterarum quod cum bone memorie predecessor uester sub pena excommunicationis inhibuisset ne quis clericorum sue diocesis ad ordines suscipiendos accederet nisi legitime presentatus, ——— clericus lator presentium citra inhibitionem huiusmodi ordinem subdiaconatus accepit, ministrans nichilominus in eodem. Super quo domino pape humiliter supplicauit ut cum eo dispensare misericorditer dignaretur. Nos autem prouidentie uestre etc. quatenus iniuncta ei etc. usque non obstante, cum ipso prout secundum dominum expedire uideritis dispensetis.

CIII.

DE EO QUI CONTRA MANDATUM ORDINATORIS RECEPIT ORDINES.

Abbati sancti Johannis de Ponderata. D. presbiter lator presentium nobis humiliter est confessus quod cum idem olim a Portugallensi episcopo suo diocesano uellet minores ordines accipere audiuit sub pena excommunicationis episcopum inhibuisse predictum ne quis nisi religiosus tunc accederet ordinandus. Quo audito ut libere posset ordines ipsos accipere in uestris promisit manibus quod uestrum intraret ordinem, quandocunque uocaretur a nobis, sicque tunc ad uestram presentationem et hoc ipso episcopo ignorante, extitit ordinatus. Super quo cum uelit quod promisit implere dispensationis gratiam postulauit. Nos igitur auctoritate domini pape uobis committimus ut postquam dictus presbiter in monasterio uestro habitum religionis assumpserit, uinculo se professionis astringens, si aliud canonicum non obsistat, super ordinibus sic susceptis et in aliis quos alias postmodum rite suscepit dispensationis ianuam aperiatis eidem.

DE EODEM. (2).

Accedens ad sedem apostolicam frater P. lator presentium sua nobis confessione monstrauit quod cum olim pie memorie predecessor nester sub pena excommunicationis prohibuisset ne quisquam absque suo mandato ad ordines suscipiendos accederet, idem frater, iuris ignorantia et simplicitatis errore laborans subdiaconatus et diaconatus ordines diuersis tamen temporibus contra huiusmodi prohibitionem suscepit, et in eisdem postmodum ministrauit, ac mentione non habita de premissis, a nobis fuit in presbiterum ordinatus. Tandem per aliorum prudentiam suam imprudentiam recognoscens, de peritorum scientia sue culpe notitiam apprehendens ad frugem melioris uite se transtulit, in domo templi habitu religionis assumpto, ut sub regularis obseruantie disciplina et dampna preteriti temporis defleat, et futuri reliquias non obmittat. Ceterum ut in quibus offendit in eisdem suo satisfaciat creatori, humiliter supplicauit in ordinibus sic susceptis sibi misericordie ianuam aperiri. Quia uero hiis qui in amaritudine anime sunt consolationis est remedio succurrendum ut post penitentie uerbera pietatis uerba sentiant, predictum P. de auctoritate domini pape circumspectioni nestre committimus quatenus iniuncta sibi penitentia competenti etc. usque non obsistat, petitioni eius circa promissam gratiam pium impendatis prosecutionis effectum.

CIV.

DE PROMOTIS TEMPORE NON STATUTO.

Archiepiscopo ———. Johannis presbiteri latoris presentium petitio continebat quod per bone memorie Manuelem episcopum ordinarium suum nestrum suffraganeum in cena domini iuxta consuetudinem quinimmo abusum terre ordines celebrantem ad presbiteratus ordinem est promotus. Quod cum ad nestram peruenisset notitiam eundem presbiterum ab execution sic suscepti ordinis suspendistis. Super quo apostolice sedis clementiam adiit petens sibi eius prouidentia misericorditer subueniri. Quia uero sic decet pulsanti ianuam misericordie aperiri quod non soluatur uinculum ecclesiastice discipline, ipsum ad nos duximus remitten-

CV. DE ORDINATO NON JEJUNO.

dum de speciali mandato domini pape etc. quatenus iniuncta ei etc. eoque per dimidium annum post receptionem presentium a predicti ordinis executione suspenso, demum si eidem et uite meritum etc. usque admittatis.

DE EODEM. (2).

Episcopo ———. Presbiteri latoris presentium petitio continebat quod cum obseruantia iiij^{or} temporum mensis Septembris olim in quibusdam partibus Alemanie diuersimode seruarentur [sic] alii in secunda et alii in tertia ebdomada tempus illud ex quadam consuetudine obseruantes, ipse in secunda per ——— Warmatiensem in diaconum et in alia sequenti ebdomada per ——— Tullensem episcopos cum testimonialibus et litteris secundum suas obseruantias in presbiterum est promotus. Super quibus apostolice sedis clementiam adiit supplicans sibi salutari consilio prouideri. Nos igitur auctoritate domini pape ipsum ad uos duximus remittendum nestre prouidentie committentes quatenus etc. usque non obsistat, dispensationem ianuam aperiatis eidem.

DE EODEM. (3).

Abbati de Quartaria Cisterciensis ordinis. Ex parte nestra fuit propositum coram nobis quod frater G. monachus monasterii uestri ante religionis ingressum peregre proficiscens in subsidium terre sancte in partibus Calabrie sabbato pentecostes a quodam episcopo greco diaconatum et tandem ad propria rediens presbiteratum a suo diocesano tempore statuto suscepit, et ministrauit hactenus in ordinibus sic susceptis. Super quibus etc. Quia uero digna est fauoris prosecutione etc. quatenus si nobis constiterit quod in ordinatione predicti G. ritum et formam sacrosancte Romane ecclesie ipsius obseruauerit ordinator iniuncta ei etc. usque admittatis.

CV.

DE EO QUI NON JEJUNUS RECEPIT ORDINES.

Episcopo Lemouicensi. Proposuit ——— lator presentium quod cum langueret in corpore, obseruantie quadragesimalis impatiens, cibo sumpto in sabbato, fecit se in diaconum promoueri. Super quo etc. Nos autem etc. ut in forma usque admittatis.

DE EODEM. (2).

Archiepiscopo Arelatensi. B. monachus monasterii uestri Montis Maioris[1] lator presentium proposuit coram nobis quod nobis olim celebrantibus ordines tractus a sociis quamuis ieiunus non esset ordinem subdiaconatus assumpsit. Super quo sibi petiit etc. Nos autem etc. quatenus iniuncta ei etc. ut supra.

CVI.

De eo qui Una Die Recepit Minores Ordines et Unum de Sacris.

Episcopo ———. R. presbiter, monachus de ——— humili nobis confessione monstrauit quod ipse olim receptis minoribus una die ad suggestionem cuiusdam monachi qui magister erat ipsius, ipsa die ordinem subdiaconatus recepit; et cum esset puer postmodum in quosdam monachos non sine sanguinis effusione manus niolentas iniecit et absolutionis beneficio exinde non obtento ad alios sacros accessit, ministrans nichilominus in eisdem. Sane cum ab excommunicatione sit iuxta formam ecclesie absolutus, super irregularitate sibi petiit cum multa instantia dispensationis ianuam aperiri. Nos attendentes quod religioni fauor est proximus auctoritate domini pape nobis committimus quatenus iniuncta ei etc. usque suspenso. Demum etc. usque obsistat, cum ipso de misericordia dispensetis.

DE EODEM. (2).

Abbati Sancti Galli. Ex tenore litterarum uestrarum accepimus quod S. monachus monasterii uestri una die ordines acolitatus et subdiaconatus assumpsit, et antequam super hiis dispensationis gratiam obtineret ad alios sacros accessit et ministrauit nichilo-

---

[1] The great Benedictine abbey of Montmajour, near Arles, claimed as its founder either St. Trophimus, first bishop of Arles, or St. Hilary of Arles. In reality it was founded in 948. Its ruins are still imposing (Fisquet, La France Pontificale, Arles, p. 766). One of the earliest grants of indulgences on record is a charter to the abbey by Pons Archbishop of Arles, about the year 1000, but it is an evident forgery (D'Achery, Spicilegium, T. III. p. 383).

minus in eisdem. Super quibus petistis ei de misericordia sedis apostolice subueniri. Nos autem domini pape etc. quatenus iniuncta ei etc. usque admittatis.

CVII.

DE PROMOTO A NON SUO EPISCOPO.

Episcopo ———. J. presbiteri latoris presentium confessio continebat quod egressus olim de terra sua et parte cognitionis sue ad quosdam qui cum consanguinitatis linea contingebant se in Ungariam transtulit, et ut incola fieret spe concepta, omnes sacros ordines a loci diocesano suscepit. Dictis autem consanguineis reuersis in patria rediuit cum illis ad propria quos de aliena fuerat subsecutus, ordinatoris tamen litteras non obmisit. Verum ut ordinum susceptionem huiusmodi cautele habundantia muniat, supplicauit humiliter super hoc sibi sedis apostolice gratia prouideri. Sane quia quid eius conuersationis merita exigant ex ipsius conuersatione ac eorum cum quibus conuersatus est testimonio potestis aduertere, circumspectioni uestre auctoritate domini pape committimus quatenus si mores in eo premisse supplicationi respondeant ipsum super premissis ad dispensationis gratiam admittatis.

DE EODEM. (2).

Electo Rothomagensi. Ex tenore litterarum uestrarum et confessione W. presbiteri presentium portitoris accepimus quod ipse olim cum quodam socio suo causa societatis ad episcopum Sagiensem accedens, a quo sicut ipse dicebat ad sacros erat ordines promouendus, idem socius suus per quasdam falsas litteras quas ex parte capituli rothomagensis composuerat pro seipso in quibus nomen eius inscruit eo inrequisito et penitus inconsulto eundem procurauit ab eodem episcopo nullo precio uel pactione aliqua precedente in presbiterum promoueri. Verum cum ad sui peruenit notitiam uitium in huiusmodi ordinis susceptione contractum ab executione ipsius ordinis abstinuit reuerenter. Super quo ad apostolicam sedem accessit supplicans salutari sibi consilio prouideri. Nos igitur auctoritate domini pape ipsum ad uos remittimus uestre prouidentie committentes quatenus iniuncta sibi pro culpe modo penitentia competenti eoque ad tempus etc.

CVIII.

DE PROMOTO IN APULIA.

Abbati de Quartaria Cisterciensis ordinis. Ex parte uestra fuit propositum coram nobis quod frater G. monachus monasterii uestri ante religionis ingressum peregre proficiscens in subsidium terre sancte in partibus Calabrie sabbato pentecostes a quodam episcopo greco diaconatus ordinem et ad propria rediens a suo diocesano presbiteratum suscepit et ministrauit hactenus in ordinibus sic susceptis. Super quibus fuit humiliter supplicatum sibi de prouidentia sedis apostolice misericorditer prouideri. Quia uero digna est fauore etc. usque quatenus si constiterit quod ordinatione predicti G. ritum et formam sacrosancti Romane ecclesie ipsius obseruauerit ordinator, iniuncta ei penitentia etc.[1]

DE EODEM. (2).

Archiepiscopo Rothomagensi. Habet hoc relatio —— presentium portitoris quod ipse olim beati Nicolay sicut uouerat limitibus uisitatis diuertit ad nobilem uirum Comitem Bizacensem apud quem aliquanto tempore moram faciens, ad presentationem ipsius per —— Rapollensem episcopum[2] ad omnes sacros ordines est promotus, absque uitio symonie, et tandum ad propria rediens de licentia predecessoris nestri B. bone memorie in suis ordinibus hactenus ministrauit. Nunc autem cum litteris uestris ad apostolicam sedem accedens ut tuta conscientia ministraret supplicauit sibi de ipsius prouidentia subueniri. Nos autem prouidentie nestre

---

[1] This is a duplicate of rubric CIV. case 3—presumably introduced a second time to illustrate the feature of ordination by a bishop of another diocese.

[2] The see of Rapolla was united with that of Melfi in 1528. The shrine of St. Nicholas at Bari was a place of great resort by pilgrims, ever since some merchants by a pious robbery brought his relics thither in 1087 from Myra in Lycia (Sigeberti Gemblacens. Chron. ann. 1087). The Venetians also claimed that his body was brought to their city in 1097, but the Barians asserted that these were the remains of inferior saints rejected by the first spoilers.—Baron. Annal. ann. 1087 n. 21.

CVIII. DE PROMOTO IN APULIA. 117

auctoritate domini pape committimus quatenus si est ita et alias ei uite meritum etc. ipsum in execntione suorum ordinum sibi ab antecessore uestro concessa misericorditer tolleretis.

DE EODEM. (3).

Archiepiscopo Patracensi. —— presbiteri latoris presentium confessio continebat quod ipse olim in pueritia constitutus de ultramarinis partibus in Apuliam ueniens ibi diutius moram fecit et ut incola fieret spe concepta ab episcopo Tortibulensi[1] loci diocesano pure ac simpliciter ad omnes minores et sacros ordines est promotus statutis a iure temporibus, et ministrauit in illis, et tandem se ad partes transferens Romanie in uestra disposuit et iam incepit metropoli commorari. Verum ut sic susceptorum ordinum executionem habeat supplicauit sibi a sede apostolica per dispensationis gratiam salutari consilio prouideri. Nos igitur auctoritate domini pape [eum] ad uos remittimus uestre prouidentie committentes quatenus iniuncta sibi pro culpe modo penitentia competenti etc. Tandem si ei et uite meritum etc. liberam dispensationis ianuam aperiatis eidem.

DE EODEM. (4).

Episcopo Tullensi. —— presbiteri latoris presentium petitio continebat quod cum olim ad partes Apulie cum nobili uiro duce Lotharingie[2] suo domino accessisset ad presentationem eius promittentis eidem in ecclesiastico beneficio prouidere et ad mandatum Trauensis archiepiscopi per —— Andriensem episcopum eius suffraganeum ad presbiteratus ordinem est promotus et ministrauit nichilominus in eodem. Super quo sibi petiit sedis apostolice misericordia subueniri. Nos autem prouidentie uestre auctoritate domini pape committimus quatenus iniuncta etc. usque admittatis.

---

[1] The see of Tortiboli was united to that of Lucera in the fifteenth century.
[2] Mathieu II. Duke of Lorraine is said to have made five expeditions to the Holy Land, but Dom Calmet (Hist. de Lorraine, II. 236) considers them all fictitious. The one about which there would seem to be the least doubt was attributed to the crusade of Amaury de Montfort in 1237. From one of them he is said to have been recalled by news that the Bishop of Strassburg had invaded his dominions, when he returned in time to defeat the enemy. The above brief shows that about this period a Duke of Lorraine was in Calabria and lends probability to at least one crusade by Mathieu.

CIX.

De Eodem sed Male Promoto.

Episcopo ———. Latoris presentium petitio continebat quod ipse olim minoribus ordinibus ab antecessore uestro susceptis, transtulit se ad partes Apulie ibique aliquamdiu moram faciens per ——— Laquedoniensem episcopum statutis temporibus ad sacros ordines promotus fuit absque uitio symonie, ministrans nichilominus in eisdem. Super quibus apostolice sedis misericordiam implorauit petens humiliter eius sedis prouidentia subueniri. Nos autem prudentie uestre auctoritate domini pape committimus quatenus postquam prefatus in ordine Cisterciensi uel Cartusiensi, fratrum predicatorum aut fratrum minorum seu Premonstratensium habitum regularem susceperit et professus fuerit in eodem, iniuncta ei penitentia salutari etc. usque admittatis.

CX.

De Monoculo iam Promoto.

Episcopo Suessionensi. Viso impedimento W. monachi presbiteri latoris presentium ipsum ad nos duximus remittendum auctoritate domini pape uestre prouidentie committentes quatenus postquam idem habitum religionis assumpserit et professus fuerit cum ipso circa sui executionem officii misericorditer dispensetis, ita tamen quod extra religionem uel populo non ministret.

CXI.

De Eo qui Celebrat in Ordine non Suscepto.

Abbati de Orta Premonstratensis ordinis. Lator presentium diaconus monachus monasterii uestri humili nobis confessione monstrauit quod ipse olim a monasterio uestro animi leuitate recessit, et diu in sacerdotali presumpsit officio ministrare, propter quod humiliter penitens sedis apostolice clementiam adiit miscricordiam petiturus. Nos autem sperantes quod in clausura monasterii digna penitentia deplorabit que fugitiuus in seculo uaga et dampnosa libertate commisit, prouidentie nestre auctoritate domini pape committimus quatenus iniuncta ei penitentia etc. usque obsistat, cum ipso quoad executionem receptorum dumtaxat ordinum dispensetis, interdicto sibi ad gradum officii sacerdotalis ascensu, ut iusto iudicio assecutionem illius ordinis non attingat in cuius executione presumptuose anticipationis temeritate peccauit.

DE EODEM. (2).

Episcopo Wigorniensi. Humili nobis A. clericus lator presentium confessione monstrauit quod cum idem infra octauum decimum annum in seruitio cuiusdam presbiteri moraretur ad mandatum ipsius euangelium legit in missa. Super quo sibi petiit apostolice sedis misericordia subueniri. Nos autem attendentes quod ad id non ex malicia sed simplicitate, non libertate arbitrii sed mandatis necessitatis proruperit, auctoritate domini pape iuxta modum culpe iniunximus ei propter hoc penitentiam competentem et dispensauimus misericorditer cum eodem.

DE EODEM. (3).

Pauper diaconus lator presentium domino pape humiliter est confessus quod ipse olim se presbiterum menciens bis misse presumpsit officia celebrare, propter quod sedis apostolice clementiam adiit misericordiam petiturus. Nos autem domini pape auctoritate uobis committimus quatenus iniuncta sibi penitentia competenti et eo ad tempus etc. usque uite meritum etc. non obsistat, permittatis ipsum in suscepto dumtaxat ordine ministrare, interdicto sibi ad gradum officii sacerdotalis ascensu ut iusto etc.[1]

---

[1] The leniency shown in these cases would be inexplicable were it not for the crucial distinction drawn by the Roman Church between public and secret crimes. "Scandal" is always more dreaded than sin, and if the faithful can be kept in ignorance of the wrong-doing of an ecclesiastic his admission to pardon is facile. In fact it was a maxim that "occulta peccata vindictam non habent" and it was a disputed point among the doctors whether a priest guilty of secret homicide needed a dispensation and whether he incurred "irregularity" by celebrating mass (Baptista de Saulis Summa Rosella s. v. *Dispensatio*). Few clerical offences

CXII.

De eo qui Dubitat Aliquem Ordinem Obmississe.

Abbati Sancti Saluatoris. Frater ―――― monachus monasterii nostri lator presentium humili nobis confessione monstrauit quod duobus de minoribus sicut credit obmissis ad sacros ordines alias fuit promotus. Cum autem de obmissione duorum in dubium renocet supplicauit humiliter super hoc sibi de prouidentia sedis apostolice subueniri. Quia uero non intelligitur iteratum quod nescitur esse factum discretioni uestre auctoritate domini pape committimus quatenus dicto ―――― a sacrorum ordinum executione suspenso donec rite recipiat quos credit obmissos, tandem si aliud canonicum non obsistat ad sui executionem officii restituatis eundem.

De eodem. (2).

Episcopo ――――. Subdiaconi latoris presentium petitio continebat quod cum olim in pubertatis tempore promotus fuisset ad ordines et de susceptione ordinis subdiaconatus esset incertus fecit se de prudentium consilio ad eundem ordinem promoueri. Quia uero non intelligitur iteratum etc. usque quatenus si est ita et aliud canonicum non obsistat, [non] reputetis eundem propter premissa irregularitatis impedimento teneri, iniungatis tamen ei aliquod penitentie ad cantelam.

are more heinous than celebrating mass without priest's orders, for it is not only a sacrilegious contempt of the Venerable Sacrament but it forces all those present to commit idolatry. As such it was justiciable by the Inquisition and in the sixteenth century the Spanish Holy Office customarily punished such offenders with from three to six years in the galleys at the oar. This was merciful, for Paul IV., Sixtus V. and Clement VIII. successively issued constitutions in which such offenders were ordered to be degraded by the Inquisition and "tradi debere curiæ sæculari debita animaduersione puniendos"—the customary formula for relaxation and burning (Clement. PP. VIII. Constit. *Etsi alios*, 1 Dec. 1601 *ap*. Magn. Bullar. Roman. Ed. Luxemb. III. 142). In 1744 these provisions were confirmed and sharpened by Benedict XIV. in his constitution *Sacerdos* (Bullar. Bened. PP. XIV. T. I. p. 152). Yet even after the bull of Clement VIII. we find a regular formula of the Penitentiary pardoning this offence and granting a dispensation to the offender enabling him to be promoted to the priesthood and to fill any office and attain any dignity (Leonis Praxis, p. 329).

CXIII.

De Presentato ad Ordines sub Conditione.

Archiepiscopo Compostellano. P. clerici latoris presentium petitio continebat quod —— archipresbiter suus ipsum, pro eo quod decimas et debita quedam alia sibi et ecclesie Compostellane subtraxerat, nollet ad ordines presentare, sciens eundem ex huiusmodi subtractione mortaliter peccauisse. Idem cognita culpa de subtractis satisfacere et ex tunc alia sicut tenetur fideliter resignare promisit, et sic purgato peccato quo presentationem retardare uidebatur ipsius, presentatus ab —— archipresbitero memorato ad presbiteratus ordinem est promotus. Super quo etc. Nos autem etc. usque admittatis.

CXIV.

De eo qui Promovetur contra Prohibitionem Ordinarii.

Episcopo Lamecensi. Accedens ad apostolicam sedem frater P. lator presentium sua nobis confessione monstrauit quod cum olim pie memorie antecessor uester sub pena excommunicationis inhibuisset ne quisquam absque suo mandato ad ordines suscipiendos accederet, idem frater iuris ignorantia et simplicitatis ruditate laborans subdiaconatus et diaconatus ordines, diuisis tamen temporibus, contra huiusmodi prohibitionem suscepit et in eisdem postmodum ministrauit. Idemque nichilominus mentione non habita de premissis a nobis fuit in presbiterum ordinatus. Tandem per aliorum prudentiam suam imprudentiam recognoscens ad frugem melioris uite se transtulit in domo templi habitu religionis assumpto ut sub regularis obseruantia discipline et dampna preteriti temporis defleat et futuri reliquias non admittat. Ceterum ut in quibus offendit in eisdem suo satisfaciat creatori humiliter supplicauit in ordinibus sic susceptis sibi misericordie ianuam aperiri. Quia uero hiis qui in amaritudine anime sunt consolationis est remedio succurrendum ut post penitentie uerbera pietatis uerba sentiant, prefatum —— ad uos duximus remittendum auctoritate etc. quatenus iniuncta ei pro culpe modo etc. usque obsistat, petitioni eius circa premissa per dispensationis gratiam pium impendatis prosecutionis affectum.

CXV.

De eo qui Promisit se [non] Inpetiturum Presentatorem vel Ordinatorem suum.

Episcopo ———. Latoris presentium petitio continebat quod cum olim esset in subdiaconum promouendus, archidiacono loci petente, simplici uerbo promisit quod super pronisione sua non molestaret eundem, et non credens ex huiusmodi promissione peccare, presentatus ab ——— archidiacono supradicto ordinem subdiaconatus assumpsit, ministrans nichilominus in eodem. Super quo sibi petiit etc. Nos autem prudentie uestre etc. quatenus si pactio uel conditio nulla precessit prefato ——— pro culpe modo iniuncta penitentia etc. eoque ad tempus etc. usque non obstante, ipsum ad dispensationis gratiam admittatis.

De eodem. (2).

Archiepiscopo ———. Ex parte presbiteri ——— diocesis fuit propositum coram nobis quod cum idem esset per ——— episcopum suum ad sacros ordines promouendus iuramenti uinculo se astrinxit quod ipsum uel ecclesiam eius super pronisione sua nullatenus molestaret. Super quo etc. Quia uero diocesanus suus causam culpe dedisse uidetur, uobis qui metropolitanus eius existitis auctoritate domini pape duximus committendum etc. usque dispensetis.

CXVI.

De Servo Promoto ad Ordines.

Abbati de Brueř. Cisterciensis ordinis. Fratris Symonis monachi monasterii uestri petitio continebat quod cum ——— episcopus suus in celebratione ordinum generale excommunicationis premississet edictum ne quis seruilis conditionis existens ad ordines suscipiendos accederet, idem quem seruus de uxore ancilla suscepit post excommunicationem huiusmodi ignorante domino suo ordinem acolitatus assumpsit, et processu temporis religionem ingressus et astrictus obseruantie regulari ad omnes sacros ordines est promotus et ministrauit in ipsis, absolutionis beneficio non obtento. Super quibus petitum est humiliter sedis apostolice prouidentia sibi misericorditer subueniri. Quia uero digna est fauoris prosecutione religio prudentie uestre etc. quatenus si prefatus post religionis ingressum a suo domino non fuit infra triennium requisitus[1] eo ab excommunicatione huiusmodi absoluto ac iniuncta ei penitentia salutari ad tempus prout expedire uideretis ab executione sic susceptorum ordinum suspendatis eundem, postmodum etc. usque obsistat, per dispensationis gratiam uenie. ianuam aperiatis eidem.

CXVII.

DE ILLICITIS JURAMENTIS.

Abbati Ferr[ariensi?] Cisterciensis ordinis. Jee. de Bairan. iurauit ut asserit se filio minime locuturum. Sane cum patrem federis repugnet affectio inde superstitio iuramenti conscientiam eius premat. Supplicauit humiliter sibi super hiis prouidentia sedis apostolice subueniri. Verum cum in malis premissis rescindenda sit fides et mutandum in turpi uoto decretum, auctoritate domini pape etc. quatenus prefatum ——— denuncietis predicte iurationis obseruantie non teneri, iniungatis tamen ei penitentiam salutarem de periurio quod non transgressione fidei sed temeritate inrandi noscitur incurrisse. Cum enim tres comites habere debeat iuramentum, ueritatem scilicet, iudicium et iustitiam, iusiurandi non attulit uinculum iuratio talibus destituta.

---

[1] The rule implied here that a master must within three years reclaim his fugitive slave admitted to orders would seem to be unknown to the strict canon law of the period. No prescription of time against the master's rights was specified by Gelasius I., about 495, in an epistle. embodied by Gratian in his Decretum (P. 1. Dist. liv. c. 12) concerning slaves who without permission entered monasteries or were ordained, and the same principle is enunciated in the Carlovingian legislation preserved as in force in the Decretals of Gregory IX. (Lib. 1. Extra Tit. xviii. c. 2). The ordination of a slave not publicly manumitted was uncanonical; he was to be degraded and returned to his master (Gratian. *ubi sup*. c. 2). In practice however the rule sprang up that the master must reclaim his slave within a year, if in secular orders, while he was allowed three years if the slave became a monk, for the reason that a monk is presumably hidden in his monastery. There was a dispute moreover whether this limit was to be computed from the date of ordination or from the time when the master became apprised of the fact.—Jo. Friburgens. Summæ Confessorum Lib. III. Tit. xvii. Q. 6.

DE EODEM. (2).

Archiepiscopo Rothomagensi. Receptis litteris uestris pro ——— monacho uestro latore presentium nobis transmissis ipsum ad uos, auctoritate domini pape cum eisdem litteris et cedula que continebatur in eis presentibus interclusis, ab excommunicationis uinculo quo tenebatur astrictus iuxta formam ecclesie absolutum et a sacrorum ordinum executione suspensum, ad uos duximus remittendum uestre prouidentie committentes quatenus iniuncta ei pro culpe modo penitentia competenti ipsum in minoribus dumtaxat ordinibus tolleratis, eundem in suo monasterio recipi facientes non obstante mandato quod ei abbas suus de non redeundo ad claustrum fecisse dicitur sub debito prestiti iuramenti, dispensationis misericordia in sacris ordinibus a sede apostolica non obtenta. Non enim ad id alligare potuit ius mandati quod non ex sui arbitrio sed superioris potestate dependet.

CXVIII.

DE JURAMENTO LICITO NON SERVATO.

Episcopo Bai[o]censi. Latoris presentium petitio continebat quod cum olim apud Bononiam moraretur in scolis et tam pro se quam pro sociis fuisset obligatus in multis, a credentibus illis non esset creditoribus satisfactum, iurauit se non recessurum Bononia nisi eorum petita licentia et obtenta. Sane cum idem postmodum soluendo non esset, nec haberet etiam subsidium expensarum, licentiam postulauit ab eis ut tam ab ipso quam a sociis debita soluerentur. Cum autem licentiatus esset a pluribus, aliquibus contradicentibus, recessit, quendam ciuem bononiensem nichilominus ducens secum per quem commodius satisfacere posset creditoribus memoratis. Verum cum sit plenarie satisfactum de debitis petiit humiliter sibi super trangressione huiusmodi iuramenti misericorditer subueniri. Nos autem etc. quatenus si de huiusmodi satisfactione predicta nobis constiterit, et culpam eius notitia publica in partibus uestris non producat in scandalum, iniuncta ei etc. usque obsistat, eidem dispensationis aditum non claudatis.

DE EODEM. (2).

Episcopo ———. ——— presbiteri latoris presentium petitio continebat quod ipse olim quandam pecunie summam termino statuto, sicut cuidam creditori iuramento promiserat, quia non potuit non persoluit. Verum quia de iuramento prestito metuit consilium super hoc apostolice sedis adiit. Quia uero promissionis transgressor cesseri [cessare] non debet, cui ut dicit inopia possibilitatem ademit, non credimus ipsum peccatum periurii incurrisse, non tamen liberatur a debito quin satisfaciat ut tenetur si ad frugem fortune peruenerit pinguioris.

CXIX.

De Periurio.

Episcopo Asisinati. Pro periurio ——— presbiterum latorem presentium sicut audiuimus ab officio et beneficio suspendistis, super quo uirgam patris sensit in pena, sed ad ubera matris aspirat pro uenia, ut post uini rigorem olei sentiat lenimentum. Quia uero de precedenti circumspectione colligimus quid de futura speremus, prefatum ——— ad nos duximus remittendum nostre prouidentie committentes ut cum satisfactum fuerit uirge manne gratiam per dispensationis prouidentiam prout expedire uideritis non negetis. In archa enim federis et uirga continebatur et manna ut in pastoris pecore comes sit misericordia discipline, quatenus mutua substitutione uallentur ne una sine altera relinquatur.

DE EODEM. (2).

Archiepiscopo Cusentino. A. presbiter lator presentium humili nobis confessione monstrauit quod uos olim occasione cuiusdam periurii quod commiserat ab officio suspendistis eundem, qui ad apostolicam sedem accedens hec et alia bone memorie fratri Radulfo domini pape penitentiario humiliter confessus fuit, qui eius confessione audita ipsum a predicto periurio sicut dicit absoluit, per suas litteras uobis committens ut eidem propter hoc iniungeretis penitentiam competentem, et quia de suspensione non fuit aliqua mentio in litteris memoratis, sicut ex litteris nestris accepimus, licet ei penitentiam inde dederitis quam pro maiori parte peregit, ipsum tamen ad suum officium restituere noluistis propter quod iterum coactus est ad sedem apostolicam laborare. Nos autem paupertati, laboribus et expensis ipsius compatientes auctoritate domini pape ipsum ad uos duximus remittendum uestre prouidentie committentes quatenus considerato quid liceat, quid expediat cum dicto A. prout et uite meritum exegerit et honestatem ecclesiasticam decuerit faciatis.

CXX.

De Matrimonio Simplici.

Episcopo Leodiensi. Clerico uestre diocesis accepimus intimante quod cum ——— mulierem sibi matrimonialiter copulasset, parentes tandem mulieris eiusdem ipsos ex liuore quem conceperant contra eos quod spirituali se fraternitate contingerent, coram loci ordinario detulerunt, qui cognitis cause meritis diffinitiuam pro matrimonio sententiam promulgauit. Verum ne quid cautele deesset, tam clericus predictus quam ——— uxor eius sedis apostolice consilium implorarunt, si pretextu delationis huiusmodi quem nec ad conscientiam iudicis probatio pertulit, nec in eorum conscientiam probabilis intulit coniecturam, subtrahi debeat quod debeatur usui copule maritalis. Quia uero et factum et facti circumstantias pleniori uos credimus apprehendisse notitia committimus quatenus si premissis ueritas suffragatur et aliud rationabile non obsistat, prefato ——— et uxori eius circumspectio uestra denunciet quod propter predicta nec impediri debet exactio nec retardari solutio debiti coniugalis.

CXXI.

De Matrimonio in Quarto et Quinto Consanguinitatis Gradu Contracto.

Archiepiscopo Ragusino. Significasti per litteras quosdam conciues uestros in distantia quarti et quinti gradus consanguinitatis sibi ad inuicem attinentes sponsalia contraxisse. Sane talis consueuit regula dari ut cum de graduum distantia queritur quoto gradu persona remotior distat a stipite toto gradu persone de quibus agitur distare censentur, propter quod huiusmodi sponsalia non credimus dirimenda.

DE EODEM. (2).

Archiepiscopo Antibarensi. Vidimus litteras quas misistis super quibus breuiter rescribimus quod talis consueuit regula dari ut cum de graduum etc. usque censentur propter quod matrimonia contracta in distantia quarti et quinti gradus non credimus dirimenda.

CXXII.

DE MATRIMONIO CONTRACTO PER VIM ET METUM.

Episcopo Traiectensi. Voraldi layci nestre diocesis latoris presentium petitio continebat quod cum esset hospitatus in domo cuius filiam procabatur, parentes illius hoc cognito quosdam caute introduxerunt armatos qui de nocte in eundem laycum pro suis surgentem negotiis irruentes compulerunt ipsum animo dissentientem omnino per uim et metum sui hospitis filiam accipere pro uxore, a qua recessit protinus nullo alio consensu adhibito aut carnali copula preuia uel secuta. Quia uero cum alia in facie contraxit ecclesie consuluit si ei cum ipsa sit liberum arbitrium remanere. Nos autem in foro penitentie iuris dubium non uidemus. Quod si id in iudicii contentionem deducitur prout merita probationum exegerint iudex dirimet questionem.

CXXIII.

DE SPONSALIBUS CONTRACTIS INFRA SEPTENNIUM.

Episcopo Herbipolensi. Nobilis uiri Henrici de Castello nestre diocesis petitio continebat quod olim parentes eius cum parentibus cuiusdam puelle, de contrahendis per uerba de futuro sponsalibus inter ipsum qui septennis erat et eandem puellam que nondum etatis annum peregerat, habuere tractatum. Sane cum dictus Henricus contractum huiusmodi ratum nullatenus habuisset, cum ad etatem peruenit legitimam nobilem mulierem B. nomine in tertio consanguinitatis gradu eidem puelle attinentem, in facie ecclesie sibi matrimonialiter copulauit et prolem suscepit ex ea. Super quo apostolice sedis remedium implorauit. Nos autem etc. quatenus si est ita et aliud canonicum non obsistat prefatos H. et R. [B.] dimittatis in usu copule sic contracte.

DE EODEM. (2).

Episcopo ———. Habet relatio ——— presentium portitoris quod cum olim inter ipsum et quandam puellam de uoluntate parentum de facto fuissent contracta sponsalia, puella infra septennium et ipso infra pubertatis tempora existente. Tandem antequam illa ad annum duodecimum peruenisset et expresse consentiret in illum, dissentientibus uotis ab inuicem diuerterunt, et predicto in quorundam manibus promittente se religionis habitum suscepturum predicta puella ad alterius nuptias ut dicitur conuolauit. Nos autem etc. quatenus si est ita et aliud non obsistat, et illam in copula sic contracta et istum in concepto proposito continentie dimittatis.

CXXIV.

DE MATRIMONIO CONTRACTO POST VOTUM SOLEMPNE.

Archiepiscopo Arelatensi. ——— latrix presentium proposuit coram nobis quod cum olim cum quodam per uerba contraxerat de presenti, carnali copula subsecuta, ille ad domum templi se transtulit ibidem se uinculo professionis astringens et ipsa in manibus nostris iuramento promisit se ad religionem aliquam transituram. Verum cum tunc undecimum etatis non peregerit annum et de incontinentie stimulo formidaret ad nullius religionis se transtulit habitum sed in seculo remanens, primo premortuo contraxit postmodum cum secundo et commistione mutua facti sunt una caro. Ceterum cum super hoc manum nestram sibi grauem et difficilem sentiat sicut dicit, sedem apostolicam adiit consilium postulans salutare. Quia uero de facto etc. usque remittendam, de speciali mandato domini pape uestre prouidentie committentes quatenus si dicta ueritate nitantur mulierem permittatis eandem in huiusmodi copula remanere iniuncta ei de periurio penitentia competenti.

CXXV.

DE MATRIMONIO CONTRACTO POST VOTUM SIMPLEX.

Episcopo Sues-ano. Cum notum simplex licet impediat contrahendum non tamen dirimat matrimonium iam contractum, in casu quem continet pagina uestra presentibus interclusa, que mittenti remittitur ad cautelam, non uidemus quod usum interdicit matrimonii consummati, cum personas de quibus agitur notum solempne continentie non astringat: nouenti tamen de uoti simplicis fractione inungenda est penitentia salutaris, nec tam lenis quod uotum ueniat in contemptum, nec tam grauis quod sequens bonum matrimonii non afferat moderamen.

CXXVI.

DE EO QUI CONTRAXIT IN SACRIS ORDINIBUS CONSTITUTUS.

Episcopo Palentino. Litteras quas per ―――― diaconum latorem presentium ad sedem apostolicam destinastis et confessionem ipsius scriptam uobis mittimus presentibus interclusam, auctoritate etc. quatenus si mulierem ipse pro concubina retinuit de qua fecistis in uestris litteris mentionem, eundem a sententia in concubinarios clericos promulgata iuxta formam ecclesie absoluatis et inungatis ei etc. usque dispensetis. Si uero matrimoniali copula sint coniuncti super hoc ordinario iure poteritis prosequi debitum officii pastoralis.

DE EODEM. (2).

Episcopo Ymolensi. Guidonis subdiaconi canonici Ymolensis latoris presentium confessio continebat quod postquam fuit ad ordinem subdiaconatus assumptus quandam uirginem sibi sub umbra matrimonii copulans per plures annos cohabitauit eidem. Tandem apertis intelligentie oculis, cognita culpa, mulierem dimisit eandem. Super quo etc. Nos autem etc. quatenus si est ita iniuncta ei etc. ut in forma.

DE EODEM. (3).

Episcopo ――――. Habet assertio Raynerii sacerdotis presentium portitoris quod idem ad sacerdotale promotus officium quandam uirginem sibi sub umbra matrimonii copulauit et per v. menses cohabitauit eidem. Verum cum predicta mulier propinquorum usa consilio alii legitime nupserit, et ipse propter hoc sit a nobis ab officii execution suspensus quousque apostolice sedis oraculum imploret, supplicauit humiliter sibi super hiis de ipsius misericordia subueniri. Nos autem etc. prouidentie nestre quatenus iniuncta ei etc. usque retento. Demum etc. usque admittatis.

DE EODEM. (4).

Episcopo Elenensi. Raynaldi subdiaconi latoris presentium confessio continebat quod postquam ordinem subdiaconatus assumpsit, uirginem quandam sub matrimonii sibi umbra copulans per plures annos cohabitauit eidem et ex ea prolem suscepit. Tandem apertis intelligentie oculis, cognita culpa, sedem apostolicam adiit supplicans etc. Nos autem etc. quatenus postquam iudicio ecclesie fuerint separati iniuncta ei etc. Demum cum religionem intrauerit et professus fuerit in eadem ipsum alio non obstante canonico ad dispensationis gratiam admittatis.

DE EODEM. (5).

Episcopo Raceburgensi. R. subdiaconi nestre diocesis latoris presentium confessio continebat quod ipse simplicitatis errore laborans sub umbra matrimonii uiduam quandam duxit ac cohabitauit eidem, et tandem apertis intelligentie oculis, cognita culpa, de mandato bone memorie ——— episcopi predecessoris nestri, abiurauit eandem. Super quo cum in religione desideret domino famulari supplicauit a sede apostolico sibi per dispensationis gratiam misericorditer prouideri. Nos igitur etc. usque quatenus si est ita iniuncta predicto R. penitentia competenti ac interdicto sibi ad superiores ascensu, ipsum ad tempus ab executione susceptorum ordinum iuxta quod expedire uideretis suspendatis, et tandem cum idem R. aliquam intrauerit de religionibus approbatis, uinculo se professionis astringens, cum ipso super executione minorum et subdiaconatus dumtaxat ordinum, si scandalum et aliud canonicum non obsistat, prout merita conuersationis exegerunt dispensetis.

DE EODEM. (6).

Episcopo Pennensi. ——— presbiteri nestre diocesis latoris presentium confessio continebat quod ipse olim cum quadam uirgine per uerba de presenti contraxit et ea sciente postmodum ad omnes sacros ordines est promotus et ministrauit in illis. Verum cum dicta mulier ut dicitur iam uouerit castitatem supplicauit idem presbiter super premissis salutari sibi consilio prouideri. Nos igitur auctoritate domini pape etc. usque quatenus si dicta mulier illius etatis existit quod de ipsius statu sinistra non possit haberi suspicio, ea in manibus uestris uotum castitatis sollempniter emittente, iniungatis predicto presbitero penitentiam salutarem, ac cum ipso si aliud canonicum non obsistat dispensetis. Vel si dicta mulier in manibus uestris uoto continentie se astrinxit uel uelit astringere et etatis testimonium reddat eam de carnis lubrico non suspectam, iniuncta clerico, pro eo quod ante uxoris assensum se ordinibus sic ligatus ingessit, penitentia salutari, in execcutione ordinum susceptorum, alio canonico non obstante, dispensationis ianuam aperiatis eidem.

CXXVII.

DE CLERICO QUI CONTRAXIT CUM VIRGINE ET ALIUS THORUM MACULAVIT IPSIUS.

Archiepiscopo Senonensi. Humili nobis ——— acolitus confessione monstrauit quod cum nos ipsum ad presentationem nestri procuratorem [?] ad sacros uelletis ordines promouere, idem asseruit quod cum uirgine quadam contraxerat et carnalis inter eos copula fuerit subsecuta, et eo in aliena patria constituto, quidam clericus thorum maculauerat eiusdem, uos manum ordinationis retraxistis ab eo. Quare apostolice sedis clementiam adiit supplicans super hiis eius sedis prouidentia subueniri, cum sit illa sublata de medio cuius occasione ipsius desiderium fuit hactenus retardatum. Nos autem circumspectioni nestre etc. quatenus si post notitiam commistionis alterius se memorate non commiscuit mulieri clericus antedictus, et predicta ueritate nitantur, ac ei uite meritum et fame testimonium suffragantur aliudque canonicum non obsistat eidem super ordinum receptione canonica benigni fauoris gratiam impendatis.

DE EODEM. (2).

Episcopo Noruicensi. W. subdiaconi latoris presentium petitio continebat quod olim in minoribus ordinibus constitutus quandam

CXXVIII. DE ADULTERIO.

in qua nullam sustinuerat pudor uirginalis iniuriam legitime duxit uxorem, sed lapsu temporis ea iniuste dimissa iuris ignarus ordinem subdiaconatus assumpsit et incaute ministrauit in illo, quam tamen censura ecclesiastica resumere compulit quam dimisit. Verum cum illa sit uiam uniuerse carnis ingressa, sperans impedimento sublato facilius adesse remedium supplicauit humiliter et in ordine sic suscepto et in aliis recipiendis pro tempore sibi sedis apostolice prouidentia misericorditer subueniri. Nos autem paternitati uestre etc. quatenus offensa predicta competenti castigatione purgata eoque ad tempus prout expedire uideritis a sic suscepti ordinis executione suspenso, tandem si eidem et uite meritum etc. eundem super premissis alio non obstante canonico ad dispensationis gratiam admittatis.

DE EODEM. (3).

Episcopo Tricentino [?]. Ex tenore litterarum quas domino pape misistis accepimus quod O. presbiter lator presentium cum esset in minoribus ordinibus constitutus uirginem quandam sibi matrimonialiter copulauit et ea uiuente processu temporis se fecit ad sacros ordines promoueri et in eisdem postmodum ministrauit. Unde cum eadem mulier coram nobis promiserit perpetuam castitatem, quid super hoc nobis agendum sit supplicastis per eundem dominum edoceri. Nos igitur de mandato ipsius domini nobis sic duximus respondendum, quod si dicta mulier talis extitit quod haberi non debeat de ipsa sinistra suspicio, permittatis eam in domo propria commorari. Alioquin studeatis pro posse quod aliquam intret de religionibus approbatis. Deinde uero presbiterum predictum postquam ei propter hoc iniunxeritis penitentiam competentem usque ad biennium ab executione sacrorum ordinum suspendetis ; biennio uero elapso si idem uite laudabilis fuerit et conuersationis honeste, ad predictos ordines restituatis eundem et permittatis ipsum in eis libere ministrare, si aliud canonicum non obsistat.

CXXVIII.

DE ADULTERIO PER PRESBITERUM PERPETRATO.

Episcopo Aurelianensi. J. presbiteri uestre diocesis latoris presentium petitio continebat quod cum olim ab illicitis amplexibus cuiusdam coniugate se subtrahens lubricum carnis continentie cingulo temperaret, dicta mulier sue ac eiusdem presbiteri fame prodiga, eo absente presbitero, domus eius ingrediens res quas inuenerat apportauit, publicato sic crimine quod latebat ; propter quod nos ipsum officio beneficioque suspensum ad sedem apostolicam destinastis. Nos autem etc. quatenus si ei et uite meritum etc. non immemores olei cum uinum profuerit uulneribus sauciati. Vel sic procedatis circa ipsum de misericordia uel rigore prout eius saluti uideritis expedire et ecclesiasticam decuerit honestatem.

CXXIX

DE EO QUI UXORE PROPTER ADULTERIUM DIMISSA RELIGIONEM INTRAVIT.

Episcopo Melfitensi. Habet assertio fratris J. latoris presentium quod eo in seculo existenti cum ——— uxor eius thorum suum adulterio polluisset ea dimissa in hospitali sancti Johannis Hierosolimitani habitum regularem assumpsit, professionis uinculo se astringens. Tandem inductus arctioris religionis obtentu ad ordinem fratrum minorum se transtulit et aliquandiu mansit ibidem. Verum cum fratres eiusdem ordinis propter uxorem sic dimissam ipsum retinere recusent ad apostolice sedis consurgit subsidium humiliter supplicans eius sibi prouidentie subueniri. Quia uero de facto et facti etc. quatenus inquisitis super hiis que fuerint inquirenda, si de adulterio huiusmodi et quod adulterata ad sancta uota transierit ad plenum nobis constiterit, litteras nestras eidem in testimonium concedatis per quas memorati fratres certificati de facto ipsum secura conscientia ualeant retinere.[1]

[1] It was an ancient rule of the Church that a husband could not take the vows of religion without the consent of his wife, who must likewise enter a nunnery, but adultery on the part of the wife released him from this obligation (Gregor. PP. I. Lib. xi. Epist. 50, ann. 601.—Gratian. Caus. xxvii. Q. ii. c. 21). A curious case decided by Innocent III. in 1209 (Regest. Lib. xii. Epist. 13) shows how the vow of religion was gradually obtaining predominance, and this is also indicated by the next rubric, cxxx. The question became one of temporary European importance when in 1327 Louis of Bavaria created as antipope the Franciscan Pier di Corbario; he had been married before entering the order, his wife was still living, and though she had for many years acquiesced in the separation she now gave a flavor of comedy to the proceedings by coming forward and claiming that she had never yielded consent.—Ptolomæi Lucens. Hist. Eccles. cap. xli. (Muratori S. R. I. XI. 1210.)—Wadding, Annal. Minor. ann. 1328 n 8.

CXXX.

DE MULIERE QUI TEMERE A VIRO DISCESSIT ET INTRAVIT RELIGIONEM.

Episcopo ———. Mulier ——— culpa sua diuertens a uiro et ingressa monasterium uiri repetitionem non habet, a uiro repeti forte posset, sed cum non repetatur in monasterio potest secura conscientia remanere.

CXXXI.

DE EO QUI COGNOVIT CARNALITER CONSANGUINEAM UXORIS SUE.

Episcopo Oxomensi. R. latoris presentium petitio continebat quod ipse olim cum quadam per uerba de presenti contraxit, et postmodum antequam esset inter eos carnalis copula subsecuta quamdam consanguineam uxoris predicte ad thorum illicite commixtionis admisit, et demum predictam uxorem cognouit et cohabitauit eidem. Super quo a sede apostolica supplicauit salutari sibi consilio subueniri. Nos igitur etc. quatenus si est ita utrumque ad seruandam propriam continentiam inducatis, quod si uxor ad id induci non poterit uir debitum soluat exactum, ipse tamen non exigat, cum amiserit ius petendi.

CXXXII.

DE EO QUI UXOREM RECEPIT QUAM SUUS CONSOBRINUS POST CONTRACTUM MATRIMONIUM OPPRESSERAT.

Episcopo ———. R. lator presentium proposuit coram nobis quod ipse olim cum M. muliere in facie ecclesie per uerba de presenti contraxit, quam quidam consobrinus eius post contractum matrimonium et ante carnalem copulam uiolenter oppressit. Verum cum idem ignarus oppressionis predicte illam traducens ex ea filios et filias procreasset, nunc apostolice sedis clementiam adiit supplicans sibi super hoc salutari consilio prouideri. Nos igitur auctoritate domini pape prouidentie uestre rescribimus quatenus si est ita ipsos ad seruandam continentiam inducatis; alioquin cum neuter uideatur in culpa et oppressoris iniuria iure debiti coniugalis eos priuare nequiuerit, et affinitas opponi non debeat contracti fedus [federi?] matrimonii sic secuta, prefatis ob casum huiusmodi non interdicatis usum legitimum copule maritalis.

CXXXIII.

DE EO QUI COGNOVIT CARNALITER MATREM UXORIS SUE.

Episcopo Marsicano. Intelleximus per litteras quas misistis quod B. lator presentium uestre diocesis olim cum quadam puella infra annos nubiles constituta contraxit, cuius matrem postmodum cognouit carnaliter et demum tempore apto copule coniugali coniunctus est filie commixtione carnali. Super quo etc. Quia uero in casu consimili per decretum felicis domini Innocentii noscitur esse prouisum, per diffinitionem eiusdem circa ipsum credimus procedendum.[1]

CXXXIV.

DE EO QUI DUXIT IN MATRIMONIUM QUAM POLLUIT PER ADULTERIUM.

Episcopo ———. Mulieris latricis presentium uestre diocesis confessio continebat quod J. laycus ipsam quam per adulterium uiuente marito polluerat eo mortuo publice duxit uxorem. Verum cum neuter ipsorum in mortem primi machinatus fuerit nec dictus laycus primo uiuente predicte mulieri fidem dederit de contrahendo cum ipsa, supplicauit prefata mulier, ne quis emulus in ipsam aliquid detractionis impingat, sibi salutari consilio prouideri. Nos igitur etc. quatenus si est ita non interdicatis usum legitime copule

---

[1] The decretal of Innocent III. is Lib. IV. Extra Tit. xii. cap. 8—"quod eis ab inuicem separatis mulier alteri uiro non nubat si postquam nouit uiri et matris delictum ei non erubuit commisceri. Vir etiam et mater mulieris nunquam debent ad alias nuptias convolare sed semper continentiam servare tenentur et enorme deflere delictum quod pro nefando libidine contraxerunt, presertim si circa personas huiusmodi de lapsu carnis minime timeatur."

sic contracte, dummodo aliud non obsistat. Vel sic, si est ita et aliud non obsistat dimittatis eos in copula sic contracta.

CXXXV.

De eo qui Promotus est Uxore Ignorante.

Archiepiscopo Neapolitano. Confessus est —— lator presentium quod olim in minoribus ordinibus constitutus, uxore quam legitime duxerat inscia, se fecit in subdiaconum promoueri. Super quo postulauit humiliter salutare sibi consilium impertiri. Nos autem de auctoritate et mandato domini pape prouidentie uestre committimus quatenus si est ita permittatis eum uxori debitum reddere licet ei sit exactio interdicta; ab ingressu tamen ecclesie et alias a communione fidelium propter hoc non debet arceri.[1]

CXXXVI.

De eo qui Promotus est ad Sacros Ordines de Licentia Uxoris sue.

Episcopo ——. Ex tenore litterarum nostrarum quas domino pape misistis et confessione —— presbiteri presentium portitoris accepimus quod cum idem laycus esset, mulierem quandam in qua nullam sustinuerat pudor uirginalis iniuriam sibi matrimonialiter copulauit et ea innuente ac licentiam tribuente se fecit ad omnes ordines promoueri et in eisdem postmodum ministrauit. Verum cum eadem mulier uelit ut dicitur perpetuam promittere castitatem supplicauit humiliter sibi super premissis apostolice sedis misericordia prouideri. Nos autem etc. quatenus si est ita et eadem mulier uoto continentie se astrinxit uel uelit astringi et etatis

---

[1] This decision is in accordance with a decretal of Innocent III. Regest. XI. 204.

The question of including subdeacons in the rule of celibacy was one which long remained unsettled. Even as late as 1267, the provincial council of Vienna, under the presidency of the legate Cardinal Guido, after decreeing the separation from their wives of all in holy orders, adds " De subdiaconis autem et prepositis uxoratis id ipsum fieri decernimus, sed induciaus vobis super hoc usque ad rescriptum domini Pape damus."—Batthyany, Legg. Eccles. Hung. II. 417.

testimonium reddat eam de carnis lubrico non suspectam, iniuncta predicto ―― pro eo quod sic ligatus ad ordines se ingessit penitentia competenti, super executione ordinum susceptorum si aliud canonicum non obsistat dispensationis iannam aperiatis eidem.

CXXXVII.

De Voto Continentie in Matrimonio Facto.

Episcopo Lincolniensi. Pro ―― de Herfordio milite et ―― uxore sua fuit propositum coram nobis quod iidem ira commoti se non commisceri ulterius carnaliter ad inuicem promiserunt. Super quo cum de utriusque incontinentia probabiliter timeatur petebatur eorum saluti prouidentia sedis apostolice subueniri. Quocirca prouidentie uestre etc. quatenus si dicta promissio non fuit uoto uallata ne temptationi detur occasio eis mutue solutionis licentiam carnis debito non negetis.

CXXXVIII.

De Clandestina Benedictione Nubentium.

Episcopo Morinensi.[1] Ex tenore litterarum quas domino pape misistis accepimus quod C. presbiter lator presentium per uos uinculo excommunicationis astrictus diuina celebrare presumpsit et quosdam clandestine matrimonialiter copulauit, propter quod ipsum ad sedem apostolicam destinastis absolutionis beneficium et dispensationis gratiam petiturum. Nos igitur attendentes quod dictus presbiter ex hoc non ex malitia sed ex simplicitate deliquit de speciali mandato domini pape ipsum ad uos duximus remittendum ut circa eum sententiam relaxetis eandem, et iniuncta ei pro culpe modo penitentia competenti, eoque secundum statuta concilii generalis a sui officii executione suspenso, demum si aliud canoni-

---

[1] The see of Terouane was extinguished in the redistribution of the bishoprics of the Netherlands by Philip II. in 1560.

cum non obsistat cum ipso misericorditer dispensetis, tantum rigori concilii subtrahentes quod possit labori itineris compensari.[1]

DE EODEM. (2).

Episcopo ———. R. presbitero accepimus referente quod ipse olim contra inhibitionem generalis concilii, non ex malitia sed ex simplicitate et iuris ignorantia potius, quosdam sine trina denunciatione matrimonialiter copulauit. Unde cum ab officii sui sit executione suspensus domino pape humiliter supplicauit ut secum super hiis misericorditer agere dignaretur. Nos autem paupertati et laboribus compatientes eiusdem, attendentes etiam quod non ex malitia sicut assserit sed ex simplicitate deliquit, auctoritate domini pape uestre discretioni duximus remittendum quatenus considerata diligenter culpa ipsius iniungatis ei propter hoc penitentiam quam uideritis expedire, et cum eo prout melius noueritis dispensetis.

CXXXIX.

DE EO QUI SIMULATE SPONSALIA BENEDICIT.

Archiepiscopo Remensi. Super simulata benedictione cuiusdam copule circa quam uir uersabatur in dolo, intendens sub nomine dumtaxat inani atque sub umbra mariti concepte consummatione libidinis illudere mulieri, et confessionem audiuimus et supplicationem admissimus presentium portitoris, qui ad facilitatem uenie pretendebat simplicitatis errorem, additiens quod matrimonium tandem ueritas subsecuta simulationis purgauerat uitium precedentis. Quia uero de facto et facti circumstantiis, de quibus in partibus uestris plenior creditur haberi notitia, circumspectio uestra colligere poterit quid correctionis asperitas quid mollities exigat pietatis, prouidentie uestre auctoritate domini pape committimus quatenus circa ipsum sic uestra prouidentia moderetur arbitrium quod pie seuiens disciplina sollicitudinem pastoris adhibeat et iuste consulens misericordia patris

---

[1] The statute in question is Conc. Lateranens. IV. c. 51 (c. 3 § 2 Extra Lib. IV. Tit. iii.)—"Sane parochialis sacerdos qui tales coniunctiones prohibere contempserit, aut quilibet etiam regularis qui eis presumpserit interesse, per triennium ab officio suspendatur: gravius puniendus si culpae qualitas postulaverit."

dulcedinem non obmittat ex utriusque mixtura confecto medicamine per quod conscientie uulneri et fame lesioni salubriter consulatur.

CXL.

De eo qui de Natalibus Dubitat.

Episcopo Cabillonensi. Lator presentium proposuit coram nobis quod in celebratione ordinum, sub pena excommunicationis, publice prohibitionis premisistis edictum ne quis laborans defectu natalium se immiscere presumeret ordinandis. Sane dictus ——— cuius conscientiam inter illum et illam quos pro parentibus communis opinio preferebat contracte nuptie muniebant, intrepidus ad ordinem diaconatus accessit. Verum ad audientiam nestram, lingua emula deferente, peruenit quod idem ex sacerdote, qui thoro legitimo furtiue commixtionis inferebat iniuriam, traxit originem. Ipsum ab executione ordinum susceptorum nestri prout placuit interdicti censura suspendit. Super quo granari se reputans apostolice releuationis remedium implorauit. Quia nero de facto et facti circumstantiis etc. committimus quatenus si predicti II. natalia nuptiarum defendit sollempnitas, communis opinionis fouet aplausus et reluctantis conscientie scrupulus non remordet eidem in ordinibus iam susceptis executionis debitum et in suscipiendis promotionis licentiam non negetis.[1]

---

[1] In the prevalent concubinage of the priesthood the efforts of the Church were unceasing to check the abuse of the children sprung from such irregular unions succeeding to their fathers' benefices. It was this which stimulated the enforcement of the rule that no illegitimates should be admitted to holy orders. "Ut filii presbyterorum et ceteri ex fornicatione nati ad sacros ordines non promoueantur, nisi aut monachi fiant vel in congregatione canonica regulariter viventes; prelationem vero nullatenus habeant" (cap. 1 Extra Lib. i. Tit. xvii.). The numerous canons to the same effect there collected (c. 2, 3, 4, 5, 10, 11, 13, 15, 16, 17) show how difficult it was to check the abuse. About 1230 we find Gregory IX. writing to the Archbishop of Tours "Nimis in tua provincia ecclesiæ deformatur honestas ex eo quod filii sacerdotum et alii non legitime nati ad dignitates et personatus et alia beneficia curam animarum habentia sine dispensatione sedis apostolicæ promoventur" (Ib. cap. 18).

But this, like so many other reforms, was impeded by the greed of the curia which was always ready to furnish the requisite dispensations, as we see in case 2 of rubric CXLI. They are frequent in the papal registers of the period and formed

DE EODEM. (2).

Episcopo ———. Ex litteris uestris quas domino pape pro ——— presentium latore misistis accepimus quod cum parentes eius tanquam legitimi coniuges indiuiduam uite consuetudinem retinentes genuissent eundem, ipse tamen ex hoc habens conscientiam reluctantem quod mater eius priusquam patri coniungeretur copula maritali alii nupserat a quo per quendam presbiterum simplicem et ydiotam consilio ecclesie fuerat separata, susceptis minoribus ad alios ordines ascendere noluit quousque promotionis licentiam per sedem apostolicam obtineret. Super quo etc. Nos autem etc. quatenus si pater ipsius B. predicti impedimenti erat ignarus cum propter opinionem ecclesie in cuius facie parentes eius sine contradictione coniunxerint, tum ob fauorem qui ex alterius contrahentium ignorantia proli debetur prefatum ——— potestis sine iuris iniuria legitimum reputare.

CXLI.

DE ILLEGITIMO QUI PROMOVETUR AD SACROS ORDINES.

Episcopo ———. Transmissa nobis ——— diaconi uestre diocesis petitio continebat quod cum de soluto esset genitus et soluta ad ordines sacros accessit et ministrauit in ipsis dispensationis gratia non obtenta. Verum cum idem sicut asseritur huius seculi cupiat effugere uanitates et sub regulari habitu perpetuo domino famulari

a sort of currency. Thus, Dec. 1, 1243, Innocent IV. grants to the bishop of Bayeux the privilege of issuing twenty such dispensations (Berger, Registres d'Innocent IV. n. 260, T. I. p. 46), and faculties to grant them were part of the customary powers of papal legates, by which they were able to pay their expenses (Ib. n. 2976, p. 447; 3013, p. 452; 4670, T. II. p. 111; 4717, p. 122.)—See also Thomas, Registres de Boniface VIII. n. 554, p. 194; 558, p. 197; 646, p. 224; 711, p. 244; 749, p 254 etc. In 1530 Clement VII. assumes that these dispensations were obtained as a matter of course; he promises to issue no more of them, and orders that if any through negligence be given they be treated as invalid (Clement. PP. VII. const. *Ad canonum*.—Mag. Bull. Rom. II. 684). The trouble continued however and the Council of Trent endeavored to suppress it (Sess. XXV. De Reform. c. 15). This may have checked the abuse but did not put an end to it, for in 1610 the Council of Augsburg was forced to declare that it would not recognize any dispensations permitting it (Synod. Augustan. ann. 1610 P. III. c. 3.—Hartzheim, Concil. German. IX. 58).

fuit humiliter postulatum sibi de misericordia sedis apostolice subueniri, quod in susceptis ministret ordinibus et ad sacerdotium ualeat promoueri. Nos autem etc. quatenus cum prefatus ——— intrauerat aliquam de religionibus approbatis professionis uinculo se astringens, iniuncta ei penitentia salutari, demum si aliud canonicum non obsistat, ad petita ipsius desiderium admittatis, presertim cum id regularibus communis iuris patrocinium suffragetur.

DE EODEM. (2).

Episcopo Metensi. Hugonis diaconi latoris presentium petitio continebat quod cum olim ad nos super natalium defectu quem patitur de presbitero genitus et soluta dispensationis litteras a sede apostolica impetrasset, priusquam cum eo esset iuxta mandatum apostolicum dispensatum ad diocesim Argentinensem se transtulit ibique statutis a iure temporibus, generationis uitio non expresso, ad ordines diaconatus et presbiteratus accessit. Super quibus humiliter petiit sibi apostolice sedis misericordia subueniri. Nos autem etc. quatenus prefato H. pro culpe modo iniuncta penitentia competenti etc. usque suspenso. Demum, postquam eidem super defectu huiusmodi duxeritis prouidendum, ipsum alio non obstante canonico ad dispensationis gratiam admittatis.

DE EODEM. (3).

Archiepiscopo Rothomagensi. Visis litteris quas pro ——— presbitero latore presentium domino pape misistis, de ipsius domini speciali mandato ipsum ad nos duximus remittendum uestre prouidentie committentes quatenus post peractam penitentiam quam pro peccatis ei duxeritis iniungendam, conuersationem preteritam redimente futura, dispensetis cum ipso super defectu natalium iuxta priorum continentiam litterarum.

CXLII.

De Illegitimo qui Comministrat Patri in Religione.

Episcopo Poliniauensi.[1] Leo monachus lator presentium quem ——— presbiter secularis ex soluta suscepit nobis exposuit quod,

---

[1] The see of Polignano, in the province of Bari, has I believe been discontinued.

cum idem habitum religionis assumpserit in monasterium sancti Viti ubi pater suus sub regulari obseruantia domino famulatur, uos ipsum ea occasione dumtaxat ordinare postponitis quod in uno eodemque cenobio pater et filius ministrare uidentur. Super quo sibi petiit apostolice sedis prouidentia subueniri. Verum cum statuta canonica ministerii communionem huiusmodi clericis secularibus interdicant,[1] et ex religionis ingressu tales legitimi quoad receptionem ordinum censeantur, paternitati uestre auctoritate domini pape committimus quatenus si predictus L. honeste conuersationis existat, non impediatis eundem quin promoueatur ad sacros, alio non obstante canonico, et in prefato monasterio perseueret suum officium exequendo.

CXLIII.

De Illegitimo qui Promovetur ad Ordines in Religione.

Abbati ———— ordinis ————. Transmissa nobis ———— canonici nestri petitio continebat quod cum esset de subdiacono genitus et soluta apud nos habitum religionis assumens beati Augustini regulam est professus. Verum cum ad sacros ordines promoueri desideret fuit humiliter postulatum sibi super hiis sedis apostolice misericordia subueniri. Nos autem prudentie uestre etc. quatenus si est ita et aliud canonicum non obsistat ad petita ipsius desiderium admittatis, presertim cum ad id regularibus communis iuris patrocinium suffragetur, prouiso ne ad dignitatem ascendat absque licentia sedis apostolice speciali.

DE EODEM. (2).

Priori ordinis predicatorum. Licet religiosi notati natalibus, quibus quoad receptionem et execeutionem sacrorum ordinum iuris beneficium suffragatur, ad prelaturas sine dispensatione sedis apostolice promoueri non debeant, possunt tamen maxime in ordine uestro preter quam in magistrum ordinis ad prioratus, cum ab eis consue-

---

[1] The indecency of illegitimate sons assisting their fathers in the sacred offices was a scandal which the Church vainly for centuries endeavored to suppress. See Colestin. PP. III. Epist. (Baluz. et Mansi III. 388); c. 15 Extra Lib. I. Tit. xvii.; Concil. Hispalens. ann. 1512 c. 27 (Aguirre, V. 372); C. Trident. Sess. xxv. De Reform. c. 15; Concil. Augustan. ann. 1610 P. III. c. 3 § 1.

uerint amoueri de facili, sine iuris iniuria interpretatione summi pontificis promoueri.[1]

CXLIV.

De Nouiciis.

Archiepiscopo Remensi. Lator presentium humili nobis confessione monstrauit quod ipse olim ea intentione ad ordinem fratrum minorum se transtulit ut si post experientiam obseruantie regularis sibi placeret ordinis disciplina uinculo se professionis astringeret, alioquin liberum haberet arbitrium ad statum pristinum reuertendi. Verum cum asperitati regularis obseruantie non applicaret affectum, nulla professione prehibita nec alias renuncians seculo, infra tempus probationis exiuit. Ceterum quia nonnulli, uas nitentes incrustare sincerum, interdum calumpnie tenebris lucem ueritatis obnubilant, ne quis emulus aliquid in ipsum detractionis impingat, supplicauit sibi super premissis apostolice sedis prouidentia subueniri. Quia uero de facto et facti circumstantiis uos habere potestis notitiam pleniorem, prouidentie uestre auctoritate domini pape committimus quatenus inquisitis super hiis que fuerint inquirenda, nisi de prefato ——— per religionis habitum qui dari profitentibus consueuit aut professionem expressam seu alias euidenter appareat quod absolute uoluerit uitam mutare ac in religione perpetuo domino famulari, denuncietis eundem ob premissum statum nouitii ad regularem obseruantiam non teneri.

CXLV.

De ea que Reclusorium Intrauit non Emisso Voto Continentie nec Loci Stabilitate Promissa.

Episcopo diocesis ———. Muliere uestre diocesis accipimus intimante quod cum ipsa olim reclusorium quoddam causa probationis

[1] Although entrance into a religious order cured illegitimacy as far as ordination was concerned, the rule, as expressed in the above cases, was that illegitimates were debarred from holding positions of honor and government (c. 1 Extra Lib. I. Tit. xvii.). Dispensations for this were however readily obtainable. Leone (Praxis, p. 339) gives a formula permitting a nun suffering under this defect to assume the office of abbess.

ntrasset, quod infra annum, non emisso uoto continentie nec loci stabilitate promissa, uite asperitati non applicans animum ad seculum est reuersa. Super quo ne quis emulus in ipsam aliquid detractionis impingat supplicauit sibi super hiis prouidentia sedis apostolice subueniri. Quocirca discretioni uestre auctoritate domini pape committimus quatenus si est ita denuntietis ipsam ex premissis ad ipsius uite obseruantiam non teneri.

DE EODEM. (2).

Episcopo Firmano. Vidimus litteras quas uenerabili patri domino T. C. sancte Sabine presbitero cardinali pro ——— presentium latore misistis. Considerato quod continebatur in ipsis prefatum ad nos duximus remittendum ut paternitas uestra procedat circa ipsum iuxta precedentium continentiam litterarum. Sane ubi nouitiis et professis est ydemptitas habitus et distinctionem aliquam non inducit ex habitu solo dato nouitio infra tempus protestate experientie constitutum, tacite professionis presumptio non insurgit.

CXLVI.

DE EO QUI SUB PROTESTATIONE INTRAT RELIGIONEM.

Episcopo Argentinensi. ——— latoris presentium petitio continebat quod ipse olim ad ordinem fratrum minorum sub ea protestatione se transtulit ut si post experientiam obseruantie regularis sibi placeret ordinis disciplina uinculo se professionis astringeret, alioquin etc. usque exiuit. Ceterum quia nonnulli etc. usque subueniri. Quia uero etc. usque denuncietis eundem ad necessitatem regularis obseruantie non teneri.

CXLVII.

DE EO QUI INTRAT RELIGIONEM ET INFRA TEMPUS PUBERTATIS EGREDITUR.

Episcopo ———. Litteras uestras pro ——— presentium portitore recepimus, quem ad nos duximus remittendum auctoritate domini pape uestre prouidentie committentes quod si idem infra quartumdecimum annum ordine fratrum predicatorum exiuit, uel si quando intrauit perfecte etatis existens protestatus fuit ad seculum posse redire si non ualeret ipsius asperitatem ordinis sustinere, cum nullam ibidem professionem fecerit sicut dicit, denuncietis ipsum ad obseruantiam eiusdem ordinis non teneri.

DE EODEM. (2).

Significante nobis J. sacerdote comperimus quod ipse infra annum xiiii constitutus ordinem Cisterciensem intrauit et antequam eiusdem anni finem attingeret ordinem ipsum nullo uinculo professionis astrictus exiuit. Super quo ne quis emulus in ipsum aliquid detractionis impingat, supplicauit sibi apostolice sedis prouidentia subueniri. Quia uero de facto et facti circumstantiis uos habere potestis notitiam pleniorem, prouidentie nestre auctoritate domini pape committimus quatenus inquisitis que super hiis fuerint inquirenda, si predictis ueritas suffragatur denuncietis ipsum ex premissis ad predicti ordinis obseruantiam non teneri.

CXLVIII.

DE EO QUI PROMITTIT SE ALIQUEM ORDINEM INTRATURUM SUB CONDITIONE.

Episcopo ———. Layci latoris presentium petitio continebat quod ipse olim in manibus magistri domus hospitalis sancti Johannis Jerosolimitani uestre diocesis, in cuius tunc seruitio morabatur, promisit se ordinem ipsum, si fratres eundem reciperent, intraturum, non intendens per hec uerba obligare se Deo uel alicui ordini nisi dumtaxat in apposite conditionis euentu. Verum cum fratres eiusdem domus nollent ipsum recipere, ille nullo uinculo professionis astrictus nec assumpto habitu regulari ad seculum est reuersus. Super quo ne quis emulus etc. Quia uero de facto et facti circumstantiis usque non teneri.

CXLIX.

DE EO QUI DICIT SIMPLICITER SE INTRATURUM RELIGIONEM ET NON INTRAT.

Episcopo Calmetensi.[1] Si confessioni latoris presentium et hiis

---

[1] Now called Alessio, in the northern part of Albania; an ancient extinct bishopric, revived in the thirteenth century.

que uestra pagina continebat ueritas suffragatur ad susceptionem habitus fratrum minorum idem non creditur compellendus.

CL.

DE EO QUI DE ARTIORI ORDINE TRANSIT AD LAXIOREM CAUSA NECESSITATIS.

Fratri Helye.[1] Zelum habere nos credimus animarum et uelle quod est salutis. Unde ——— lator presentium ad circumspectionis nestre remedium mittimus ut Cluniacensi ordini ad quem illicentiatus se transtulit de nestra licentia si placuerit astringatur. Expedit enim calamum quassatum non conteri et in erasione eruginis uas non frangi.

DE EODEM. (2).

Episcopo Alborensi [Albaracinensi?]. Audita relatione ——— militis militie Calatrauensis latoris presentium et intellecto quod non sine scandalo et consequenter non sine graui periculo in Calatrauensi ordine esse potest de speciali domini [pape] scientia dedimus ei licentiam ut saluti sue prouideat in ordine obseruantie mitioris.[2]

CLI.

DE EO QUI TRANSIT DE MINORI AD STRICTIOREM.

Episcopo Firmano. ——— heremite ecclesie ——— ordinis latoris presentium petitio continebat quod ipse ad arctiorem religionem se transferre desiderans a priore ——— suo licentiam sicut debuit postulauit quam cum impetrare non posset ad apostolice sedis recurrit subsidium suum cupiens desiderium adimpleri. Quia uero circa talia et fouendum est propositum pium in subdito et seruandus

---

[1] This is doubtless the famous third general of the Franciscan order, elected in 1232 and deposed by Gregory IX. in 1239, when he went over to Frederic II.

[2] The Order of Calatrava was under the severely ascetic Cistercian rule. Yet in time it became so relaxed that in hopes of reforming its morals Eugenius IV. in 1441 released its members from the obligation of celibacy.—Raynald. Annal. ann. 1441 n. 20.

fauor reuerentie in prelato, discretione uestre auctoritate domini pape committimus quatenus si prefatum II. non sue religionis contemptus sed obtentus arctioris inducit, cum non sit sub lege qui spiritu Dei agitur ne a meliori plus debito proposito retardetur concedatis ei licentiam postulatam.

DE EODEM. (2).

Episcopo Auelliriensi [Abellinensi]. Ex parte ——— abbatis et conuentus monasterii sancte Marie Montis Virginis fuit propositum coram nobis quod cum ——— eorum monachus existens in monasterio sancte Marie de Cripta Camerinensis diocesis, artioris religionis obtentu se transtulisset ad eos, uenerabilis pater episcopus Camerinensis, quamuis ab eo licentiam humiliter postulasset, quam ut dicitur obtinere non potuit, in eum pro sue uoluntatis arbitrio excommunicationis sententiam promulgauit. Super quo etc. Nos autem etc. quatenus inquisitis super hiis que fuerint inquirenda si premissis ueritas suffragatur predictum ——— ab huiusmodi sententia absoluatis concessa sibi licentia in eodem monasterio remanendi.

DE EODEM. (3).

Episcopo Oxoniensi [Oxamensi]. Intellecto quod Egidius lator presentium Calatrauensis ordinis non potest in eorum ordine sine scandalo commorari auctoritate domini pape prouidentie nestre committimus quatenus tandem a suo licentiatus priori concedatis ad artiorem transeundi licentiam uel ad parem prout eius saluti uideritis expedire.

CLII.

DE EO QUI PETIT SIBI ORDINEM MITIGARI PROPTER INFIRMITATEM.

Abbati ———. Monachi uestri latoris presentium relatio continebat quod cum ipse olim epileptico morbo quem incurrit in ordine laboraret ac physicus uestri ordinis accessit [et] exhibere consilium denegaret, idem monachus monasterium uestrum egressus, et usus consilio medicorum sensit aliquid mitigationis in morbo et spem remedii ad medelam. Verum cum ad ordinem uestrum redire metuat ne sicut medici persuadent propter uigiliarum immoderantiam et aliorum asperitatum ordinis remedium [reincidentiam] et capitis exinanitionem incurrat, supplicauit super hoc sedis apostolice prouidentia subueniri. Nos igitur auctoritate etc. quatenus si est ita temperetis rigorem uestri [ordinis] circa ipsum uel indulgeatis licentiam laxioris prout eius saluti expedire uideritis et temperantiam decuerit regularem.

DE EODEM. (2).

Episcopo Ebroicensi. Egidii clerici latoris presentium confessio continebat quod cum idem olim infirmitate incurabili laboraret, eadem alicui non exposita, ordinem fratrum predicatorum intrauit, se ibidem uinculo professionis astringens, quod cum ad notitiam prioris et fratrum eiusdem ordinis peruenisset, iidem considerantes quod dictus clericus ipsius asperitatem ordinis non poterat sustinere ipsum ab eiusdem obseruantia ordinis absoluerunt, dantes eidem licentiam intrandi ordinem mitiorem. Verum ut licentiam huiusmodi cautele habundantia muniat sedis apostolice clementiam adiit, petens sibi eius misericordia prouideri. Quapropter de speciali mandato domini pape prouidentie uestre committimus quatenus inquisita super hiis plenarie ueritate si nobis constiterit ita esse nunciantes ipsum predicti ordinis obseruantia non teneri et in aliquo monasterio uestre diocesis in fratrem recipi faciatis et fraterna in domino caritate tractari.

CLIII.

DE EO QUI PETIT SIBI RIGOREM REGULE MITIGARI.

Fratri Raymundo.[1] Vidimus scripti uestri tenorem pro fratre G. de Barcelona transmissi et notauimus scribentis affectum. Sane quia de culpa et culpe circumstantiis nos habere potestis notitiam pleniorem, discretioni uestre auctoritate domini pape committimus ut circa predictum possitis temperare rigorem prout fauor religionis exposcit et persone meritum interpellat.

[1] The allusion to Barcelona in this brief and the faculty committed to a simple friar would seem to identify its recipient as Ramon de Peñafort.

CLIV.

DE EO QUI IN ALIO ORDINE TOLLERATUR.

Abbati sancti Martini in montibus. Auditis que proposuit ——— monachus lator presentium tolleramus in eo quod in monasterio uestro uiuat in habitu regulari iuxta Cisterciensis ordinis instituta.

CLV.

DE EO QUI DE MINORI ORDINE TRANSIT AD ARTIOREM ET REDIT AD PRIOREM.

Abbati et conuentui sancti Pauli Bononiensis. Jacobus monachus monasterii uestri lator presentium proposuit coram nobis quod cum a pueritia sua in uestro monasterio conuersatus fuisset, sub habitu regulari uoto professionis emisso, ad ordinem fratrum minorum sub ea protestatione se transtulit quod si non posset ipsius asperitatem ordinis sustinere liberum haberet arbitrium ad uestrum monasterium reuertendi. Verum cum propter infirmitatem ac debilitatem proprii corporis eiusdem ordinis obseruantias tollerare non posset de ministri licentia restituentis ei habitum monachalem quamuis professus esset in ipso sed infra triduum post ingressum, probationi concesso tempore non elapso, ad uestrum cenobium est reuersus. Super quo ne quis emulus etc. usque subucuiri. Nos autem prefatum J. de speciali mandato domini pape ad uos duximus remittendum uestre prouidentie committentes quatenus si premissis ueritas suffragatur cum in sic concessa licentia tolleretis.

DE EODEM. (2).

Abbati ———. Frater P. lator presentium proposuit coram nobis quod cum idem triginta annis et amplius in uestro monasterio perstitisset quodam de fratribus uestris heremum adeunte idem post eum abiit petita licentia nec obtenta, et ingressus solitudinem construxit quandam ecclesiam ubi religiosos quosdam instituit sub disciplina ordinis Cisterciensis domino seruituros. Verum cum ad ordinem nestrum redire desideret supplicauit humiliter etc. usque prouideri. Nos autem etc. usque dispensetis.

CLVI.

De eo qui Transit ad Aliud Monasterium Eiusdem Ordinis sine Licentia.

Episcopo ———. Nicolai canonici de Vam uistenge [?] transmissa petitio continebat quod ipse olim in domo Aurisiensi[1] habitu regulari suscepto, beati Augustini regulam est professus. Verum cum absque conscientie scrupulo manere non posset ibidem illicentiatus se ad aliam transtulit ubi regularis obseruantia uiget iuxta ipsius ordinis disciplinam. Super quo petitus est humiliter sibi salutari consilio prouideri. Nos autem etc. quatenus si predictus ——— non repetatur a prima in secunda tolleretis eundem si tamen uigeat ibi uirtus obseruantie arctioris. Alioquin precipiatis eidem ut sublato more dispendio reuertatur ad primam.

CLVII.

De hiis qui Coacti Suscipiunt Habitum Regularem Invite.

Episcopo ———. Subdiaconi latoris presentium petitio continebat quod ipse infra puberes annos coactus a parentibus in quodam cenobio habitum suscipere monachalem antequam quartidecimi anni finem attingeret, per repetiti multotiens egressus instantiam urgentis repagulum coactionis infregit uiolentia, tamen impetus propinquorum ad tempus inualuit; qui cum etiam post quartumdecimum annum contra libertatem arbitrii et etatis priuilegium, ligatis post tergum manibus, ad monasterium reduxerunt. Corde tamen libero sub corpore colligato, cum non cesserit animus flagellis cedentibus uinculo se professionis astringeret aut applicaret affectum obseruantie regulari, quinimmo cum se opportunitas conformauit arbitrio, repetiit corpore seculum corde proculdubio non relictum. Super quo ne quis emulus etc. usque prouideri.

---

[1] Roth, in Anspach.

Quia uero de facto et facti circumstantiis etc. quatenus si premissis ueritas suffragatur et presumptionem coactionis preterite secuti patientia temporis non excludit, prefatum non reputetis in casu premisso regulari obseruantie alligatum.

DE EODEM. (2).

Tam ex litteris ——— abbatis monasterii ——— de Fide Boleanensis [?] ordinis sancti Benedicti quam ex confessione G. clerici uestre diocesis, presentium portitoris, accepimus quod ipse olim infra puberes annos a patre inuitus ipsi monasterio fuit oblatus et coactus habitum monachalem minores et subdiaconatus ordines recepit ibidem. Verum cum idem G. in eodem monasterio quartumdecimum annum impleuerit et per tres menses amplius noluntarius steterit in eodem, cum recedendi facultas se obtulit nullo uinculo professionis astrictus, monasterium ipsum exiuit. Super quo ne quis emulus in ipsum aliquid etc. Quia uero de facto et facti circumstantiis etc. usque si rei ueritas suffragatur et coactionem noluntatis preterite secuti patientia temporis non excludit, prefatum G. non reputetis in casu premisso regulari obseruantie alligatum.

CLVIII.

DE HIIS QUI ORDINEM RECIPIUNT NON UT REMANEANT SED UT LIBERENTUR A CARCERE.

Episcopo Auellinensi. F. laycus lator presentium proposuit coram nobis quod cum ei homicidium falso quidam impingerent et dominus terre ad eius perditionem intenderet, iusticiarius contrate tam detentoribus quam delatoribus ipsius ad suam presentiam accersitis detentionis causam ordine iudiciario diligenter audiuit, et cum liqueret de calumpnia delatorum super criminis delatione obiecti, absoluit eundem. Verum cum nichilominus teneretur in carcere, et quia timoris erat occasio ipsius detentio, religionis ingressum in liberationis remedium adinuenitur, non obligandi se gerens propositum quia ligatus erat uxori. Super quo etc.[1]

---

[1] The use of the religious orders as an alternative punishment for crime was not infrequent. Cæsarius of Heisterbach says "frequenter huic similia audivi scilicet ut homines flagitiosi pro suis criminibus variis suppliciis deputati, beneficio or-

CLIX.

De eo qui Minor Annis existens Vovit Intrare in Religionem et Sustinere non Potest.

Episcopo ———. ——— accepimus intimante quod ipse olim infra puberes annos existens uouit in quorumdam manibus se religionis habitum suscepturum. Verum cum tanta debilitate laboraret quod asperitate alicuius obseruantie regularis reddatur inutilis ut pote qui per tot annos sompno dicitur caruisse, supplicauit humiliter sibi ab apostolica sede misericorditer indulgeri, ut iuxta ambitum alicuius ecclesie regularis sibi habitaculum eligat ubi astrictus uoto perpetue castitatis de sui confessoris consilio agat penitentiam salutarem, de possessionibus propriis uite subsidia nichilominus percepturus. Nos autem predictum ——— auctoritate domini pape ad nos duximus remittendum ut secundum Deum admittatis ipsius desiderium ad petita.

CLX.

De eo qui Indutus Habitum Regularem dum esset Infirmus et Restitutus Saluti Dimittit Illum.

Episcopo ———. Latoris presentium petitio continebat quod cum nimia infirmitate grauatus in mortis exilium incidisset per

---

binis sint liberati" (Dial. Mirac. Dist. I. c. 31). In fact the Council of Placentia in 1129 ordered that all ravishers of women and assailants of clerks, pilgrims, monks, travellers and traders should be exiled or put into monasteries (Concil. Placentin. ann. 1129 c. xii. *ap.* Harduin. VI. II. 2054).

Possibly this may have had its origin in the custom of prescribing entrance into a monastery for life as a penance for serious offences. Thus some of the old penitentials order it for perjury committed through greed (Pœnitent. Pseudo-Bedæ cap. xlix. § 1; Columbani B. cap. xx.; Cummeani cap. v. § 4. *ap.* Wasserschleben, Bussordnungen, pp. 281, 358, 477). Sometimes it was offered as an alternative for the regular penance in aggravated cases, as for parricide and incest (Capitularia, Lib. vi. c. 71.—Isaaci Lingonensis Lib. iv. c. 5). As late as the Lateran Council of 1215 perpetual penance in a monastery of rigid observance was ordered for priests violating the seal of the confessional (C. Lateran. IV ann. 1215 c. 21). Above, in rubric xxxiii. we find it prescribed for a converted heretic.

The entrance of criminals into religious orders, with consent of the prosecutor and of the prosecuting officer is still a custom of the Church, and in these cases the Penitentiary has, theoretically at least, power to grant pardon as well as absolution (Benedicti PP. XIV. Const. *Pastor bonus* § 17, 13 Apr. 1744).

monachos quosdam indutus est habitu monachali, qui passionis remisso feruore, sui compos factus iudicii quas ingesserant alii uestes abiecit. Verum quia nonnulli uas nitens etc. usque alligatum.

DE EODEM. (2).

Episcopo Rauellensi.[1] Habet relatio V. subdiaconi uestre diocesis latoris presentium quod cum idem epileptico morbo laborans uerberatus esset a fratribus, furore morbi et dolore uulnerum illatorum in mentis exilium incidit et sui non compos ad domum cuiusdam hospitalis aufugiens subito uotum professionis emisit, quid ageret non intendens. Post triduum autem passionis remisso feruore ad se reuersus ratum non habens quod fecerat properauit quantocius ad egressum, nec tamen statim egredi potuit sicut dicit, eo quod fratrum custodia ipsius exitum retardabat. Tandem opportunitate concessa duorum fere mensium elapso curriculo, repetiit corpore seculum corde proculdubio non relictum. Super quo ne quis emulus etc. usque prouidentie uestre consulimus quatenus si est ita non reputetis predictum V. ex premissis ad regularem obseruantiam obligatum.

DE EODEM. (3).

Episcopo Lolanensi [?] R. clerici latoris presentium confessio continebat quod cum ipse olim infirmitate grauissima teneretur et in ipsius accessionis feruore fratrum minorum habitum postulasset, quidam de fratribus eiusdem ordinis tunica cum caputio se festinanter exuit et non expositis infirmo regularibus disciplinis ipsum non professum nec renunciantem seculo nec etiam iuxta constitutionem ordinis tonsoratum super uestes quas idem infirmus sibi retinuit fratres astantes eandem tunicam induerunt licet intentionis infirmi non fuerit professi sed nouitii habitum postulare, et propositi sui non esset se alicui astringere ordini nisi post experientiam regularem. Cumque sequenti die de asperitate ordinis quam nondum expertus fuerat cogitasset et ad ipsius obseruantiam non posset animum applicare die tercio se fecit per fratres ipsos dicta tunica spoliari, et in habitu seculari quem retinuerat sub tunica memorata remansit. Super quo ne quis emulus in ipsum aliquid

---

[1] The see of Ravello was in 1603 united with that of Scala, in the province of Melfi.

detractionis impingat etc. Quia uero de facto et facti circumstantiis etc. usque si est ita ipsum propter premissa non reputetis ad regularem obseruantiam obligatum.

DE EODEM. (4).

Episcopo Magalonensi. Magistri M. presentium portitoris relatio continebat quod cum olim infirmitate grauissima laboraret, se fecit ad domum fratrum minorum ea dumtaxat intentione portari ut sepeliretur ibi si contingerit ipsum mori. Verum cum non recepit habitum nec obligauerit se obseruantie regulari inde recessit sanitati pristine restitutus. Super quo ne quis emulus etc. Nos igitur etc. usque non reputetis ipsum ex premissis regulari obseruantie alligatum.

CLXI.

DE HIIS QUI ABIECTO HABITU REGULARI PROMOVENTUR ET CELEBRANT IN SECULO.

Abbati de ———. J. monachus monasterii uestri nobis humiliter est confessus quod ipse olim existens diaconus animi leuitate monasterium ipsum egressus ordinem uestrum et habitum dereliquit et se ad partes transferens Romanie per ——— episcopum de ——— in presbiterum ut asserit fuit promotus. Verum nunc ad cor, domino faciente, reuersus, ad uos cupiens cum humilitate redire, domino pape humiliter supplicauit ut sibi super hoc prouidere misericorditer dignaretur. Nos autem sperantes etc. usque commisit, ipsum ad uos duximus remittendum quatenus eo salua ordinis disciplina recepto et ad tempus iuxta quod expedire uideretis a sui officii executione suspenso et post etc.

DE EODEM. (2).

Abbati ———. Ex parte uestra fuit propositum coram nobis quod quidam monachus uester J. nomine sub obedientie uirtute prohibitus celebrare diuina egressus monasterium contra prohibitionem huiusmodi celebrare presumpsit. Vos tamen ouem errantum tanquam pastor sollicitus reuocastis et redeunti filio tanquam pius pater desideratis misericordie ianuam aperiri. Nos autem discretioni uestre auctoritate domini pape committimus quatenus iniuncta penitentia competenti monacho memorato si preuaricationis excessum profectus penitentie redimit prout exegerint suffragia meritorum eundem ad dispensationis gratiam admittatis.

DE EODEM. (3).

Abbati de ———. II. presbiter lator presentium nobis humiliter est confessus quod ipse olim monasterium uestrum egressus animi leuitate absque licentia uestra se fecit ad diaconatus et presbiteratus ordines promoueri, super quo dispensationis gratiam instanter et humiliter postulabat. Nos autem sperantes quod in clausura monasterii etc. usque commisit, ex fauore qui religioni debetur discretioni uestre auctoritate domini pape committimus quatenus iniuncta sibi penitentia competenti ac eo ad tempus iuxta uestrum arbitrium limitandum, uel pro culpe modo, ac sic susceptorum ordinum executione suspenso, tandem cum ipso prout fructus satisfactionis et testimonium conuersationis exegerint et anime sue saluti expedire uideritis, dispensetis.

DE EODEM ET DE EO QUI ABIECTO HABITU REGULARI CELEBRAVIT IN SECULO. (4).

Episcopo ———. Lator presentium humili nobis confessione monstrauit quod ipse olim ductus animi leuitate monasterium ——— exiuit et abiecto habitu regulari diuina presumpsit in seculo celebrare. Super quo sedis apostolice clementiam adiit misericordiam petiturus. Nos autem sperantes quod in clausura monasterii digna penitentia deplorabit que fugitiuus in seculo uaga et dampnosa libertate commisit, ipsum ad uos duximus remittendum auctoritate domini pape uestre prouidentie committentes quatenus eo, salua ordinis disciplina, recepto ac iniuncta ei pro culpe modo penitentia competenti, ad tempus prout expedire uideritis ab executione officii suspendatis eundem, postmodum si eidem et uite meritum etc. usque admittatis.

CLXII.

DE CLERICO APOSTATA ET TRANSEUNTE AD ACTUS SECULI.

Episcopo Ildefemensi. ——— subdiaconi latoris presentium petitio continebat quod ipse olim accinctus cingulo militari per usum armorum uiginti annis et amplius clericali militie se reddidit alienum; perferens tamen sub armis conscientia clericum, a morte uel mutilatione manum temperauit armatam. Quem demum uenerabilis patris ―――― episcopi fructuosa monitio faciente domino renocauit ad cor atque alienatum ab utero reduxit ad mentem. Verum ut idem satisfacere possit in sacris qui profanis offendit, postulauit humiliter ad subdiaconatus executionem admitti et ad superiores aditum non negari, petitionem eius uenerabilium patrum et aliorum proborum suffragio fulciente. Quia uero in talibus est et querenda salus et seruanda cautela, de certa conscientia et speciali mandato domini pape prouidentie uestre committimus quatenus si prefatus in mortem alicuius uel mutilationem non dedit opem uel operam consilium uel fauorem, iniuncta sibi penitentia competenti, si ei et uite meritum etc. secum quod in susceptis ministrare possit ordinibus et ad superiores promoueri alio non obstante canonico dispensetis.

DE EODEM. (2).

Episcopo Esculano. Habet assertio G. diaconi lator presentium quod cum ecclesiastica stipendia non haberet quorum subsidio uitam posset ducere clericalem nec alias ei suppeterent facultates, tonsuram dimisit et habitum, et uelut laycus curis se immiscens indignis mechanicas artes exercuit, diuinis obsequiis pretermissis, arma tamen non sumpsit nec excessit in aliquo quod eum irregularitate notaret. Verum quia in desiderio habet ut asserit hereditatis dominice sortem sequi conuersationem preteritam redimente futura, supplicauit humiliter sibi super hiis de prouidentia sedis apostolice subueniri. Quia uero fugienti a facie aquilonis est cum pane gratie et aqua refrigerii occurrendum predictum G. ad uos duximus remittendum auctoritate domini pape uobis scribentes quatenus eidem G. sic redeunti uestrum consortium non negetis quin eum benigne ac ylariter admittentes sincero charitatis affectu tractetis eundem.

DE EODEM. (3).

Episcopo Isdelmensi [?]. Corradi subdiaconi latoris presentium confessio continebat quod ipse olim accinctus cingulo militari per usum armorum xx. annis et amplius clericali militie se reddidit alienum; perferens tamen sub armis conscientia clericum a morte uel mutilatione manum temperauit armatam. Quem demum uenerabilis ─── patris Isdelmensis episcopi fructuosa monitio domino faciente reuocauit ad cor, atque alienatum ab utero reduxit ad mentem. Verum ut idem C. satisfacere possit in sacris qui profanis offendit, supplicauit humiliter, postulauit instanter ad subdiaconatus executionem admitti et ad superiores ordines aditum non negari, petitionem huiusmodi uenerabilium patrum ─── ac aliorum proborum suffragio fulciente. Quia uero in talibus est et querenda salus et seruanda cautela de certa conscientia et speciali domini pape mandato prouidentie uestre committimus quatenus si prefatus C. non dedit in mortem alicuius uel mutilationem opem uel operam consilium uel fauorem, iniuncta sibi penitentia competenti si ci et uite meritum et fame testimonium suffragatur secum quod in susceptis ministrare possit ordinibus et ad superiores promoueri alio non obstante canonico dispensetis.[1]

DE EODEM. (1).

Acoliti latoris presentium confessio continebat quod ipse olim assumpto habitu laycali per plures annos clericali militie se reddidit alienum, perferens tamen conscientia clericum manus ad effusionem sanguinis non extendit. Quem demum fructuosa monitio quorundam prudentum faciente domino reuocauit ad cor etc. ut supra.

CLXIII.

De eo qui Petit se Recipi in Monasterio de quo fuit Ejectus.

Abbati Mallcolensi ordinis sancti Augustini. ─── presbiter ordinis uestri lator presentium humili nobis confessione monstrauit quod ipsum, pro eo quod super quibusdam negligentiis uos ad diocesanum denunciationis debito pertulit, et excommunicatione notastis atque abiectum a grege de caula monasterii eiecistis, et dum idem per abrupti seculi uagaretur, casibus multis expositus, quia expers gratie periculum non prouidit, diuina non diuine celebrare presumens. Qui tamdem ad cor, domino faciente, reuersus, rediit ad uos etsi non reuocatus, sed ad receptionis gratiam non peruenit, licet per litteras fratris Clari domini pape penitentiarii quas

---

[1] This is a repetition of case 1 of the same rubric.

habebat, quibus pro preduce et comite speraret facilem aditum et ad clementem aspiraret regressum. Verum ut dicit creas portas inuenit et uectes ferreos humilis supplicatio non confregit. Quod et iterati labor itineris innuit et periculosa uagatio peregrinationis exponit, unde post hos labores cogitur plus sitire ac de apostolice fontis clementia haustum gratie expetiit, et a uobis post geminas litteras plus benignitatis expectat. Ut igitur spei foliis rei fructus succedat et fugienti a facie aquilonis cum pane gratie et aqua refrigerii occurratur, auctoritate domini pape etc. quatenus predicto ——— sic redeunti absolutionis beneficii impendatis et ipsum iuxta piarum continentiam litterarum salua ordinis disciplina receptum, ab ordinum executione sacrorum ad tempus prout expedire uideretis suspendatis. Tandem prout future conuersationis exigerint merita dispensationis ianuam aperiatis eidem.

CLXIV.

DE RELIGIOSO QUI VOVIT SE AD ALIUM ORDINEM INTRATURUM ET NON INTRAVIT.

Archiepiscopo Toletano. Transmissa nobis fratris ——— militis hospitalis Jerosolimitani petitio continebat quod idem sine licentia et conscientia sui prioris uotum emisit quod ad fratrum predicatorum ordinem se transferreret. Sane cum ad ipsius ordinis obseruantias minus utilis uideatur et in hospitali gratum possit ex militaribus actibus impendere domino famulatum, petitum est humiliter sibi super hiis ab apostolica sede salutari consilio prouideri. Nos autem de speciali mandato domini pape etc. usque consulimus quatenus si est ita prefatum ——— in suo ordine dimittatis.

CLXV.

DE EO QUI DIU STETIT IN MONASTERIO ET EXPRESSA PROFESSIONE NON FACTA FUIT ASSUMPTUS IN ABBATEM.

Episcopo Exurarum [?]. Accepimus serie litterarum quod ——— abbas uestre diocesis in monasterio suo per XXV. annos in habitu professorum, expressa tamen professione non facta, laudabiliter conuersatus, tandem assumptus est alias regulariter in abbatem. Super quo cum sit ydoneus ad ipsius regimen abbatie petiistis sue saluti sedis apostolice prouidentia subueniri. Quia uero de facto etc. quatenus si predictus abbas sic se inter alios monachos non solum habitu uerum etiam que monachali censentur obseruantie tanto tempore habuit quod ad professionis tacite proficiat ad augmentum et alias ei ad assumpti curam regiminis utilitas suffragatur, ipsum alio canonico non obstante in suscepto regimine tolleretis.

CLXVI.

DE EO QUI RELIGIONEM INTRAT PROPTER MULTOS EXCESSUS ET INDIGET DISPENSATIONE.

Fratri Christiano ministro fratrum minorum in Marchia.[1] Audita confessione J. clerici latoris presentium quam uobis presentibus mittimus interclusam auctoritate domini pape prudentie uestre duximus committendum quatenus postquam idem habitum religionis assumpserit et professioni se astrinxerit regulari cum ipso prout fructus satisfactionis et meritum conuersationis exegerint et anime sue saluti expedire uideritis dispensetis.

CLXVII.

DE CONVERSO QUI RECIPIT PRIMAM BENEDICTIONEM CORONE.

Fratri Petro conuerso. Constitus apud sedem apostolicam nobis humiliter es confessus quod cum olim infra annos discretionis existens, antequam habitum religionis assumeretis primam recepisti benedictionem corone. Verum cum assumpto religionis habitu in monasterio de Dygneo Cisterciensis ordinis coronam inter conuersos sine scandalo portare non possis et abbas tuus in monachum te recipere contradicat, tibi cupienti in heremo domino famulari sup-

---

[1] I can find no trace of a Franciscan brother Christian at this period and am inclined to think the name an error of the copyist for Crescenzio Grizzi who was minister of the March of Treviso prior to his election to the generalate in 1244.—Chron. Glassberger ann. 1244.

plicasti super hoc a sede apostolica misericorditer prouideri. Nos igitur de certa conscientia et auctoritate domini pape tibi concedimus licentiam ad dictum heremum transeundi ita tamen quod districte ibidem tui ordinis regulam seruans, huc et illuc de cetero non discurras nec assumas materiam euagandi nisi incurabili necessitate coactus ad uicina loca te aliquando accedere oporteret.

CLXVIII.

DE CONFESSIONE COMMITTENDA PRO EXEMPTIS.

Abbati de Valle Syriaci,[1] Premonstratensis ordinis. Abbatissa et conuentus monialium sancti Johannis Baptiste de domo regis inquisia[2] ordinis sancti Benedicti Suessyensis diocesis domino pape humiliter supplicarunt, ut cum dispendiosum sit eis conscientiarum suarum secreta personis secularibus reuelare, de speciali gratia eis aliquem uirum religiosum in confessorem misericorditer concedere dignaretur. Nos de speciali mandato domini pape discretioni nestre committimus quatenus si predicte moniales exemptionis priuilegio gaudeant audiatis confessiones earum super commissis, prouidentes eisdem remedio penitentie salutaris quociens ab eis fueritis requisiti.

CLXIX.

QUOD PERSONA EXEMPTA POSSIT SIBI ELIGERE CONFESSOREM QUEM MALIT.

Abbatisse Jotrensi.[3] Pro parte tua fuit humiliter supplicatum tibi ab apostolica sede misericorditer indulgeri ut eius auctoritate licite possis eligere aliquem uirum ydoneum cui commissa ualeas confiteri, presertim cum monasterium tuum dicatur exemptum nec aliquem ordinarium habeas preter Romanum pontificem, cuius

---

[1] Valsery (Vallis Serii or Vallis Serena), about a league south-west of Soissons, the seat of a Premonstratensian convent.

[2] The Benedictine nunnery of La Maison royale de Cuise, at Saint-Jean-aux-Bois, in the forest of Compiègne, not far from Valsery.

[3] Jouarre—brought into notice of late years by the "Abbesse de Jouarre" of M. Ernest Renan.

prouidentia anime tue salubriter consulatur. Nos autem propositum tuum in domino commendantes auctoritate domini pape deuotioni tue duximus concedendum ut sacerdotem eligas cui licite confitearis peccata tua qui auctoritate premissa iniungat tibi penitentiam et alia que secundum Deum uiderit iniungenda.

CLXX.

De Confessione Committenda pro non Exemptis.

Decano Lemouicensi. Edda reclusa de Scandaniale lemouicensis diocesis humiliter supplicauit, ut cum humane fragilitatis conditio sit multis peccatis obnoxia que nonnisi per penitentie lacrimas et sacerdotis ministerium absterguntur, in curam ipsius anime apostolica sedes aliquem discretum presbiterum deputare misericorditer dignaretur. Quia uero sauciati uulneribus sunt adhibenda remedia et digna petentibus fauoris est gratia impetranda [impertienda], discretioni uestre auctoritate domini pape committimus quatenus considerato statu predicte recluse de sacerdote ydoneo et honesto prouideatis eidem donec ecclesie uestre fuerit de pastore prouisum, per quem sibi super hiis postmodum salubrius consulatur.

CLXXI.

De eo qui Recipit in se Onus Penitentie Alterius.

Episcopo ———. Lator presentium ——— exposuit humiliter coram nobis quod ipse onus in se penitentie paterne suscipiens Romam uenit ut quadragesimalis tempus obseruantie perageret uice patris. Verum cum expensarum defectus et alia quedam concepto proposito dispendium difficultatis opponerent, supplicauit sibi apostolice sedis prouidentia subueniri. Ut igitur patri subueniatur et filio, circumspectione uestre auctoritate domini pape committimus quatenus et expensas quas prefatus ——— esset facturus morando et aliquid ultra quod possit in compensationem deduci pro defuncti anima commuti faciens in opera pietatis, cum alicuius commutatione penitentialis obseruantie predicti moram temporis remittatis eidem.

CLXXII.

De Penitentia Moderanda.

Episcopo ———. In archa federis et uirga continebatur et manna, prefigurans quod in pontificis pectore sic uirga debet esse uigoris quod lenitatis manna non desit, ut misericordia releuet quem exasperauerat disciplina. Hinc est quod ——— presbiter lator presentium suos humiliter recognoscens excessus ad nos de consilio nostro reuertitur ut in nobis post patris uerbera matris ubera sentiat et inueniat illius Samaritani uestigia qui uinum infudit et oleum uulneribus sauciati.

De eodem. (2).

Episcopo ———. Intelleximus quod lator presentium in quendam clericum manus uiolentas iniecit cui est iuxta formam ecclesie beneficium absolutionis impensum. Sane ut dicitur soluit culpe pena quod debuit et ultra debitum rigor iudicantis extorsit. Decet igitur ut iustitie conformata uindicta dextera punientis ultionis debite terminos non excedat.

De eodem. (3).

Archiepiscopo Barensi. Que petebat lator presentium cedula continet presentibus interclusa. Verum quia sauciati uulneribus post uini rigorem infundendum est oleum lenitatis, auctoritate etc. ipsum ad uos duximus remittendum ut iuxta conuersationis merita prouideatis conuerso prout sue saluti uideritis expedire.

De eodem. (4).

Idem. Qui nouit culpam imponat penam, et cum uiderit meritum premium dispensationis impendat.

De eodem. (5).

Episcopo ———. Intellectis que de penitentia ——— quondam fautoris hereticorum missa pagina continebat, consulimus ut sic circa ipsum circumspectio uestra prouideat quod et rigor penitentie non nimis exasperet et laxa remissio non dissoluat.

DE EODEM. (6).

Archiepiscopo Toletano. Vidimus litteras quas pro Dominico Celasquez domino pape misistis, et considerato quod continebatur in ipsis circumspectioni uestre etc. quatenus consideratis diligenter que consideranda uideritis super hiis que eedem littere continebant presentibus intercluse, quanto magis a fauore priuilegii regularis conuersos occisos conuersationis deformitas reddidit alienos tanto moderatius circa predictum D. absolutione preuia rigor penitentie temperetur.

DE EODEM. (7).

Episcopo ———. Vidimus litteras quas pro ——— monacho ——— Abbas sancte Cuphoñ. [?] uenerabili patri domino T. tituli sancte Sabine presbitero cardinali transmisit. Quia uero de facto et facti circumstantiis nos habere etc. cum premissis litteris presentibus interclusis ad uos negotium duximus remittendum, auctoritate domini pape etc. quatenus prout meritum penitentis exigerit circa predictum monachum pene temperetis rigorem.

DE EODEM. (8).

Episcopo ———. Maioris et Scabinorum de Mostorolio petitio nobis exhibita continebat quod ipsi quendam in latrocinio deprehensum tonsuram et habitum layci deferentem mortis iudicio condempnarunt. Sane cum ipsi tunc eundem clericum ignorarent, et idem qui ut dicitur clericali charactere fuit insignitus suum priuilegium neglexerit allegare, supplicarunt sibi super premissis sedis apostolice misericordia subueniri. Quia uero nonnumquam in talibus dum zelus rigorem exagerat et rigor zelum intendit limes prouidentie suis finibus non seruatur, auctoritate domini pape etc. quatenus consideratis circumstantiis uniuersis eo moderamine utamini circa ipsos ut penitentia cautele remedium afferat et penam non inferat quam ignorantia non meretur.

DE EODEM. (9).

Episcopo Marsicano. Occisoribus clericorum talis pena consueuit iniungi ut ante absolutionem per ecclesias loci nudi per triduum ut ante absolutionem mitterentur. Sane lator presentium asseruit coram nobis se quendam clericum, qui dimisso habitu clericali plurima furta commiserat quosdam lethaliter uulnerauerat, carceri mancipasse, qui postmodum antequam expediretur a uinculis inopinate decessit. Ceterum quia ipsius non erat propositi quod ipsum condempnaret ad mortem, immo per incarcerationem huiusmodi corrigeret excessus ciusdem, supplicauit sibi super hiis apostolice sedis misericordia subueniri. Quia uero nobis non constitit de premissis predictum ―――― ad nos duximus remittendum auctoritate etc. usque quatenus inquisitis super hiis que fuerint inquirenda quanto magis a fauore privilegii clericalis uita et moribus illum constiterit recessisse tanto moderatius circa istum absolutione preuia rigor penitentie temperetur.

DE EODEM. (10).

Episcopo ――――. S. canonici latoris presentium confessio continebat quod etc. [ei] iniunctum fuit in penitentia ut psalterium ebdomada qualibet et psalmum illum Deus, uenerunt gentes, [Ps. lxxviii.] diebus singulis recitaret. Verum cum tempus certa non fuerit expressione taxatum et impedimentum in hiis negotiorum prolixitas ingerat, postulauit humiliter sibi super hoc sedis apostolice prouidentia subueniri. Nos igitur etc. usque committimus quatenus considerata culpa et culpe circumstantiis penitentiam ipsam competentis compensationis remedio prout eius saluti expedire uideritis temperetis.

CLXXIII.

DE TRANSGRESSIONE VOTORUM.

Episcopo Lubiensi.[1] G. layci uestre diocesis latoris presentium petitio continebat quod ipse olim in maris periculo constitutus mentali uoto non tamen uerbis expressis se ad perpetuam continentiam obligauit sub obseruantia regulari si sospes perueniret ad portum. Sane dictus ―――― assecutus gratiam quam petebat cum continere non posset ne in carnis lubricum laberetur se

---

[1] Possibly Lobrensi (Massa Lubrense), a discontinued see in the province of Sorrento.

CLXXIV. DE DILATIONE VOTORUM.

coniugali copule alligauit. Super quo sibi petiit salutari consilio prouideri. Nos autem prouidentie uestre auctoritate domini pape etc. quatenus si est ita et aliud canonicum non obsistat prefatum G. dimittatis in usu copule sic contracte iniuncta ei de transgressione propositi penitentia salutari.

DE EODEM. (2).

Episcopo ———. Fuit propositum coram nobis quod dum J. laycus uestre diocesis graui in egritudine laboraret mater sua uotum emisit ipsum de capitibus quadrupedum uolucrum et piscium non esurum, et licet idem J. ad ipsius uoti obseruantiam se postmodum·obligasset seductus aliquorum sociorum instantia et etatis uolubilitate sibi blanditus transgressionis notam incurrit. Super quibus petitum est humiliter eius saluti de prouidentia sedis apostolice subueniri. Nos autem etc. quatenus predicti ——— confessione diligenter audita uotum huiusmodi eidem in alia pietatis opera salubriter commutetis, iniuncta ei de transgressione penitentia salutari.

CLXXIV.

DE DILATIONE VOTORUM.

Priori fratrum predicatorum Atrebatensi. Jacobi clerici de ——— petitio continebat quod ipse olim nimia infirmitate grauatus uouit coram tribus personis se in certis locis ac diffinito tempore sancti Benedicti aut fratrum predicatorum ordinem intraturum. Verum cum tanta debilitate laboret quod in presentiarum ad nullius ordinis obseruantias ydoneus reputetur, nec reciperetur ab aliquo sicut fertur, cognita egritudinis sue causa, fuit humiliter supplicatum circa dilationem temporis quod suo prefixit ingressui sibi ab apostolica sede salutari consilio prouideri. Nos autem etc. quatenus consideratis diligenter que consideranda uideritis erga statum et continentiam clerici memorati, si circa receptionem ipsius in aliquo predictorum ordinum difficultatis obstaculum opponi contigerit propter quod tempus ingressus oporteat prorogari, agatis cum eo super premissis prout saluti sue uideritis expedire.

DE EODEM. (2).

Episcopo Cabilonensi. Supplicauit nobilis uir Hugo de Attignie dominus de Pagnaye ut cum ipse desideret signum crucis accipere in terre sancte subsidium sedes apostolica ei concedere dignaretur ut a mense Martii primo futuro usque ad alium Martium habeat inducias transfretandi et interim priuilegio gaudeat crucesignatis indulto. Nos autem de speciali mandato domini pape discretioni uestre committimus quatenus prefati nobilis confessione diligenter audita in remissione peccatorum crucesignatis eundem sibi petitas inducias concedentes nec permittentes ipsum predicti auctoritate mandati medio tempore ad transfretandum compelli, ipsum ac ipsius bona nichilominus conseruantes iuxta formam in generali crucesignatorum indulgentia comprehensam.

CLXXV.

DE COMMUTATIONE VOTORUM.

Episcopo ―――. Pro parte nobilis uiri, Philippi domini de Antigniano fuit humiliter supplicatum ut cum idem crucesignatus existat et meliores ac prudentiores terre sue crucem assumpserint in terre sancte subsidium profecturi, nec inueniat quibus sue terre custodiam secure committat passagio in instanti, apostolica sedes concedere dignaretur ut tres de predictis crucesignatis ad ipsius terre custodiam retinere ualeat et eis absolutis a cruce tres alios eque pares in expensis et armis assumant, qui assumpta cruce uice illorum trium transeant cum eodem. Nos autem de speciali mandato domini pape prouidentie uestre committimus quatenus consideratis diligenter que consideranda uideritis sic in premissis predicto nobili circumspectio uestra prouideat quod terre sancte [sue] in commutatione illorum tantum congruo subueniatur auxilio et terre sancte necessaria cautela non desit.

DE EODEM. (2).

Episcopo Mutinensi.[1] Ex parte Nicolai layci ordinis penitentum fuit propositum coram nobis quod cum ipse olim uouisset beati

[1] It was only in 1855 that Modena was erected into an archbishopric.

CLXXVI. DE VOTO SUB CONDITIONE. 167

Jacobi limina discalceatis pedibus uisitare ad predicationem uenerabilis patris episcopi Regini [Reginensis?] proponentis quod per execntionem transmarine peregrinationis uota alia soluerentur, partes adiit transmarinas, uoto huiusmodi aliter non soluto. Super quo petitum est humiliter sibi ab apostolica sede salutari consilio prouideri. Nos autem prouidentie nestre auctoritate domini pape committimus quatenus prefati N. confessione diligenter audita super eiusdem uoti obseruantia circa ipsum prout expedire uideritis disponatis.

DE EODEM. (3).

Episcopo ———. A. mulier que iuxta ecclesiam nestram manet inclusa uouit sicut accepimus beati Antonii limina uisitare. Verum cum meliorem partem eligerit et temporali uoto in perpetuum commutato intrauerat carcerem ut sepulta seculo uiuat domino, supplicauit sibi super premissis salutari consilio prouideri. Cum igitur uotum non uiolet qui commutat in melius committimus quatenus predicte A. confessione diligenter audita ab execution uoti premissi absoluatis eandem, iniuncta ei penitentia ad cautelam.

DE EODEM. (4).

Episcopo Laudensi. Cum D——— milites latores presentium de manu nestra uelint accipere signum crucis in Constantinopolitane terre subsidium profecturi ubi per annos plurimos Domino fideliter militarunt, de speciali mandato domini pape committimus quatenus aliquos crucesignatos de diocesi uestra impotentes et debiles absoluatis a uoto crucis et de bonis ipsorum que iuxta facultates proprias in redemptionem uoti ac recompensationem laboris contulerint conferatis predictis militibus pro subsidio uie sue, quos si forte ab ipsius terre succursu propositum reuocare contigerit predictorum crucesignatorum bona de quibus eis duxeritis prouidendum conuertent in negotium transmarinum.

CLXXVI.

DE VOTO SUB CONDITIONE FACTO.

Archiepiscopo Toletano. G. et P. latores presentium proposuerunt humiliter coram nobis quod cum iidem zelo deuotionis accensi proposuissent ut peregrini Ierosolimam uisitare crucis signaculum assumentes, propter superuenientem egritudinem que ipsos reddit inhabiles succursui terre sancte huiusmodi nequeunt propositum adimplere, propter quod humiliter supplicarunt sibi ab apostolica sede concedi ut liceat eis dispensatiue sic commutare propositum ut in partibus Hispanie Sarracenos impugnent, concessa eis indulgentia que solet concedi euntibus in subsidium terre sancte. Nos autem de speciali mandato domini pape circumspectioni uestre committimus quatenus prefatis G. et P. implentibus quod promittunt ad petita ipsorum desiderium admittatis, ita tamen quod tanto tempore in predictorum Sarracenorum impugnatione persistant quod possit et labori itineris compensare quem perferrent si terram sanctam adirent et more quam facturi essent ibidem.

DE EODEM. (2).

Episcopo Pictauiensi. Ex parte P. de Belloloco militis uestre diocesis fuit propositum coram nobis quod ipse olim graui infirmitate laborans precipit domesticis suis quod si uiderent eum in extremis agentem imprimerent eius humero signum crucis pro ipsius anima missuri post mortem bellatorem ydoneum cum eorum expensis in subsidium terre sancte. Sane cum non intenderit transfretare et paratus sit iuxta conditionis formam bellatorem mittere in auxilium dicte terre postulatum est humiliter etc. Nos autem de speciali mandato domini pape committimus quatenus si est ita prefato ——— premissa fideliter adimplente, a uoto crucis absoluatis eundem concessa ei delictorum uenia iuxta formam concilii generalis.[1]

CLXXVII.

DE ABSOLUTIONE VOTI.

Archiepiscopo Remensi. Cum illorum indigeat terra sancta subsidio qui sunt potentes ad pugnam aut uerbo predicationis instructi et ——— presbiter lator presentium qui crucesignatus existit ad neutrum sufficiat predictorum, nos auctoritate domini

---

[1] Concil. Lateranens. IV. ad calcem (Harduin. Concil. VII. 71).

pape ipsum a uoto crucis ad uos remittimus absolutum. Vos autem super hiis propter que crucem assumpsit iniungatis ei que sue saluti ac terre sancte subsidio uideritis expedire.

DE EODEM. (2).

Archiepiscopo Rothomagensi. R. presbiter uestre diocesis lator presentium domino pape humiliter supplicauit ut cum clericis pugnare non liceat maxime in sacris ordinibus constitutis et idem crucesignatus existat ei concedere dignaretur ut si in generali passagio transfretare noluerit pro se militem mittat quem maluerit propriis sumptibus in subsidium terre sancte. Nos autem de speciali mandato domini pape circumspectioni uestre committimus quatenus cum prefatus R. militem miserit propriis sumptibus in succursum imperii Romanie ab executione ierosolimitane peregrinationis absoluatis eundem, concessa sibi indulgentia que transeuntibus conceditur in subsidium terre sancte.[1]

[1] The development of the dispensing power as to oaths and vows furnishes an instructive illustration of the growth of sacerdotalism and of the manner by which, through the instrumentality of the Penitentiary, the papal power was enabled to encroach on that of the bishops. Rubrics CXVIII., CXXXVII. and CLXXIII.-VII. show how common had become appeals to the Holy See when relief was sought from vows and oaths heedlessly taken, and how the Penitentiary soothed the consciences of those who invoked it. All this was of comparatively recent growth. In the earlier time it was a recognized rule that foolish and insupportable vows need not be observed, and no priestly intervention of any kind was prescribed for their abrogation (" Vota stulta et importabilia frangenda sunt."—Canones Gregorii 64; Theodori Pœnitent. I. xiv. ₰ 6; Cummeani Pœnitent. III. 37, ap. Wasserschleben, Bussordnungen, pp. 168, 198, 475). As sacerdotalism developed it became admitted that some mediation was requisite to release the obligation of a vow and define the conditions of its commutation or redemption. Innocent I. had said that those who married after taking a vow of chastity should perform penance (Gratian C. 12 Caus. XXVII. Q. 1) and the Penitentials defined this penance as three years (Theodori, I. xiv. ₰ 5; Merseburgens. c. 139; Cummeani III. 36) which was adopted by Gratian (Dist. XXVII. c. 3). When the Penitentials gradually became obsolete the definition of this penance or mode of redemption naturally fell into the hands of the bishops, while at the same time there was a rapidly growing tendency to magnify the obligations of the vow. In spite, however, of the undoubted jurisdiction of the bishops in these matters we see by the cases of our Formulary how strong a disposition there was to have recourse to the Holy See, whether because its prescriptions were apt to be more lenient, or whether, perhaps, its decisions were regarded as more efficacious. At the very time when the briefs in the text were emanating from the Penitentiary, its most eminent member, St. Ramon de Peñafort, declared in the most positive

CLXXVIII.

DE SEPULTURIS.

Episcopo Tudensi. ——— de Vinea accepimus intimante quod cum quondam pater suus pro violenta iniectione manuum circa

terms that bishops had full jurisdiction over these matters, that the only vow reserved for papal commutation was that of the Holy Land, and that there could be no commutation for the vow of continence (S. Raymundi Summæ Lib. I. Tit. viii. ¿ 2). A few years later Cardinal Henry of Susa, whose authority as a canonist stood second only to that of St. Ramon, took precisely the same ground—that the only vow reserved for the pope was that of the Holy Land and that even he could not commute the vow of continence (Hostiensis Aureæ Summæ Lib. III. *de Voto* ¿ 12 . Yet we see by rubrics CXXIV., CXXV., CXXXVII and case 1 of CLXXIII that the Penitentiary was already disregarding this limitation and was freely granting dispensations for vows of continence and that it was entertaining appeals from the decisions of bishops on these points. This extension of the papal prerogative grew apace. Aquinas soon afterwards asserted that the Church could dispense even for vows of continence taken in assuming holy orders, but he drew the line at monastic vows, for which no dispensation could be granted (See Sec. Q. LXXXVIII. Art. 11). John of Freiburg follows Aquinas—bishops can dispense for all vows save those of the Holy Land and of continence, which are subject to the pope, but even he cannot dispense for monastic vows (Summæ Confessorum Lib. I. Tit. viii. Q. 71-2), while all oaths are subject to his pleasure and to that of God ("Quod in omni juramento subintelliguntur istæ conditiones, ut faciam hoc si Deo placuerit; item si papæ placuerit quia ejus auctoritas videtur excepta"—loc. cit. Tit. ix. Q. 18). It was not long after this that John XXII. resolutely extended the papal power over monastic vows and burned Spiritual Franciscans by the score because they disputed it see the author's "History of the Inquisition of the Middle Ages," III. 77, 79 . There was no resisting such arguments; the Church accepted the innovation and Astesanus, the leading canonist of the time, definitely asserts it— "Vota autem continentiæ et religionis et transmarinum commutari non possunt auctoritate episcopi, sed solus papa dispensare potest in illis" (Summæ de Casibus P. 2. Lib. I. Tit. xx. Art. 10). Thus papal control over vows of continence was won, and towards the close of the fifteenth century we find the rule laid down that there are four vows reserved for papal dispensation—continence and the three pilgrimages, to the Holy Land, to Rome, and to Compostella. All the rest are under episcopal jurisdiction, while any confessor can grant absolution for transgressions of vows except in the four reserved to the pope (Barthol. de Chaimis Interrogatorium sive Confessionale, Venetiis, 1480, fol. 26b).

At the same period a little manual for the guidance of confessors enumerates the vows which are not binding—"Votum de re illicita non obligat. Votum in ira factum nunc nihil valet. Votum nulli factum non tenetur. Votum per timorem factum non tenetur. Votum puerorum non tenetur nisi post etatem legitimam ratum et gratum habeant. Votum peregrinationis uxoris non tenet sine consensu

CLXXVIII. DE SEPULTURIS.

effusionem sanguinis uinculo excommunicationis astrictus ueniret ductus penitentia ad sedem apostolicam absoluendus, ab inimicis suis extitit interfectus, propter quod caret ecclesiastica sepultura. Quare dictus ———, paratus ut asserit pro prefato ——— patre suo satisfacere competenter iniuriam passo, poni eum in christianorum cimeterio humiliter postulauit. Quocirca discretioni nestre

mariti. Votum uxoris factum de jejunio non valet nisi sit de licentia mariti. Votum castitatis in matrimonio factum non valet sine consensu amborum. Votum factum impediens conjugale non valet neque tenet in aliquo. Votum servi non liberi de intrando religionem non valet sine consensu domini. Votum peregrinationis ultra mare non impletur sine licentia pape. Votum jejunii mulieris impregnate non debet servari propter periculum." (Casus papales Confessorum *sine nota*, v. Hain 4675.) The question as to the impediment to marriage created by a vow of chastity was debated interminably by the doctors, who investigated its intricacies with more subtilty than decency, but no question as to papal dispensations seems to have entered into the discussion (Baptistæ de Saulis Summa Rosella s v *Impedimentum*, iv.).

In modern practice a dispensation seems to be necessary for the marriage of a person who has taken a simple vow of chastity, but it is granted as a matter of course if the plea of danger of incontinence is made —"Si enim vovens petiisset dispensationem allegando pro causa matrimonium contrahendum cum consanguinea nullo modo eam impetrasset, sed allegando periculum incontinentiæ statim illam obtinuit," and the application itself is considered sufficient proof of the existence of danger —"Praeterea mulier ligata voto hujusmodi si petat solutionem magnum futuri periculi indicium subministrat, et ideo exequutor ex his optime potest informare animum suum ad concedendam commutationem hujusmodi" (Leonis Praxis ad Litt. M. Pœnitent pp. 44, 99).

According to the brief of Cardinal Bilio, Major Penitentiary, June 7, 1878, the vows for which dispensation is now reserved to the pope are those of chastity, religion, of aiding the Holy Land, the three pilgrimages to Rome, Jerusalem and Compostella, and the vow not to gamble (Manuale Facultatum Minorum Pœnitentiariorum Apostolicorum, Romæ, 1879, pp 37-8). Penances are still imposed in commutation, but the steady tendency to smooth the path for the sinner has rendered them scarce more than nominal. In the seventeenth century Leone tells us (Praxis, p. 97) that the popes have decreed that for commuting a Jerusalem vow the penance must be "perpetual" or life-long, but he argues that it need not continue longer than the time necessary for the pilgrimage For vows of chastity and religion he admits that it must be perpetual, for the vow was perpetual, but at the same time it is very light —some psalms or chaplets weekly, or visiting a church of the Order proposed to be entered, or fasting occasionally every month, or almsgiving monthly or yearly (Ib. pp. 61-2) At present this has shrunk to the daily recitation of a short prayer for a while, examination of the conscience, or a few easy works of charity —"Quotidiana pœnitentia suadetur praecipue in commutatione voti religionis aut castitatis; sit autem facilior, uti brevis oratio vocalis, lectio spiritualis, examen conscientiæ, facile opus misericordiæ aliquot vicibus" (**Manuale Facultatum**, p. 14).

auctoritate domini pape committimus quatenus si premissis ueritas suffragatur, eodem ——— implente quod offert, patris defuncti corpus absolutione preuia, quam non contemptus sed articulus necessitatis exclusit, faciatis tradi ecclesiastice sepulture.

DE EODEM. (2).

Abbati et conuentui sancti Albani. Ex tenore litterarum uestrarum nuper accepimus quod cum olim ——— laycus infirmitatis angustia positus, de homicidiis et aliis que commiserat penitentiam a suo sacerdote recipiens de usuris promiserit satisfacere quibus extorsit. Accidit quod antequam posset adimplere predicta sicut Domino placuit expirauit propter quod caret ecclesiastica [sepultura]. Verum cum ——— uxor et heredes ipsius parati sint satisfacere pro eodem, corpus eius tradi ecclesiastice sepulture humiliter postulastis. Nos autem prudentie uestre auctoritate domini pape committimus quatenus si est ita et in fine apparuerint signa penitentie in eodem ac de satisfactione prestanda tribuit dum niueret cautionem, uxore et heredibus adimplendis que promittunt, prefati layci corpus faciatis tradi ecclesiastice sepulture.

DE EODEM. (3).

Decano Lem[ouicensi]. Transmissa nobis G. de Vernia petitio continebat quod cum P. filius eius amasiam suam instigante diabolo occidisset iudex uille ipsum suspendio condempnauit, et licet in fine uite contritus ac dolens penitentiam accepit de commissis corpus tamen eius caret ecclesiastica sepultura. Quare dictus ———, paratus satisfacere et crucem accipere pro eodem, poni eum in christianorum etc. usque sepulture, dummodo loci consuetudo contraria non existat.

DE EODEM. (4).

Episcopo Auriensi. Ordonius laycus auriensis proposuit coram nobis quod cum uos olim excommunicationis sententiam generaliter tulissetis in eos qui domum cuiusdam uasalli uestri confregerant et asportatis bonis ipsum occiderent, ——— frater eius qui fractioni domus eiusdem interfuit nec tamen de bonis eius aliquid habuit, nec in mortem illius dedit opem uel operam consilium uel fauorem, decessit priusquam a nobis circa ipsum esset huiusmodi sententia relaxata, et licet in fine uite a sacerdote suo fuerit absolutus et dominici corporis acceperit sacramentum, corpus tamen eius caret ecclesiastica sepultura. Quare prefatus O., paratus ut asserit etc. usque sepulture, dummodo loci consuetudo etc.

DE EODEM. (5).

Episcopo Suessionensi. Ex litteris quas domino pape misistis accepimus quod Guido filius Ebuli de Escuri militis cum quodam alio quendam clericum interfecit et antequam ad apostolicam sedem accederet absoluendus diem clausit extremum, et licet in fine uite signa penitentie fuerint in eodem et absolutionis beneficium obtinuerit a proprio sacerdote corpus tamen eius caret ecclesiastica sepultura. Sane cum pater et mater eius sint parati satisfacere pro eodem, poni etc. Nos autem etc. quatenus si premissis ueritas suffragatur, prefatis parentibus adimplentibus que promittunt, corpus predicti ——— etc. usque sepulture, dummodo scandalum nullum immineat et infamia non obsistat.

DE EODEM. (6).

Episcopo ———. ——— uestre diocesis proposuit coram nobis quod quondam P. frater suus pro eo quod fuit excommunicationis uinculo innodatus quod in quendam clericum manus uiolentas iniecit et cum esset in proposito ad sedem apostolicam ueniendi prestita satisfactione iniuriam passo, signis condigne penitentie apparentibus in eodem, contigit ipsum mori antequam absolutionis beneficium obtineret, propter quod corpus eius non est traditum ecclesiastice sepulture. Quare cum ipse paratus sit satisfacere pro eodem, corpus predicti fratris sui poni in christianorum cimiterio postulauit. Quapropter auctoritate domini pape nobis committimus quatenus si est ita, predicto ———— adimplente quod offert, corpus prefati P. fratris eius absolutione premissa, quam non contemptus sed articulus necessitatis exclusit, tradi faciatis ecclesiastice sepulture.

CLXXIX.

DE HIIS QUI CORPUS EXCOMMUNICATI CONTRA MANDATUM SUPERIORIS TRADUNT ECCLESIASTICE SEPULTURE.

Priori fratrum predicatorum Januensium. Abbatis sancti Syri Januensis ordinis sancti Benedicti petitio nobis exhibita continebat quod quidam monachi sui corpus cuiusdam usurarii, quod de mandato archiepiscopi Januensis fuerit extra cimiterium tumulatum, de ipsius abbatis scientia in eodem monasterio occulte tamen tradiderunt ecclesiastice sepulture, quod tandem de quorundam prudentum consilio extra cimiterium posuerunt, a diuinis postmodum officiis non cessantes. Super quo dictus ——— abbas supplicauit a sede apostolica tam sibi quam monachis suis salutare consilio prouideri. Quocirca discretioni uestre etc. usque quatenus si est ita et predictorum culpa non uenerit in publicum iniungatis eisdem penitentiam salutarem et cum restituerint si que pro sepultura receperant illis, iuxta consilium et ordinationem nostram, a quibus usuras usurarius predictus extorsit, suspensionis sententiam quam secundum statuta Lateranensis consilii incurrerant[1] relaxetis et cum ipsis si aliud canonicum non obsistat prout merita conuersationis exegerint dispensetis. Si autem manifesta notitia excessum huiusmodi comprehendat, presumptores predictos ad examen eiusdem archiepiscopi remittatis.

[1] Concil. Lateran. III. ann. 1179 c. 24 (c. 3 Extra Lib. v. Tit. xix.).

INDEX.

References in small capitals are to rubrics; in Arabic numerals to cases; in Italic small letters to pages of Introduction.

ABBESS excommunicates nuns, LXIX.
Abbot, absolution by, LXX.
  disputed election of, XCVI. 2.
  appeal from sentence of, LXXVIII.
  elect, not a professed monk, CLXV.
Abjuration of heresy, XXXIX.
  of concubine, LXXXV. LXXXVII.
Abortion, dispensation for, *xvi. n.*
Absent, absolution for the, XCIV.
Absolution for homicide of cleric, XVII.
  for heresy, XXXVIII. 2.
  doubtful, LV.
  of doubtful excommunication, LX. LXI. LXXVIII.
  ad cautelam, LVII. XCIII. XCIV.
  by abbot, LXX.
  after death, LXXXI.
  for concubinarians, LXXXIII. *xvi. n.*
  of the absent, XCIV.
  in *articulo mortis*, XCVIII.
  from vows, CLXXVII.
  for future sins, *xvii.*
  by Penitentiary, *xxv.*
  in papal reserved cases, *xxxvi. n.*
Absolutions, sale of, *ix. x.*
Accidental homicide, XXV.
  violence to clerics, LVIII.
Accusation, self, XXX.
Adulterous wife, ordination of husband of, CXXVII.
  husband of, enters religion, CXXIX.
  widow, marriage with, CXXXIV.
  penance not enforced, *xvii.*
Adultery of priest, CXXVIII.
  with relative of wife, CXXXI.
  with mother-in-law, CXXXIII.
Affinity contracted by adultery, CXXXI. CXXXIII.
Alexander II., his invitation to sinners, *v.*
  penance imposed by, XVII. *n.*
Alexander III. stimulates appeals to Rome, *ix. n.*
  issues letters to both parties, *xiii. n.*
  forbids entrance payments in convents, *xviii.*
Alexander IV. on children of heretics, XLI. *n.*
  on concubinage, LXXXIII. 1. *n.*
Aliardes, XV. 1.
Alms for entrance in convents, *xx.*
Almsgiving to heretics, XXXVII.

Altar, ministry of, without orders, CXI.
Angoulême, Bishop of, his rejection of papal letters, *vii.*
Annibaldo, Card., punishes penitentiaries, *xi.*
Apology of John XIX. *vii.*
Apostate monks, CLXI. *xii. n, xiv. n.*
  clerics, CLXII.
Appeal from excommunication, XCVII. 1.
  to pope disregarded, LXVI. 3, LXVII. LXVIII.
Appellate jurisdiction of Rome, *vii.*
  growth of, *viii. n.*
Apulia, ordination in, CVIII. CIX. *xxviii.*
Aquileia, Council of, on entrance payments to convents, *xx.*
Aquinas on dispensation for vows, CLXXVII. *n.*
Arnaud of Toulouse, his debt to the curia. *xxii.*
Arson by priest, LXXXII.
Assistance to heretics, XXXVII.
Association with excommunicates, LVI. LXV.
Astesanus on papal power over vows, CLXXVII. *n.*
Attendance at synod compulsory, LXXI.
Augsburg, Council of, on dispensations for bastards, CXL. 1. *n.*
Aymon of Vienne, his debt to the curia, *xxii.*

BAIL required of concubinary priests, LXXXIII. 1.
Baragona, Piero, case of, *xxix. n.*
Bari, St. Nicholas of, CVIII. 2.
Bastards not admitted to orders, CXL. CXLI. CXLII. CXLIII.
Benedict II., Penitentiary attributed to, *xxxi.*
Benedict XIV. on ministering without orders, CXI. 3. *n.*
Benefices simoniacally obtained, VI. VII. IX. X. XI.
  resignation of, *xxi.*
  bestowal of, by pope, LXXVIII.
  not to be demanded of ordaining bishop, CXV.
  pensions on, *xxi.*
Benefit of clergy, CLXXII. 8.
Bernard, St., on rapacity of curia, *ix.*
Berthold of Constance, faculty granted to, *xxxii.*
Bestiality, punishment of, XVI
Betrothal under seven years of age, CXXIII.
Bilio, Cardinal, on reserved vows, CLXXVII. *n.*

INDEX.

Bishop, penance for murder of, xiv.
   foreign, promotion by, cvii. cviii.
Bishops, their jurisdiction asserted, vii.
   their jurisdiction absorbed, viii. xxviii.
   their jurisdiction over vows, clxxvii. n.
   they appoint penitentiaries, xxvi.
Bleeding, xxxii. 2.
Bologna, see of, x.
   debts of scholars at, cxviii. 1.
Bonæ Spei, abbey of, xii. 3.
Boniface, St., complains of papal pardons, v.
Boniface VIII. and Penestrino, xvii.
   grants dispensations for bastards, cxl. 1. n.
Bribery, indications of, vii.
Bribes to electors, viii.
Burial, Christian, clxxviii. clxxix.
   alive for bestiality, xvi.
Burning for ministering without orders, cxi. 3, n.
   for heresy, xlii.

CALATRAVA, Order of, cl. 2. n.
Camaldoli, Order of, payment exacted from, xxii.
Cambrai, episcopal penitentiaries in, xxxi. n.
Canon law, the new, xxvii.
Canons, penitential, obsolescence of, xv. n.
Canonries, simony in obtaining, ix. 2.
   bestowed by pope, lxxviii.
Capellanus, xxxii. n.
Capoccio, Ramirio, cardinal, lxvii. 1.
Cardinal as *Major Pœnitentiarius*, xxxv.
Cardinals obtain all benefices, lxxviii. n.
   confessors of, xxxvii.
Cases in Formulary, dates of, xxxiii.
   of conscience, few in Formulary, xxvi.
Castration of clerics, xviii. xxii.
Cava, Abbey of, i.
Celebration of mass by excommunicates, lxxii. lxxiv. lxxvii.
   before excommunicates, xci. 2.
Celibacy, difficulty of enforcing, xvi. n.
   does not mean chastity, xviii. n.
Charles le Chauve complains of papal pardons, v.
Charles V. (France) seizes church revenues, lxxviii. n.
Charles IV. Emp. on rapacity of Rome, x.
Chasse Dieu, Abbey of, xxviii. 3.
Chastity, vows of, clxxiii. 1.
   dispensations for, clxxvii. n.
   in marriage, cxxxvii.
   not included in imposing celibacy, xviii. n.
Châtelet de Paris, register of, xv. 5, n.
Children, overlying of, xxix.
   entrance of, in religion, cxlvii.
   forced to become monks, clvii.
   of heretics, disabilities of, xl. xli.
Choice of confessor by exempts, clxviii. clxix.
Church triumphant and militant, lxxxi.
Churches simoniacally obtained, vi. 1, vii.
   interdict of, xc.
Circumcision of monks, xlvii.
Cistercian habit in another order, cliv.

Clandestine marriage, cxxxviii.
Claro, brother, a penitentiary, clxiii.
Clement III. limits appeals to Rome, viii. n.
Clement VII. on dispensations for bastards, cxl. 1, n.
Clement VIII. on ministering without orders, cxi, 3, n.
Clergy, benefit of, xv. 5, n.
   popular hatred of, xv. 3, n.
   vices of, x. xvii.
Clerics, apostate, clxii.
   homicide of, a papal reserved case, clxxviii. 5.
   imprisonment of, xciii. xciv.
   inviolability of, xv. lii. liii. liv. lv. lvi. lvii. lviii. lxii. clxxii. 8, 9, clxxviii. 5, 6.
   marriage of, cxx. cxxvi. cxxvii.
   mutilation of, xviii.
   violence offered to, clxxii. 2.
Cœlestin III. limits appeals to Rome, ix. n.
   protects married deacon, xvi. n.
   on ordination by Greek bishops, xxviii.
Cœna Domini, ordination at, civ. 1.
Coercion in entering religion, clvii. xx. n.
   marriage under, cxxii.
Colonna, Giovanni, cardinal, lxiv. lxvi. 2.
Communicating with heretics, xxxviii.
   with excommunicates, lvi. lxv.
Commutation for penance, clxxi.
   of vows, clxxv.
   of crusading vows, clxxv. 4.
Compilations, the Five, xxvii.
Complicity in execution, xxiii. xxiv. 2, xxvii. 5.
   in homicide, xxiv. xxvi. xxvii.
Compurgators, selection of, lxxxix.
Concubine, definition of, lxxxiii. 2, lxxxiv.
   abjuration of, lxxxv.
Concubinage less criminal than marriage, cxxvi. 1.
   difficulty of suppressing, xvi.
   letters of absolution for, xvi. n.
Concubinary priests, lxxxiii. lxxxiv. lxxxv.
Conditional vows, clxxvi.
   entrance to religion, cxlvi. cxlviii.
Conditions imposed for ordination, ciii.
   for presentation to orders, cxiii.
Confession, clxviii. clxix.
   annual, ordered by Council of Lateran, xxiii.
   to inquisitors, xxxviii. 2.
   and letters, difference between, lxxxviii.
Confessors of cardinals, xxxvii.
   choice of, by exempts, clxviii. clxix.
   appointed for non-exempts, clxx.
Congregation of Immunities, xv. 5, n.
Conrad of Marburg a penitentiary, xxxii.
Consanguinity, marriage in, cxxi.
Conscience, cases of, few in Formulary, xxvi.
Consilium de emendanda ecclesia, ix.
Constitution of the Penitentiary, xxxv.
Continence, dispensation for vows of, clxxvii. n.
   impossible in priests, xvi. n.
   not included in injunction of celibacy, xviii. n.
Contract of marriage under age, cxxiii.

INDEX. 177

Contribution of wood for burning heretics, XLII.
Contumacy, excommunication for, LXV. LXXX.
Convent, desire to die in, CLX. 3.
   entrance payments to, *xviii.*
Conversion from heresy, XXXIII.
Conversos, their treatment by the curia, XXXVIII. 2, *n.*
Correction of scholars, XCV.
Cousin, rape of betrothed to, CXXXII.
Crime punished by monastic life, CLVIII. *n.*
   secret or public, CXI. 3, *n.*
Criminals invited to Rome, *v.*
Crusade, vows of, CLXXIV. 2. CLXXV. 1, 4, CLXXVI. CLXXVII.
Curia, members of, their concubinage, *xvi. n.*
   secures payment of debts due, *xxii.*
   popular belief in its rapacity, *xviii.*
   sale of offices in it, *xxix. n.*

DANTE on power of keys, *xvii.*
Dates of cases in the Formulary, *xxxiii.*
David of Camaldoli, *xxii.*
Deacon, apostate, CLXII. 2.
   office of, served without orders, CXI. 2.
   marriage of, CXXVI. 1, *xvi. n.*
Death before absolution, LXXXI.
Death-bed, absolution on, XCVIII.
Debts secured by oaths, CXVIII, 2. 3.
   to the curia, *xxii.*
Decretals of Gregory IX., their importance, *xxvii.*
Delegate judge, excommunication by, LXXX.
Deprivation for simony, VIII. 2.
Dilatory appeals to Rome, *ix. n.*
Disability by mutilation, XVIII. XIX.
   dispensations for, *xvi. n.*
   of children of heretics, XL. XLI.
   of sons of priests, CXLI. 1, *n.*, CXLIII.
   of illegitimates, CXLI. CXLIII.
Discipline, influence of Penitentiary on, *xii.*
Discrepancy between confession and letters, LXXXVIII.
Disobedience, excommunication for, XCVI.
Dispensation for simony, III.; IV. 2, 3; V. VIII. IX. X. XI. XII.
   for mutilating priest, XVIII. 1, 2.
   for mutilated priest, XIX.
   for homicidal clerics, XXVIII. 2. 4.
   for priest falsely confessing a theft, XXX.
   for communicating with heretics, XXXVIII.
   for promotion of children of heretics, XL.
   for secret and grave excesses, XLIV.
   for falsifying papal letters, XLVIII.
   for using fraudulent papal letters, XLIX. L.
   for violence to cleric, LII. LVII.
   for ordination while excommunicate, LIV.
   for stealing from his own church, LIX.
   for celebrating while excommunicate, LXIV. LXV. LXVII. LXXXII.
   for celebrating in presence of excommunicates, LXXVI.
   for concubinarians, LXXXIII. LXXXIV. LXXXV. LXXXVII.
   for celebrating in an interdicted church, XC.

Dispensation for violating a papal interdict, XCI.
   for receiving usury, XCII.
   for irregular ordination, XCIX. C. CIII. CIV. CV. CVI. CVII. CVIII. CIX. CX. CXI. CXII. CXIII. CXV. CXVI.
   for oath-breaking, CXVIII.
   for perjury, CXIX.
   for marriage in holy orders, CXXVI.
   for ordination during marriage, CXXVII. CXXXVI.
   for celebrating clandestine marriage, CXXXVIII.
   for bastard to take orders, CXLI.
   for promotion of bastards in religion, CXLIII.
   for transfer from one order to another, CLV.
   for apostate monks and clerics, CLXI. CLXII.
   for vows and oaths, CLXXVII 2, *n.*
   sale of, justified, *x.*
   evil effects of, *xvii.*
   absorbed by Holy See, *xvi.*
Doubts as to reception of orders, CI. CXII.
Doubtful excommunication, absolution of. LX. LXI. LXXVIII.
Dower for entrance in convents, *xv.*
Dying, the, carried to convent, CLX. 3.

EBBO of Reims consults Halitgar. *xxv.*
Ecclesiastics, inviolability of, XV. LII. LIII. LIV. LV. LVI. LVII. LVIII. LXII. CLXXII. 8. 9, CLXXVIII. 5, 6.
   violence offered to, CLXXII. 2.
Election, bargaining in, VIII. 1.
   disputed, in abbey, XCVI. 2.
Elias, Franciscan general, CL. 1.
Ember days, ordination in, CIV. 2. *xxxviii.*
Enslavement for trading with Saracens, LXXIX.
Entrance payments in monasteries, XII. *xviii.*
Epilepsy, CLII. 1. CLX. 2.
Episcopal decrees against concubinarians. LXXXIV. LXXXVII.
   dispensations for vows, CLXXVII. *n.*
   jurisdiction asserted, *vii.*
   annulled, *viii. xviii.*
   penitentiaries, *xxi.*
Espousals under seven years of age, CXXIII.
Eugenius III. on violence to clerics, LII *n.*
Evrard of Amiens appoints a penitentiary. *xxxi. n.*
Exactions, papal, LXXXI. *n. x.*
Excesses, hidden, XLIV.
   hidden and doubtful, XLVI.
   manifest, XLV.
Excommunication by abbess, LXIX.
   by delegate judge, LXXX.
   sentence of, LII.
   disregard of, LXXII. LXXIII. LXXIV.
   papal, disregarded, LXXV.
   doubtful, absolution for, LV. LX. LXI. LXXVI...
   appeal from, XCVII. 1.
   for contumacy, LXV. LXXX.
   for disobedience, XCVI. 1.
   for not attending synod, LXXI.
   for not paying twentieth, LXXXI.
   for reforming a monastery, XCVII. 2.
   of Bela IV., LXXVII. 1, *n.*

Excommunication of Sancho II. XCI.
Excommunicate, benefice obtained by, XIII.
  ordination of, LIV.
  association with, LVI. LXV.
  celebration of mass by, LXXII. LXXIV. LXXVII.
  mass in presence of, LXXVI. XCI. 2.
  burial of, CLXXVIII.
Execution, complicity in, XXIII. XXIV. 2.
  XXVII. 5.
Exempts, choice of confessor by, CLXVIII.
  CLXIX.
Exile, monasticism a substitute for, CLVIII. n.
Expiration of delegated authority, LXXX.
Expulsion of monk, CLXIII.
Eye, loss of, impediment of, CX.

FALSE letters for ordination, CVII. 2.
  Falsity, suspicion of, L.
Falsification of papal letters, XLVIII. xii.
Fasting requisite for ordination, CV.
Fathers and sons ministering together, CXLII.
Fautorship of heretics, CLXXII. 5.
Fermo, see of, V. 3.
Fiefs, transfer of, to Frederic II. LXV. 3.
Finisterra, abbey of S. Mateo of, XXIV. 6.
Fiorentino, church of, VIII. 2.
Force and fear, marriage under, CXXII.
  entering religion under, CLVII. xx. n.
Forgery of papal letters, XLIX. xii.
Form of letters of the Penitentiary, xxxiv.
  xxxvi.
Forum contentiosum, the Penitentiary in the,
  xxviii.
Forum penitentiæ, the Penitentiary confined
  to, XXVIII. xxix. xxx.
Founding of the Penitentiary, xxxiii.
Fourteen, age of, CLVII.
Fourth and fifth grades of consanguinity,
  CXXI.
France, dilapidation of churches in, LXXVIII. n.
Franciscan habit for the dying, CLX. 3.
Fraud in ordination, CII.
  in papal letters, XLVIII. L. CVII. 2. xii.
Frederic II. on children of heretics, XLI. n.
Friars, apostate, dispensations for, xii. n., xiii. n.
Fulbert of Chartres complains to John XIX. vi.

GALLEYS, punishment of, CXI. 3. n.
  Gallican prelates at council of Siena,
  LXXVIII. n.
Gamble, vow not to, reserved to pope, CLXXVII.
  n.
Gelasius I. on ordination of slaves, CXVI. n.
Geoffroi de Villeneuve, penance imposed on
  him, XV. 3. n.
Germany, complaint of papal control of benefices, LXXVIII. n.
  complaint of appeals to Rome, viii. n.
  complaint of papal exactions, x.
Gerson, John, on the Roman curia, xi.
Gifts not to be received in the Penitentiary, xxx.
Girona, Bishop of, his severity, XCIV. 2.
Greece, levy on churches of, LXIV.
Greek married priest, XXIX.

Greek bishops, ordination by, CVIII. CIX. xxviii
Gregory VII., his invitation to sinners, v.
Gregory VIII. limits appeals to Rome, viii. n.
Gregory IX. favors appeals to Rome, ix. n.
  excommunicates Sancho II. XCI.
  levies a twentieth, LXXXI.
  on ordination of bastards, CXL. 1, n.
  influence of his Decretals, xxvii.
Gregory XIII. sanctions entrance payments in
  convents, xx.
Gregory of Vercelli, case of, vii.
Grosseteste, Bishop, on papal bestowal of benefices, LXXVIII. n.
  on appeals to Rome, viii.
  on evils of dispensations, xvii.
  his letters to penitentiaries, xxxvii.
Guala, Cardinal, in England, LXXVI. 1, n.
  his decree on concubinage, LXXXIII. 1, 2,
  LXXXV.
Guido da Montefeltro, xvii.

HABIT, religious, significance of, CXLIV.
  CXLV. 2, CXLVIII. CLX.
Halitgar, his Penitential, xxvi.
Hands, inunction of, in ordination, XCIX. 3.
Hanging, complicity in, XXIII. XXVII. 5.
Henricus de Bosco, LXVI. 1.
Heresy, conversion from, XXXIII.
  inquisition against, XXXIV.
  spontaneous confession of, XXXV.
  suspicion of, XXXVI.
Heretics, almsgiving to, XXXVII.
  assistance to, XXXVII. 2.
  communicating with, XXXVIII.
  burning of, XLII.
  disabilities of their children, XL. XLI.
  fautorship of, CLXXII. 5.
Hermandad, la Santa, XV. 1, n.
Hermit, return of, to his convent, CLV.
  lay brother becomes a, CLXVII.
Holy Land, vow of, releases other vows,
  CLXXV. 2.
Holy orders, marriage in, CXXVI.
  irregularities in obtaining, XCIX. C. CIII. CIV.
  CV. CVI. CVII. CVIII. CIX. CX. CXI. CXII. CXIII.
  CXIV. CXV. CXVI.
Holy See absorbs the dispensing power, xxvi.
Homicide, complicity in, XXIV. XXVI. XXVII.
  casual, XXV.
  suspicion of, XXVI.
  doubtful, XXVII.
  necessary, XXVIII.
  tried by purgation, LXXXIX.
  Christian burial denied, CLXXVIII. 3.
  of prelates, penance for, XIV.
  of priests, XV.
  of clerics, absolution for, XVII.
  penance for, CLXXII. 9.
  a papal reserved case, CLXXVIII. 5.
Homicides, public penance for, xv.
Honorius III. protects married clergy, xvii. n.
  appoints penitentiaries, xxxii.
Host, unconsecrated, worship of, CXI. 3, n.
Hugues of Auxerre, case of, vii.
Humana, see of, V. 3.

INDEX. 179

ICELAND, sale of pardons in, *x.*
Idolatry of unconsecrated host, CXI. 3, *n.*
Illegitimates not to be ordained, CXL. CXLI
CXLII. CXLIII.
Immunity of ecclesiastics, XV. 5, *n.*
Impediment of mutilation, XVIII, 3, 4, 5; XIX.
of loss of eye, CX.
Imprisonment of clerics, XCIII. XCIV.
Incendiarism by priest, LXXXII.
Incontinence, fear of, in vows of chastity,
CLXXVII. *n.*
Infamy of clerics, XLIII.
Innocent I. on penance for broken vows,
CLXXVII. *n.*
Innocent II., penance imposed by him, XV. 3, n.
Innocent III. on concubinage, LXXXIII, 1, *n.*
on adultery with mother-in-law, CXXXIII.
penance discretionary with confessor, *xv. n.*
forbids entrance payments in convents, *xix.*
proclaims papal supremacy, *xxvii.*
forbids ordination by Greek bishops, *xxviii.*
Innocent IV. grants dispensation for homicide,
XXV. 17, *n.*
on children of heretics, XLI. *n.*
bestows prebend of Lincoln, LXXVIII. *n.*
grants dispensations for bastards, CXL. 1, *n.*
sells pardons in Iceland, *x.*
his letters of dispensation, *xxviii.*
Innocent VI., his exaction in Germany, *x.*
Innocent VIII. on absolution for heresy
XXXVIII. 2, *n.*
Inquisition against heretics, XXXIV.
punishes ministration without orders, CXI.
3, *n.*
Inquisition on infamy, XLIII.
Inquisitors, confession to, XXXVIII. 2.
Interdict of church, XC.
Interdict, papal, violation of, XCI.
Inunction of hands in ordination, XCIX. 3,
xxviii.
Inviolability of clerics, XV. LII. LIII. LIV. LV.
LVI. LVII. LVIII. CLXXII. 8, 9, CLXXVIII. 5, 6.
Irregularity of ordination, XCIX. C. CIII. CIV. CV.
CVI. CVII. CVIII. CIX. CX. CXI. CXII. CXIII. CXIV.
CXV. CXVI.

JACOB, Master, a penitentiary, *xxii.*
John VIII., complaints of his pardons, *v.*
John XIX., his laxity in pardoning, *vii.*
has no Penitentiary, *xxii.*
John XXII. rebukes his penitentiaries, *x.*
reduces the fees, *xxiii.*
assumes all canonries, LXXVIII. *n.*
asserts power over vows of religion, CLXXVII.
n.
John of Abbeville, XV. 1, *n.*
John of Amblevi, dispensation for, XXV. 17, *n.*
John, bishop of Liége, IV. 2, *n.*
John of Freiburg on papal power over vows,
CLXXVII. *n.*
Josaphat, abbot of, his usury, XCII. 2.
Jouarre, convent of, CLXIX.
Judaism, conversion of monks to, XLVII.
Julius III. reissues the bull *Quoniam nonnulli,*
xxviii.

Jurisdiction, struggle between papal and episcopal, *vi.*
appellate, of papacy, *vii.*
papal, established, *vii. xxvi.*
of Penitentiary extended, *xxv.*

LA COLOMBE, abbey of, VIII. 1.
La Maison Royale de Cuise, CLXVIII.
Lateran Council, 1139, on violence to clerics.
LII. *n.*
Lateran Council, 1215, on simony, XII.
on surgery, XXXII. 1.
on abuse of papal letters, LI. 2.
on trade with Saracens, LXXIX.
forbids clandestine marriage, CXXXVIII. 1.
on entrance payments in convents, *xix*
orders annual confession, *xxvi xxviii.*
Law, the new canon, LI. 2. *xxvii.*
Lay brother, tonsure of, CLXVII.
penance for slaying, CLXXII. 6.
Legates, sentences of, LXIII. LXIV.
Length of penance, CLXXII. 10.
Leo IX. pardons Gregory of Vercelli, *vii.*
Leo X retains pensions on benefices, *xxi. n.*
fixes price of preferment, *xxiii.*
levies commission on sale of offices, *xxix. n.*
Leon, *Hermandad* in, XV. 1.
Leone, authority of his *Praxis, xviii. n.*
Lettere, see of, IX. 2.
Letters, opening of, XXVII. 7.
papal, falsifying of, XLVIII.
forgery of, XLIX. *xii.*
suspicion of falsity of, L.
abuse of, LI.
for concubinarians, LXXXIII. 1, *n.*
effects of sale of, *xiii. n.*
of Penitentiary, form of, *xxxiv. n.*
License to study, LXVI. 2.
Limoges, council of, its complaints. *vii.*
Lincoln, Fair of, LXXVI. 1, *n.*
prebends of, filled by pope, LXXVIII. *n.*
Lisbon, bishop of, his quarrel with Sancho II.,
XCI. 2.
Lorraine, Duke of, his crusades, CVIII. 3. *n.*
Louis, St., on papal control of benefices.
LXXVIII. *n.*
resists papal exactions, LXXXI., *n.*
Lupold, bishop of Worms, LXXV.

MAINZ, Council of, 1261, on episcopal penitentiaries, *xxvi. n.*
Major Pænitentiarius, xxxv.
Marriage in holy orders, LXXXIII. 3; *xvi. n.,*
CXXVI.
of clerks, CXX. CXXVI. CXXVII. *xvi. n.*
of consanguinity, CXXI.
enforced by fear, CXXII.
contract of, under age, CXXIII.
after solemn vows, CXXIV.
after simple vows, CXXV.
with adulterous widow, CXXXIV.
vow of chastity in, CXXXVII.
clandestine, CXXXVIII.
mock, CXXXIX.

Marriage, vow of chastity as impediment to, CLXXVII. *n*
Married men, ordination of, CXXVI. 6.
   entrance to religion of, CXXIX.
Marseilles, heretics in, XXXIX.
Masses for the dead, simony in, I. IX. 2.
   celebrated by excommunicates, LXXII. LXXIV.
   in presence of excommunicates, LXXVI. No 1. 2.
   celebrated without orders, CXI.
Master's right over ordained slave, CXVI. *n*.
Mathieu II. of Lorraine, his crusades, CVIII. 3, *n*.
Matrimony, see *Marriage*.
Medicine, uncertainty of, XXXI.
Mental simony, II.
Ministration of sacrament without orders, CXI.
Minor forced into monastery, CLVII.
   vow of, remitted, CLIX.
Minor orders, omission of, C. CI. CXII.
Minor Penitentiaries, *xxvi. n*.
Mitigation of penance, CLXXII.
   of religious observance, CLII. CLIII.
Monastery, simony in admission to, XII. *xviii*.
   transfer from one to another, CLVI.
   reformation of, XCVII. 2.
Monks, murder of, penance for, XV. 4.
   quarrels of, XV. 6. XXV. 11. LII. LIV. LXII. LXX. *• VI., xxiv. n*.
   circumcision of, XLVII.
   slave, term for reclaiming, CXVI. *n*.
   forced back on monastery, CXVII. *n*.
   apostate, CXI. CLXI. *viii. xiv. n*.
   expulsion of, CLVIII.
   vow of to enter another order, CLXIV.
   not professed, elected as abbot, CLXV.
Montmajour, abbey of, CV. 2, *n*.
   debts of abbot of, *xcii*.
Montreuil, case of officials of, CLXXII. 8.
Morals, influence of Penitentiary on, *xv*.
   artificial standard of, *xvi*.
Mother-in-law, adultery with, CXXXIII.
Moya, Father, argues away simony, *xxiv*.
Murder of prelates, penance for, XIV.
   of priests, XV.
   of monk, absolution for, XV. 4.
   of clerics, absolution for, XVII.
Mutilation of clerics, XVIII. XIX. XX. XXII.

NICHOLAS I., his invitation to sinners, *v*.
   Nicholas V. on fees for presentation to orders, IV. 2. *n*.
   absolution for concubinage, *xvi. n*.
Nicholas, S. of Bari, CVIII. 2. *n*.
Nidarholm, abbot of, *v*.
Notaries, papal, importance of, *xxxvii*.
Novices, CXLIV. CLXV.
Novum jus, the, LI. 2. *xxviii*.
Nun, beating of, LII. 1.
   absolution for seduction of, *xvi. n*.
Nuns excommunicated by their abbess, LXIX.
   time of probation for, CXLV.
   profligate, absolution for, *xvi. n*.
Nunneries, simony in admission to, XII. *xviii*.

OATH of officials in the Penitentiary, *xxx. n*.
   Oaths, see also *Vows*.
   illicit, CXVII.
   not observed, CXVIII.
   dispensations for, CLXXVII. *n*.
Observance, mitigation of religious, CLII. CLIII.
Offices, public, sale of, *xix. n*.
Omission of orders, C.
One-eyed priest, disability of, CX.
Opus Tripartitum on penitentiaries, *xxxvii*.
Orders, simony in obtaining, III. IV. V. VI. 2.
   minor, omission of, C. CI. CXII.
   celebrating mass without, CXI.
   marriage in, CXXXVI.
Ordinary, sentences of, LXVI.
Ordination, simony in, III. IV. V. VI. 2.
   patrimony prerequisite to, IV. 3.
   without dispensation, LII.
   of excommunicates, LIV.
   Roman rite of, XCIX. *xxviii*.
   per saltum, C.
   doubtful, CI.
   fraudulent, CII.
   contrary to mandate, CIII. CXIV.
   at improper times, CIV.
   without fasting, CV.
   without proper intervals, CVI.
   by bishop of another diocese, CVII. CVIII.
   by Greek bishops, CVIII. CIX. *xxviii*.
   under conditions, CXIII. CXV.
   of slaves, CXVI.
   of married men, CXXVI. 6, CXXVII. 3.
   without knowledge of wife, CXXXV.
   of husband of adulterous wife, CXXXVI.
   denied to illegitimates, CXL. CXLI. CXLII.
   to sons of heretics, XL. XLI.
   of apostate monks, CLXI.
Organization of Penitentiary, *xxx*.
Orleans, Pastoureaux in, XV. 3.
Orta, abbey of, II. XVI.
Orvieto, heretics in, XXXIV. 1.
Overlying children, XXIX.

PANDULPH, Bishop of Norwich, LXXVI. 1.
   Papacy absorbs the dispensing power, *xxvi*.
Papal letters, falsifying of, XLVIII.
   forgery of, XLIX. *xli*.
   suspicion of falsity of, L.
   abuse of, LI.
   for concubinarians, LXXXIII. 1, *n*.
   effects of sale of, *viii. n*.
Papal excommunication, disregard of, LXXV.
   control of benefices, LXXVIII.
   interdict, violation of, XCI.
   power over vows and oaths, CLXXVII. *n*.
   pardons, effect of, *v*.
   jurisdiction, complaints of, *vi*.
   established, *vii. xxvi*.
Pardons for sinners promised, *v*.
   sale of, *ix. x. xi*.
   defended, *x*.
Parlement of Paris on the greed of the *curia*, LXXVIII *n*.
Paris, Châtelet de, register of, XV. 5, *n*.

Pastoureaux in Orleans, xv. 3.
Patrimony required for ordination, iv. 3.
Paul III., his *Consilium, ix.*
  reissues the bull *Quoniam nonnulli, xxviii.*
Paul IV. on ministering without orders, cxi. 3, *n.*
Payments for admission to monasteries, xii. *xviii.*
Pecorario, Giacomo de, cardinal, lxxvi. 2.
Penance for murder of bishop, xiv.
  for murder of Archambaut, xv. 3, *n.*
  not prescribed by Penitentiary, xvii. *xxiv.*
  for heresy, xxxiii. 1.
  monastic life as, clviii. *n.*
  vicarious, clxxi.
  reduction of, clxxii. *xxiv.*
  for slaying clerics, clxxii. 9.
  length of, clxxii. 10.
  for broken vow of chastity, clxxvii. *n.*
  trivial character of, *xiv.*
  pecuniary redemption of, *xv.*
  public, for homicides, xxv.
Penitentials, obsolescence of, *civ.*
  use of, xxx.
Penitentiaries rebuked and punished, *xi.*
  papal, *xxxii.*
    their importance, *xxxvii.*
    of bishops, *xxxi.*
Penitentiary does not impose penance, xvii.
  its jurisdiction over vows, clxxvii. *n.*
  venality of, *ix. xi.*
  influence on discipline, *xii.*
  influence on morals, *xv.*
  its uselessness for good, *xxiv.*
  absolution by, *xxv.*
  extent of its jurisdiction, *xxvi.*
    asserted by Sixtus IV., *xxviii.*
    limited by Pius IV., *xxix.*
  reformed by Pius V., *xxix.*
  reorganized by Benedict XIV., *xxx.*
  original constitution of, *xxx. xxxv.*
  founding of, *xxxiii.*
  form of its letters, *xxxiv. n.*
  changes in its organization, *xxxv.*
  its seal, *xxxvi. n.*
Pensions on churches, vii. *xxi.*
Pentecost, ordination at, civ. 3.
Perjury, penance for, cxvii.
  absolution for, cxix.
  monastic life as punishment for, clviii. *n.*
Philip, Master, papal nuncio, lxiv.
Philippe de Valois complains of clerical immunity, xv. 5, *n.*
Physicians, xxxi.
Pier di Corbario, his wife, cxxix. *n.*
Pilgrimage, vows of, clxxv. 2, 3.
  papal powers over, clxxvii. *n.*
  to Rome, advantage of, *viii.*
Pirates at Finisterra, xxiv. 6.
Pius IV. restricts the Penitentiary, *xxix.*
Pius V. reforms the Penitentiary, *xxix.*
Pius IX. on immunity of clergy, xv. 5, *n.*
Placentia, council of, decrees monastic life as punishment, clviii. *n.*
Pænitentiarii minores, xxxvi. n.
Pænitentiarius Major. xxxv.

Pons of Auvergne, case of, *vi.*
Pons de l'Esparre, xxxix.
Popes, disregard of appeal to, lxvi. 3. lxvii. lxviii.
  their powers over vows, clxxvii. *n.*
  appellate jurisdiction of, *vii.*
  they reserve pensions on benefices, *xxi.*
  their supremacy over law, *xxvii.*
Postponement of vows, clxxiv.
Power of keys, popular conception of, *xvii.*
Pragmatic Sanction of Louis IX., lxxviii. *n.* lxxxi. *n.*
Prebends, simony in obtaining. ix. 2.
  conferred by pope. lxxviii.
Precedents, the Formulary a collection of. *xviii.*
Preferment, control of, by pope. lxxviii.
  sale of, by popes, *xxiii.*
  not to be required of ordaining bishop. cxv.
Prelates, penance for murder of, xiv.
Presentation to orders, simony in, iv. v.
  omission of, ch. 2.
  under conditions, cxiii.
Priesthood, vices of, *x. xviii.*
Priests, slave, term for reclaiming, cxvi. *n.*
  murder of. xv.
  concubinary, lxxxiii. lxxxiv. lxxxv.
  marriage of, cxxvi. 3, *xvi. n.*
  impossibility of continence, *xvi. n.*
  appointed to receive penitents, *xxv.*
  sons not to be ordained, cxl. 1, *n.,* cxliii.
  Prison, entering religion to escape from. clviii.
Private sins, trifling penance for, *xv. n.*
Probation of nuns, term of, cxlv.
Promise, simple, to enter religion, cxlix.
Promotion *per saltum,* c.
  by bishop of another diocese, cvii. cviii.
  by Greek bishops, cviii. cix. *xxxviii.*
  of bastards to holy orders, cxli. cxliii.
  of sons of priests, cxl. 1, *n.,* clxiii.
  of heretics, xl. xli.
Public penance for homicides, *xxv.*
  sins, penance for, *xv. n.*
Punishment, monastic life as, clviii. *n.*
Purgation, canonical, xliii. 1, lxxxix.

QUARRELS of monks, xv. 6, xxv. 14, lii. liv. lxii. lxx. cv. *xxiv. n.*
Quatre-temps, ordination in, civ. 2, *xxviii.*

RADULPHUS, a penitentiary, *xxv.*
  Ramon de Peñafort, cliii.
    compiles the Decretals, *xxvii.*
    is a penitentiary, *xxvii.*
Raoul, Count, case of, *vi.*
Rape by clerics, xviii. 2, xxii.
  of betrothed to cousin, cxxxii.
Rapolla, see of, cviii. 2.
Receiving stolen goods, lxxvii. 3.
Reconciliation for heresy, xxxix.
Redemption of penance, *xv.*

INDEX.

Reduction of penance, CLXXII.
Reform of Penitentiary by Pius V., xxix.
  of monastery, XCVII. 2.
Reims, Council of, 1148, on violence to clerics, LII. n.
  suit over a house in, xiii. n.
Relaxation for ministering without orders, CXI. 3, n.
Relaxing of religious observance, CLII. CLIII.
Religion, simony in admission to, XII. xviii.
  wife of priest should enter, CXXVII. 3.
  bastards can be ordained in, CXLIII.
  conditional entrance to, CXLVI. CXLVIII.
  entrance of children, CXLVII.
  transfer from stricter to laxer, CL. CLII. 2.
  transfer from laxer to stricter, CLI.
  forced entrance in, CLVII. xx.
  as alternative for prison, CLVIII.
  vows of, in sickness, CLX.
  entrance on account of wicked life, CLXVI.
  prerequisite to ordination, CIX.
  vow to enter, CLXXIV. 1.
  papal power over, CLXXVII. n.
  entrance, releases other vows, CLXXV. 3.
  penance for broken vows of, CLXXVII. n.
Religious, ordination of, CIII. 1.
Reserved papal cases, absolution in, xxvi. n.
Resignation of benefices simoniacally obtained, VI. 1, VII. IX. X. XI.
  by excommunicate, XIII.
Restoration of benefices, VI. 1, IX. 2, X. XIII.
Resumption of concubine, LXXXV. LXXXVII.
Return to religious order, CLV.
  of monk to convent, CLXIII., xiv. n.
Ricardo de' Annibali, cardinal, LIII. 2.
Robbery, sacrilegious, condoned, LXXVII. 3. vi.
Robert le Bugre, XXXV. 2. XXXVIII. 2.
Roman rite of ordination, XCIX. xxxviii.
Romania, levy on churches of, LXIV.
Rome as a refuge to sinners, v.
  appellate jurisdiction of, vii.
  pilgrimage to, its advantage, viii.
  rapacity of, x. xi.
Rosadevalle, Hospital of, XXV. 6.

SACRAMENT, ministration of, without orders, CXI.
Sale of absolutions by the Penitentiary, &c.
  of papal letters, effects of, xiii. n.
  of public offices, xxix. n.
Salpi, see of, LX.
S. Amand de Rouen, abbey of, LXIX.
S. Andrea, castle of, LXV. 3.
S. Bartholomew of Coimbria, prior of, XCI 1.
S. Catharine of Rouen, abbey of, L. 3, 4.
S. Mateo, abbey of, XXIV. 6.
S. Michel au peril de la Mer, abbot of, XCII. 1.
S. Severino, fief of, LXV. 3.
S. Valery, penance of magistrates of, xxv.
Sancho II., excommunication of, XCI.
Santa Hermandad, XV. 1, n.
Saracens, forbidden trade with, LXXIX.
Satisfaction, xxxiv. n.
Scandal more dreaded than sin, CXI. 3, n.

Scholars, correction of, XCV.
Scrivenership, money value of, xxix.
Seal of confessional, violation of, CLVIII. n.
Seal of Penitentiary, xxxvi. n.
Sebastian, King, complains of the Penitentiary, xxix.
Secret crimes, CXI. 3, n.
Seduction of relative of wife, CXXXI.
  by priests, dispensations for, xvi. n.
Seez, bishop of, his severity, XCIII.
Seligenstadt, Council of, on papal jurisdiction, vi.
Self-absolution, LIX.
Self-accusation, false, XXX.
Self-defence, homicide in, XXV. 17, XXVIII.
Self-excommunication, LIX.
Sentences of Legates, LXIII. LXIV.
  of Ordinaries, LXVI.
  rendered after appeal, LXVII. LXVIII.
Sepulture, CLXXVIII, CLXXIX.
Severity, undue, of prelates, XCIII. XCIV.
Sickness, assumption of cross in, CLXXVI. 2.
  vows of religion in, CLX.
Sidon, church of, LXIII.
Siena, French prelates at council of, LXXVIII. n.
Simon de Montfort, his crusade, XXXV. 2.
Simplicius appoints priests for penitents, xxx.
Simony in spirituals, I.
  in masses for the dead, I.
  mental, II.
  in obtaining orders, III. IV. V. VI. 2.
  after receiving orders, V.
  in obtaining benefices, VI. VII. IX. X. XI.
  in elections, VIII.
  in obtaining prebends, IX. 2.
  in admission to monasteries, XII. xviii.
  influence of Penitentiary on, xviii.
  means of eluding penalties, xxi.
Simple vows, marriage after, CXXV.
Sins, future, absolution for, xvii.
Sixtus IV. asserts the jurisdiction of the Penitentiary, xxviii.
  organization of Penitentiary under, xxxv.
Sixtus V. on ministering without orders, CXI. 3, n.
Slaves, ordination of, CXVI.
Solemn vows, marriage after, CXXIV.
Sons of priests not to be ordained, CXL. 1, n., CXLII.
  of heretics, promotion of, XL. XLI.
Sons and fathers ministering together, CXLII.
Spain, vow to fight Saracens in, CLXXVI. 1.
Stephen of Clermont complains to John XIX., vi.
Stephen, archbishop of Gran, LXXVI. 2.
Study, licence to, LXVI. 2.
Subdeacons, marriage of, CXXVI. 2, 4, 5, CXXVII. 2, CXXXV.
Subdiaconate, omission of, c. 2, CXII. 2.
  simultaneous with minor orders, CVI.
  before fourteenth year, CLVII. 2.
Substitutes for crusaders, CLXXVI. 2, CLXXVII. 2.
Supremacy, papal, xxvii.
Surgeons, XXXII.
Suspension, disregard of, LXXII. LXXIII.
  for concubinage, LXXXVI.

Suspicion of homicide, xxvi.
　of heresy, xxxvi.
　of falsity, l.
Synod, excommunication for not attending, lxxi.

TARANTAISE, archbishop of, his severity, xciv. 1.
Taxes of the Penitentiary, *x*.
Teresa, St., requires dower for receiving nuns, *xx*.
Terouane, see of, cxxxviii. 1.
　married clergy in, *xvii. n.*
Theft by priest from his church, lix. lxxvii.
Thief, marking of, xxi.
　complicity in capture of, xxvii. 6.
Thierri, archbishop of Ravenna, lxiii.
Thomas of Capua, cardinal, lxiii. lxvi.
Thomasius Gaetanus, Jacobus, *xxxviii*.
Times prescribed for ordination, civ. *xxxviii*.
Tonsure of lay brother, clxvii.
Tortiboli, see of, cviii. 3.
Tours, Council of, on entrance in convents, *xviii*.
Trade, forbidden, with Saracens, lxxix.
Transfer from one religious order to another, cl. cli. clii. 2, clv.
　from a monastery to another, clvi.
　of fiefs to Frederic II., lxv. 3.
Transgression of vows, clxxiii.
Trent, Council of, on dispensations for bastards, cxl. 1, n.
　on entrance payments in couvents, *xx*.
　asked to limit the Penitentiary, *xxix*
Trial by compurgation, xliii. 1. lxxxix.
Tribur, Council of, on papal jurisdiction, *vi*.
Twentieth levied by Gregory IX., lxxxi.

UNCTION of hands requisite to ordination, *xxxviii*.
Urban VIII. establishes Congregation of Immunities, xv. 5, n.
　restores jurisdiction to Penitentiary, *xxix*.

Usurers, Christian burial denied, clxxviii. 2, clxxix.
Usury, condemnation of, xcii.

VAGABOND monk, cxl. *viii. n.*
　Valladolid, carta de, xv 1, n.
Valsery, convent of, clxviii.
Venality of Penitentiary, *iv. vi.*
Venesection, xxxii. 2.
Venice, relics of St. Nicholas at, cviii. 2, *n.*
Vicarious penance, clxxi.
Vienne, Council of, provides for Penitentiary, *xxxv*.
Violence to clerics, xv. lii. liii. liv. lv. lvi lvii. lviii. lxiii. clxxii. 2, *xxxiv. n.*
　a papal reserved case, clxxviii. 6.
Vow, simple, marriage after, cxxv.
　solemn, marriage after, cxxiv.
　of chastity by wife of priest, cxxvii. cxxxvi.
　in marriage, cxxxvii.
　of religion taken in sickness, clx.
　of monk to enter another order, clxiv.
　of minor remitted, clix.
　transgression of, clxxiii.
　postponement of, clxxiv.
　under condition, clxxvi.
　absolution from, clxxvii.
　foolish, not to be observed, clxxvii. *n.*
　list of those not to be observed, clxxvii. *n*
　of pilgrimage reserved to pope, clxxvii. *6.*

WAX given for ordination, v. 3.
　Wife of priest takes vow of chastity, cxxvii. 3, cxxxvi.
　of monk must enter nunnery, cxxix. *n.*
　entrance to religion of, cxxx.
　ordination without her knowledge, cxxxv.
　ordination with her consent, cxxxvi.
Wood for burning heretics, xlii.
Wrestling, homicide in, xxv. 7, xxviii. 1.

YORK, Council of, on general confessors, *xxvi*.

www.ingramcontent.com/pod-product-compliance
Lightning Source LLC
Chambersburg PA
CBHW031827230426
43669CB00009B/1254